Beate Schütz | Im Licht seiner Liebe

Beate Schütz

Im Licht seiner Liebe

Ein Begleiter für das
Kirchenjahr

Sämtliche Bibeltexte sind, soweit nicht anders vermerkt, entnommen aus: Lutherbibel, revidiert 2017, © 2016 Deutsche Bibelgesellschaft, Stuttgart.

Bibliografische Information der Deutschen Nationalbibliothek:
Die Deutsche Nationalbibliothek verzeichnet diese Publikation in der Deutschen Nationalbibliografie; detaillierte bibliografische Daten sind im Internet über http://dnb.d-nb.de abrufbar.

© 2023 Neukirchener Verlagsgesellschaft mbH, Neukirchen-Vluyn
Alle Rechte vorbehalten
Umschlaggestaltung: Miriam Gamper-Brühl, Essen, unter Verwendung eines Bildes von © Shutterstock/Katerina Planina
Lektorat: Anna Böck
DTP: dtp studio eckart|Jörg Eckart, Frankfurt am Main
Verwendete Schriften: FF Kievit
Gesamtherstellung: Finidr, s.r.o.
Printed in Czech Republic
ISBN 978-3-7615-6938-2

www.neukirchener-verlage.de

Inhalt

Rätselhaftes Kirchenjahr

Wer war Quasimodo noch mal? Und was hat der legendäre Glöckner von Notre-Dame mit dem Weißen Sonntag zu tun?

Wer einmal einen ersten Blick auf das Kirchenjahr und die Bezeichnungen seiner Sonntage und Feiertage wirft, stößt auf einige merkwürdige Namen, die selbst regelmäßigen Kirchgängern ein Rätsel bleiben können, denn sie erklären sich nicht von selbst. Auch wenn die protestantischen Kirchen ihre Gottesdienste inzwischen bis auf wenige Ausnahmen durchgängig in der jeweiligen Landessprache abhalten, haben sich Reste der traditionellen lateinischen Bezeichnungen für Sonntagsnamen und **liturgische** Elemente hier und da erhalten und sorgen wahlweise für Heiterkeit oder Irritationen.

Auch die zeitliche Einteilung des Kirchenjahrs ist verwirrend. Weihnachten findet zum Glück immer um den 25. Dezember herum statt, aber schon den ersten Advent muss man jedes Jahr neu im Kalender nachschauen, und Karneval, Ostern, Himmelfahrt und Pfingsten scheinen völlig unberechenbar in den Frühlingsmonaten herumzuwandern. Warum muss das alles so kompliziert sein?

Hinter einer komplexen Struktur verbirgt sich meist eine komplexe Geschichte. Dieser kleine Band kann die historische Tiefe und die vielfältigen Entwicklungen hinter der heutigen Form des Kirchenjahrs nur andeuten. Wer am Ende Feuer gefangen hat und tiefer graben will, kann sich vertrauensvoll an seine nächste Bibliothek oder Buchhandlung wenden. Die Fachbegriffe, die im Fließtext fett gedruckt sind, werden am Ende des Buches in einem Glossar erklärt. Zudem gibt es dort ein paar Tipps zum Weiterlesen.

Bevor wir uns den einzelnen Sonntagen, ihrem Platz im Kirchenjahr und ihrem theologischen Schwerpunkt zuwenden, soll ein kurzer Überblick über die Entstehungsgeschichte und heutige Struktur des Kirchenjahrs eine allgemeine Orientierung verschaffen, in die sich die einzelnen Sonntage einordnen lassen.

Historische Entwicklung

Jeder religiöse oder weltanschauliche Inhalt, der für das Leben relevant sein will, braucht eine konkrete Gestalt, die nicht nur zu besonderen Feiertagen, sondern gerade auch im Alltag wahrnehmbar und lebbar ist. So hat auch die Kirche seit ihren frühesten Tagen strukturelle und inhaltliche Formen entwickelt, die den Glaubensinhalten einen lebendigen Ausdruck geben. Im Lauf der Geschichte wirkten ganz unterschiedliche Einflüsse aus den verschiedensten Kulturkreisen auf die Entstehung des Kirchenjahrs ein, wie wir es heute kennen. Daher kommt ein Versuch, das evangelische Kirchenjahr für heutige Leser zu erschließen, nicht ohne Rückgriff auf die Gestalt des Kirchenjahrs in der Zeit vor der Reformation aus.

Das Christentum entstand als eine jüdische Glaubensrichtung und drückte seine Glaubensüberzeugungen zunächst natürlicherweise innerhalb der religiösen Formen des damaligen Judentums aus. Man versammelte sich im Tempel, nahm an Synagogengottesdiensten teil und beging die jüdischen Feste. Doch schon in der ersten Generation wurden Menschen aus einem nichtjüdischen Hintergrund für den Glauben an Christus gewonnen. Je mehr ihr Einfluss zunahm, desto stärker grenzte sich die wachsende Kirche von ihren jüdischen Wurzeln in einem Prozess ab, der zuweilen von beiden Seiten mit heute schwer erträglicher Polemik geführt wurde. Gleichzeitig gewannen nichtjüdische Faktoren – religiöse Kulte und Überzeugungen der römischen, orientalischen und nordeuropäischen Kulturen – immer mehr an Gewicht. Auch innerkirchliche Streitigkeiten um das Verständnis mancher Glaubensaussagen spiegeln sich in konkreten Formeln und Formen des Gottesdienstes wider. Die daraus entstandenen Gestalten kirchlichen Feierns, wie sie die Kirche im Mittelalter praktizierte, erhielten durch verschiedene Erneuerungsbewegungen ständig neue Impulse. Aus der umfassendsten und anhaltendsten, der Reformation, gingen die protestantischen Kirchen hervor. Durch viele kleinere und größere Reformen hindurch prägten sie die heutige Gestalt des evangelischen Kirchenjahrs. Noch immer ist seine Gestalt im Fluss, denn wenn die Kirche weiterhin relevant bleiben will, muss ihre Praxis auf gesellschaftliche Entwicklungen reagieren und neue Angebote für neue Zielgruppen finden. Die Notwendigkeit, das Überkommene stets wachsam und achtsam mit neuen Entwicklungen abzugleichen, öffnet auch eine Chance für das ökumenische und interreligiöse Gespräch. Doch bei aller Notwendigkeit zur beständigen Reformation sind es die Wurzeln, die dem Baum seinen Halt geben.

Jedes Jahr dasselbe?

Das Leben steht heute weitgehend unter dem Anspruch des „Vorwärts!". Wir leben und planen auf Zukunft hin. Was vergangen ist, bleibt meist als irrelevant zurück. Trauer ist dazu da, möglichst schnell überwunden zu werden. Wer aber einmal aus dem beständigen „Schneller, Höher, Weiter" herausgefallen ist, spürt, dass ein ständiges „Vorwärts" nicht trägt. Gerade wenn die vorwärtslaufende Zeit unberechenbar wird, suchen wir nach Fixpunkten jenseits vergänglicher Erfolge. Während der Lockdowns der Jahre 2020 und 2021 wurden die Feste, die nicht gefeiert werden konnten, schmerzlich vermisst und man suchte nach Wegen, ihnen wenigstens rudimentäre neue Formen zu geben. Auch ohne öffentliche Gottesdienste war es Ostern, Weihnachten, Pfingsten. Wir brauchen als Individuen und als Gesellschaft trotz allen Zukunftsstrebens den Rhythmus des Wiederkehrenden, der durch Brüche und Verwerfungen im Leben tragen kann, wenn sonst nichts mehr so bleibt, wie es war.

Die Hauptfeste des Kirchenjahrs orientieren sich an der Christusgeschichte. Nach und nach hat sich ihre Abfolge zu einer Zeitkomposition geformt, die den Feiernden im Jahreslauf durch die Stationen der Christusgeschichte führt, ihn in die Grundlagen des Glaubens, die aus der Christusgeschichte erwachsen, einführt und sie beim wiederholten Durchschreiten beständig vertieft. Dass die Feste uns dabei tiefer in die Gottesbegegnung führen, können wir jedoch bei allem eigenen Einsatz nicht selbst herbeiführen. Gott selbst muss den Raum füllen, den die Feste eröffnen.

Gewachsene Strukturen

Der christliche Festkreis erwuchs aus dem jüdischen Festjahr und seiner Sieben-Tage-Woche, die das Christentum vom Judentum übernahm. Dabei verschob sich der Ruhetag bereits im 2. Jahrhundert vom Sabbat auf den ersten Tag der Woche, den Auferstehungstag Jesu, der als „Tag des Herrn" begangen wurde. Auch Ostern orientiert sich am Pessachfest und damit fällt Pfingsten in die Zeit des jüdischen Erntefestes Schawuot. Das Weihnachtsfest dagegen ist wohl einerseits infolge innerkirchlicher Diskussionen um Glaubensfragen und andererseits als Reaktion auf nichtjüdische, römische oder ägyptische Festtraditionen entstanden.

Drei Festkreise

Die Grundstruktur der christlichen Feste bildete sich in der griechischsprachigen Kirche im Osten des römischen Reiches heraus. Ihr Angelpunkt war das Osterfest mit einer vorausgehenden Vorbereitungszeit und nachfolgender Freudenzeit. Dazu gesellten sich Feste, die immer an einem festen Datum stattfanden, z.B. Gedenkfeste für Märtyrer und andere Heilige, die meist an deren Todestag stattfanden und zeitweise so populär wurden, dass sie die Christusfeste zu überschatten drohten. Andere Gedenkfeste orientierten sich am natürlichen Jahr und versuchten, ihre Inhalte umzudeuten. So griff z.B. das Osterfest die Frühlingsthematik um die Tag-und-Nacht-Gleiche auf, das Weihnachtsfest die Lichtthematik um die Wintersonnwende. Im Laufe der Zeit entstanden so zwei Festkreise, der Weihnachtskreis und der Osterkreis, in deren Mittelpunkt jeweils ein zentrales Ereignis des Heilsgeschehens steht – Beginn und Ende der Inkarnation, der Menschwerdung Gottes in Jesus Christus. Beiden Festen zugeordnet ist je eine Vorbereitungszeit und eine nachfolgende besondere Festzeit, in der Ereignisse im Anschluss an das Festgeschehen und dessen Auswirkungen reflektiert werden und die mit einem besonderen Fest abgeschlossen wird. Um die große Lücke zwischen dem Osterkreis und dem Weihnachtskreis **liturgisch** zu füllen, schuf die evangelische Kirche die Zeit nach Trinitatis, die mit den Sonntagen zum Jahresende einen dritten Festkreis bildet.

Da Ostern sich am jüdischen Pessachfest orientiert, bewegt sich sein Datum in einem Zeitraum von rund 5 Wochen hin und her. Weihnachten hat jedoch im Anschluss an nichtjüdische Gepflogenheiten ein festes Datum. Daher verschieben sich beide Festkreise gegeneinander und die Zahl der Sonntage, die zwischen ihnen liegt, ändert sich von Jahr zu Jahr. Man musste also Sonntage bestimmen, die jeweils die Lücke füllen bzw. wegfallen können, wenn das nächste Fest bereits ansteht.

Sonntage, Gedenktage und Festzeiten

Die „Knochen" im Gerüst des Kirchenjahrs sind die Sonntage. Im evangelischen **liturgischen** Kalender hat jeder einzelne einen eigenen Namen. Viele werden einfach nur auf einen bestimmten Fixpunkt hin hinauf oder herunter gezählt, wie die Sonntage nach Epiphanias oder vor dem Ende des Kirchenjahrs. Im Osterfestkreis haben die meisten Sonntage die alten Namen bewahrt, die sich in der katholischen Messe vom Psalm des **Introitus** ableiten, zu dessen Gesang die Priester in den Gottesdienst einziehen, so auch der eingangs erwähnte Sonntag Quasimodogeniti.

Da die Sonntage bewegliche Kalenderdaten haben, viele Gedenktage von Heiligen oder historischen Ereignissen wie der Johannis- oder der Reformationstag aber an einem festen Datum stattfinden, können diese auf einen Sonntag fallen und dann dessen Thema ersetzen. Der Sonntag wird trotzdem gezählt, auch wenn ein Inhalt dadurch in dem betreffenden Jahr ausfällt.

Besondere Festzeiten rund um die großen Festtage orientierten sich häufig an den Zahlen 3 und 8. So gab es sog. Triduen (sing. **Triduum**), dreitätige Festzeiten wie das *Triduum paschale*, das die drei heiligen Tage Karfreitag, Karsamstag und Ostermorgen bezeichnet. Auch eine ganze Woche samt ihrem einleitenden und ausleitenden Sonntag konnten zur besonderen Festzeit, der **Oktav** werden, wie die Oster**oktav** vom Ostersonntag bis zum Sonntag Quasimodogeniti.

Liturgische Elemente: Proprium, Farben, Perikopen   Neben seinem einzigartigen Namen erhält jeder Sonntag durch verschiedene **liturgische** Elemente seinen eigenen Charakter. Bereits im Mittelalter entstand der Brauch, die Art der Festzeit durch **Farben** anzuzeigen, die in den **Paramenten**, also der Kleidung der Priester und der Ausgestaltung der Altäre, sichtbar wurden. In den protestantischen Kirchen ist davon meist nur die Altar- und Kanzelbekleidung geblieben.

Dabei steht die **Farbe** *Violett* für den Advent und die Passionszeit, die als Vorbereitungszeiten für die großen Christusfeste traditionell als Fasten- und Bußzeiten begangen wurden. Auch der *Gedenktag der Zerstörung Jerusalems* und der Buß- und Bettag stehen unter der violetten **Farbe**.

Weiße **Paramente** werden an den hohen Christusfesten und ihren Festzeiten aufgelegt, also an Weihnachten und der anschließenden Festzeit, an Ostern und seiner Freudenzeit und an einigen kleineren Festen sowie am letzten Sonntag im Kirchenjahr.

Rot steht für die Heilige Geistkraft, ihr Wirken und die Kirche, die durch sie besteht. Rote Textilien schmücken den Kirchenraum u.a. an Pfingsten, an Gedenktagen von besonders verehrten Christen und am Reformationstag. Auch bei besonderen kirchlichen Handlungen wie Konfirmationen, Ordinationen oder der Kirchweih wird Rot aufgelegt.

Grün steht für alle anderen Zeiten, die keinen besonderen Status haben: die Vorpassionszeit vor Aschermittwoch und die Trinitatiszeit. Da die Vorpassionszeit in den Frühling fällt, die Zeit nach Pfingsten der Gemeinde gedenkt und das Erntedankfest in die Trinitatiszeit fällt, erinnern die grünen **Paramente** auch an das Wachstum, das Gott schenkt, in der Natur wie in der Gemeinde.

Schon seit den frühesten Zeiten gab es bei den Versammlungen der Christen in Analogie zum Synagogengottesdienst vorgeprägte Abläufe und Textlesungen. Nach und nach entstand ein fester, jeden Sonntag wiederkehrender Ablauf der sonntäglichen Feier mit vorformulierten Gesängen, Gebeten und Bibellesungen an bestimmten Stellen. Diese jeden Sonntag wiederkehrende Form nennt man heute das **Ordinarium**. Bei besonderen Gelegenheiten können Teile davon entfallen. So wird z.B. in der Fastenzeit auf festliche Hymnen wie „Ehre sei Gott in der Höhe" oder den Halleluja-Gesang verzichtet.

Eingebettet ins **Ordinarium** ist das sog. **Proprium**. Es bedeutet „das Eigene" und umfasst die Lieder, Texte und Lesungen, die nur an diesem Sonntag vorkommen, um seinen thematischen Schwerpunkt abzubilden. Häufig sprechen sie verschiedene, zuweilen gar widersprüchliche Aspekte des Oberthemas an, sodass sie ein weites Bild des jeweiligen Themas zeichnen, das von Jahr zu Jahr in der Predigt mit anderen Akzenten konkretisiert werden kann.

Zum **Proprium** jedes Sonntags gehören drei Lesungen, je eine aus dem Alten Testament, einer Epistel (Brief im Neuen Testament) und einem Evangelium. Solche Textabschnitte nennt man **Perikopen** und sie sind auch als Predigttexte für den jeweiligen Sonntag vorgesehen. Die Auswahl der Texte durchlief im Laufe der Kirchengeschichte vielfache Änderungen, heute hat die evangelische Kirche einen sechsjährigen Zyklus von Predigtjahrgängen etabliert, in dem jedem Sonntag ein Predigttext entweder aus den Lesungen oder aus drei weiteren vorgeschlagenen Texten zugeordnet ist. So durchläuft die Gemeinde in sechs Jahren einen weiten Raum rund um das **Proprium** des jeweiligen Sonntags. Im siebten Jahr, wenn die Reihe der **Perikopen** wieder von vorne beginnt, lässt sich das schon einmal Gehörte auf der reichhaltigen Grundlage der vorhergehenden Jahre vielleicht noch einmal ganz neu hören.

Schmökern und Studieren

Der Aufbau dieser Einführung ins Kirchenjahr ermöglicht es dem Leser, sich auf ganz unterschiedlichen Weisen auf diesen Weg einzulassen. Wer sich nur ab und zu orientieren will, kann im Inhaltsverzeichnis direkt den gesuchten Sonntag oder Gedenktag finden. Von den Gedenktagen werden nur die bekanntesten aufgegriffen, zumal, wenn sie auch außerhalb des kirchlichen Rahmens bekannt sind. Durch die inhaltlichen Impulse lässt sich das Buch als wöchentliches Andachtsbuch für die persönliche Zeit mit Gott oder für eine Andacht in einer Gruppe verwenden. Die Gebete und Vorschläge zu einer konkreten Umsetzung bieten sich an, den Leser durch die kommende Woche zu begleiten. Wer Inspiration für eigene Andachten oder Predigten sucht, kann sich neben den Impulsen auch direkt in die angegebenen Bibeltexte vertiefen.

Die inhaltlichen Impulse versuchen mal, die Fülle der zugeordneten Texte zu bündeln, mal greifen sie einzelne Aspekte heraus, nie stellen sie den Anspruch, das Thema des Sonntags umfassend zu behandeln. Sie wollen lediglich Anstöße bieten, wie man sich dem Thema nähern könnte, und einen Raum für Zustimmung, Ergänzung und Widerspruch schaffen, die sich zum Teil schon aus den zugeordneten Bibeltexten ergeben. Wer tiefer in die Zusammenhänge einsteigt, wird feststellen: Diese Texte kommentieren und ergänzen sich gegenseitig, sie stellen sich wechselseitig in Frage, eröffnen Widersprüche und halten sie aus. Im Lesen, Fragen, Forschen und Entdecken kann so ein Netz von Bedeutungen entstehen, das vielleicht sogar einmal zum lebensrettenden Fangnetz wird. In jeder neuen Situation, die wir anhand des Bibeltextes zu begreifen suchen, durch jeden Text, den wir anhand unserer Lebenserfahrung zu verstehen suchen, können sich neue Fäden in dem Netz spannen – durch das Kirchenjahr hindurch, im wiederkehrend Vertrauten und im fremden Neuen. In diesem Sinne: Gesegnetes Lesen, Forschen, Entdecken und Netze knüpfen!

Der Weihnachtskreis

Weihnachten wird weltweit als *das* christliche Fest schlechthin wahrgenommen, doch als institutionalisierte Feier der Geburt Jesu entstand es vergleichsweise spät. In den ersten drei Jahrhunderten des Christentums wurde die Geburt Jesu an sich gar nicht gesondert bedacht oder gefeiert. Erst seit der Mitte des 4. Jahrhunderts lässt sich das Fest in Rom nachweisen.

Bereits im 2. Jahrhundert beging man jedoch vor allem im griechischsprachigen Osten des römischen Reiches am 6. Januar das Fest *Epiphanias*, bei dem der Erscheinung von Gottes Gegenwart in dieser Welt in Jesus Christus gedacht wurde. Dabei übernahm man Aspekte der sog. *Epiphanien* weltlicher Herrscher oder Götter, bei denen die Ankunft des Mächtigen an einem bestimmten Ort öffentlich gefeiert und seine Machtfülle proklamiert wurde. Beim christlichen Epiphaniasfest ging es also weniger um die Erinnerung an den historischen Vorgang der Geburt Jesu, vielmehr wollte man die theologische Bedeutung der Menschwerdung Gottes verdeutlichen und verkündigen. Konkret machte man die Erscheinung von Gottes Gegenwart in der Welt am Besuch der drei Magier und an der Taufe Jesu fest. In beiden Geschichten wird deutlich, dass dieser Mensch Jesus am Wesen des Göttlichen teilhat: Die nichtjüdischen Himmelsforscher erkannten es in den Sternen und verkündeten es der nichtjüdischen Welt. Bei der Taufe bezeugte Gott den getauften Jesus vor einem Volk öffentlich als seinen Sohn.

Wann und wie Weihnachten als Geburtsfest Jesu am 25. Dezember entstand, ist nicht eindeutig zu klären. Es lassen sich verschiedene Einflüsse und Elemente ausmachen, wobei zwei Möglichkeiten hervorstechen. Zum einen gab es in der frühen Kirche Bestrebungen, den genauen Tag der Geburt des Erlösers zu berechnen. Dabei knüpfte man u.a. an die Vorstellung an, der erste Tag der Schöpfung sei der 25. März gewesen, und nahm daher an, die Empfängnis Jesu, mit der die Neuschöpfung der Welt begann, habe ebenfalls an diesem Tag stattgefunden. Folglich sei Jesus neun Monate später am 25. Dezember geboren. Wahrscheinlicher ist aber, dass ein Zusammenhang mit dem Fest des *Sol Invictus* besteht. Dieses Fest des *unbesiegten Sonnengottes* wurde im Jahr 274 in Rom für den 25. Dezember, der Zeit um die Wintersonnwende, eingeführt, um den Sieg der Sonne über das Dunkel des Winters zu feiern. Die Kirche konnte das Motiv des aufstrahlenden Lichts oder der aufgehenden Sonne aufgreifen und Christus als die *Sonne der Gerechtigkeit* verkünden, das Licht, das in die Welt gekommen ist, um sie aus dem Todesdunkel zu retten. Von der Mitte des 4. Jahrhunderts an wurde der *Geburtstag unseres Herrn Jesus Christus* rasch fester Bestandteil des Festjahres der westlichen Kirche, denn er gab eine anschauliche Antwort auf die damals heiß umstrittene Frage, wie genau die Menschwerdung Jesu zu verstehen war: wahrer Gott und wahrer Mensch zugleich. Auch die Kirchen des Ostens übernahmen nach und nach den 25. Dezember als Termin für die Geburtsfeier Jesu, während sie weiterhin mit *Epiphanias* am 6. Januar der Taufe Jesu gedachten. Heute begeht nur noch die armenische Kirche das Geburtsfest Jesu am 6. Januar.

Das heutige Weihnachtsfest enthält Elemente sowohl des Geburtsfestes Jesu als auch des Epiphaniefestes. Es ist zugleich Erinnerung an ein geschichtliches Geschehen – die Menschwerdung Gottes – als auch Proklamation der Macht Gottes über die Welt: Gott erscheint in dieser Welt in der Gestalt Jesu, eines den Naturgesetzen unterworfenen Menschen, der den Angriffen der lebensfeindlichen Mächte dieser Welt nicht entzogen ist. Gerade darin offenbart er dort, wo die Herrscher der Zeit ihre Macht zur Schau stellen, in Jesus Christus seine Macht, mit der er die Welt retten wird.

Heute trennt die evangelische Ordnung den Weihnachtskreis in die Adventszeit, die Weihnachtszeit und die Zeit nach Epiphanias, die den Zeitraum zwischen der eigentlichen Weihnachtszeit und dem Beginn des österlichen Festkreises überbrückt.

Die Adventszeit

Mit dem ersten Advent beginnt ein neues Kirchenjahr. Das war nicht immer so, viele Kirchen begannen den Jahresfestkreis an anderen Daten. Der 1. Advent setzte sich wohl deshalb durch, weil an ihm traditionell die **liturgischen** Bücher für das neue Lesejahr geöffnet wurden.

Das lateinische *adventus* entspricht in der Bedeutung weitgehend dem griechischen *epiphaneia* und bezeichnet u.a. den triumphalen Einzug eines siegreichen Feldherrn oder Kaisers samt den dazugehörigen Zeremonien. So stand in der römischen Kirche während der Vorbereitung auf die Feier des Geburtsfestes Jesu vor allem die Ankunft des menschgewordenen Gottes zur Rettung der Welt im Mittelpunkt, mit dessen Kommen eine neue Zeit anbrach. Zugleich war das Epiphaniasfest am 6. Januar einer der zentralen Termine für die Taufe von Menschen, die sich nach einer längeren Vorbereitungszeit der Kirche anschließen wollten. So gab es mehrere Gründe, weshalb manche Kirchen die Zeit vor Weihnachten mit einer Fasten- und Bußzeit begingen, zumal die Jahreszeit einen bewussten Umgang mit den Vorräten anmahnte. Entsprechend dem Motto „am Anfang sparen, am Ende strecken" fügten sich die Fastenzeiten am Beginn und am Ende des Winters in den Jahresablauf einer Kultur ein, die von den Nahrungsmitteln abhing, die sie selbst erwirtschaftete. Von der Fasten- und Bußzeit vor Weihnachten ist in der evangelischen Kirche noch die **Farbe** violett für die Adventszeit als Kennzeichen einer Zeit der Besinnung und der Umkehr geblieben, während die orthodoxe Kirche statt einer vierwöchigen Adventszeit eine vierzigtägige Fastenzeit begeht. Den Charakter einer innerlichen Vorbereitung auf die Begegnung mit Gott hat die Adventszeit jedoch auch in der evangelischen Kirche bewahrt, gerade in ihren Liedern wie dem bekannten „Wie soll ich dich empfangen?" (**EG** 11).

In den ersten Jahrhunderten stand in manchen Kirchen außerhalb Roms wie z.B. der gallischen Kirche weniger die Ankunft Gottes in der Menschwerdung Christi im Vordergrund. Hier schaute man nach vorne auf die noch ausstehende Wiederkunft Jesu Christi, auf dessen Kommen man sich mit Bußriten und Fasten vorbereiten wollte. So enthält die heutige Adventszeit Elemente beider Ereignisse: der bereits geschehenen Geburt des Gottessohns als Jesus in Bethlehem und seines noch bevorstehenden endgültigen Kommens in Herrlichkeit. Zudem erhält Johannes der Täufer als Vorbereiter des kommenden Gottessohnes Raum und unterstreicht den Ruf zu Besinnung und Umkehr.

Die Zahl der Adventssonntage war zunächst nicht einheitlich geregelt. In den unterschiedlichen Kirchen wurden zu unterschiedlichen Zeiten vier, fünf oder sechs Adventssonntage begangen. Spätestens seit dem 7. Jahrhundert hat sich jedoch die Form der vier Adventssonntage vor dem Weihnachtstag am 25. Dezember durchgesetzt. Da die Daten der Sonntage im Kalenderjahr variieren, ist die Länge der Adventszeit von Jahr zu Jahr unterschiedlich. Je nachdem, wie nahe der vierte Adventssonntag am Christfest liegt, kann sie 22 bis 28 Tage betragen.

Die heute so vertrauten Gebräuche von Adventskranz und Adventskalender sind vergleichsweise spät entstanden. Den Adventskranz, der mit seinem zunehmenden Licht die Zählung der vier Adventssonntage hin zum Erscheinen des Lichts der Welt versinnbildlicht, wurde im Jahr 1839 von Johann Hinrich Wichern als eine Art Adventskalender erfunden, um den Kindern in der von ihm gegründeten diakonischen Einrichtung *Raues Haus* das Warten auf Weihnachten zu erleichtern. Auf einem alten Wagenrad platzierte er zwischen den 4 großen Kerzen für die Sonntage je 6 Kerzen für die dazwischenliegenden Wochentage. Den Türchenkalender gibt es erst seit 1903. Hinter den Fenstern oder Türchen verbargen sich zunächst Bilder oder Sprüche und später auch Leckereien, um den Kindern das lange Warten zu versüßen.

Theologisch lässt sich die Adventszeit mit Martin Luther auf drei Ebenen begehen, die miteinander eng in Beziehung stehen: das Kommen Gottes als hilfloses Kind, das geistliche Kommen Gottes zu jedem Einzelnen hier und jetzt und das noch erwartete Kommen Christi am Ende aller Zeit. So lebt die Erwartung des Advents in der Spannung des *Schon jetzt* und *Noch nicht* und fragt mit Johannes dem Täufer: Sind wir bereit für sein Kommen – in uns und als Richter der Welt, der die Gerechtigkeit Gottes verwirklichen wird.

1. Sonntag im Advent

Siehe, dein König kommt zu dir, ein Gerechter und ein Helfer. (Sach 9,9b)

Hintergründiges

Mit dem ersten Sonntag im Advent treten wir ein in ein neues Kirchenjahr: Macht hoch die Tür, die Tor macht weit! Der neue Jahreskreis beginnt mit der Ankunft des Herrn der Herrlichkeit und die Gedenkfeiern seines Lebens und Wirkens werden auch dem kommenden Jahr seine Struktur geben. Wenn wir die erste Kerze am Adventskranz anzünden, versichern wir uns der Hoffnung, dass das neue Jahr im Licht dessen stehen wird, der seinen Nachfolgern Recht und Gerechtigkeit – ein Leben in Auskommen und Würde – verschaffen wird.

Damals, vor rund 2000 Jahren, ritt Jesus nach Jerusalem hinein und seine Bewohner feierten ihn als den endlich gekommenen Friedenskönig. Nur wenige Tage später forderten sie bereits seinen Tod. Der erste Sonntag des Kirchenjahrs umspannt bereits das gesamte Leben Jesu und damit das gesamte kommende Jahr. Heute bereiten wir uns darauf vor, diesen König in unserer Zeit und Welt zu empfangen, wo auch immer er zu uns kommt.

Noch ein König – aber ganz anders

„Tochter Zion, freue dich!" (**EG** 13) In kaum einem Adventsgottesdienst darf das Lied fehlen. Der Text greift die Aufforderung auf, die Gott durch die Propheten Jesaja und Sacharja an sein Volk richtet: „Freue dich, Jerusalem! Jubele so laut, dass alle es hören, denn dein König kommt zu dir!" Allerdings wundere ich mich, dass Gott sein Volk dazu aufruft, die Ankunft eines Königs zu bejubeln. Als es Jahrhunderte früher einen König einsetzen wollte, warnte er es durch den Propheten Samuel: „Ein König wird euch das Leben schwer machen! Er wird hohe Abgaben erheben und eure jungen Leute zum Dienst einziehen." Trotzdem ließ Gott sich auf den Wunsch des Volkes ein. Mit David und Salomo nahm die Königszeit einen verheißungsvollen Anfang, doch die nachfolgenden Könige wurden bis auf wenige Ausnahmen zunehmend korrupter und trieben Israel durch ihre egoistische Machtpolitik in den Untergang. Jerusalem und der Tempel wurden zerstört, das Volk ins Exil verschleppt. Das Königtum hatte das Volk ruiniert und nun sollte das Volk über die Ankunft eines neuen Königs jubeln?

Ja, denn dieser König ist anders. Schon König David hatte es vorgemacht: Wo sich ein Mächtiger in all seiner Machtfülle vor dem gerechten Gott verantwortlich weiß, wird er für Gerechtigkeit in seinem Machtbereich sorgen. Wer den Nächsten liebt wie sich selbst, wird die eigene Macht nutzen, um dem Notleidenden zum Leben zu verhelfen.

Ein solcher König zieht in Jerusalem ein – einer, der den Rechtlosen Recht verschafft, der seine Macht nicht missbraucht und der alle, die sich ihm anvertrauen, von den Folgen des Machtmissbrauchs befreit und heilt. Darum soll Jerusalem jubeln. Darum wird das Volk Gottes das Kommen des Retters bejubeln – damals vor den Toren Jerusalems und heute in den adventlich geschmückten Kirchen. In den kommenden vier Wochen bereiten wir uns darauf vor, diesen gerechten und heilenden König angemessen zu empfangen.

Gebet König Jesus, du bist auf einem Esel in Jerusalem eingezogen. Du kamst nicht, um uns mit deiner Macht zu beherrschen. Stattdessen stellst du deine Macht in den Dienst deiner Liebe zu uns. Zeig uns, wie wir dich angemessen empfangen können. Amen.

Kirchenjahr praktisch: Vertrauen entzünden Heute kann ich beim Anzünden der ersten Kerze am Adventskranz mein Leben für das kommende Kirchenjahr bewusst dem anvertrauen, der in aller Machtfülle kommt und mich in vollkommener Liebe begleiten will.

Alle Texte

Wochenspruch	Sach 9,9b
Wochenpsalm	Ps 24,1–10
Altes Testament	Sach 9,9–10
Epistel	Röm 13,8–12
Evangelium	Mt 21,1–11
Zusatztexte	Jer 23,5–8; Offb 3,14–22

Nikolaustag

Selig sind die Barmherzigen; denn sie werden Barmherzigkeit erlangen. (Mt 5,7)

Hintergründiges Erst seit dem Kirchenjahr 2018/2019 gilt der Nikolaustag als evangelischer Gedenktag, der Tradition folgend am 6. Dezember. An diesem Tag starb der Legende nach der Bischof Nikolaus von Myra im 4. Jahrhundert den Märtyrertod. Zeitgenössische Bischöfe berichten, dass er sein ererbtes Vermögen unter den Armen verteilte. Um seine selbstlose Hinwendung zu den Bedürftigen ranken sich zahlreiche Legenden. So soll er drei Jungfrauen, die ihr Vater aus Armut prostituiert hatte, nachts heimlich drei Goldklumpen durchs Fenster geworfen haben, damit sie eine Mitgift hatten und heiraten konnten. Aus dieser Geschichte entstand wohl die Vorstellung seiner besonderen Nähe zu Kindern.

In der katholischen Kirche wurde der Heilige Nikolaus zum Schutzpatron für eine ganze Reihe von gesellschaftlichen Gruppen, u.a. der Seeleute, da er mehrmals Rettungswunder im Zusammenhang mit der Schifffahrt gewirkt hatte. Daraus entstand der Brauch, am Abend vor seinem Gedenktag Papierschiffchen vor der Tür aufzustellen, in die der Nikolaus kleine Geschenke legte. Später wurden die Schiffchen durch Schuhe oder Strümpfe ersetzt.

So fand ursprünglich die weihnachtliche Bescherung am Nikolaustag statt. Weil die reformatorischen Kirchen die Heiligenverehrung ablehnten, wurde die Bescherung in ihren Gebieten häufig auf die Weihnachtstage verschoben und der Nikolaus erhielt eine neue Aufgabe: In Anlehnung an den damals zum Tag gehörigen **Perikopen**text des Gleichnisses von den anvertrauten Talenten (Mt 25,14–30) befragte er nun die Kinder, ob sie im letzten Jahr brav und fromm gewesen waren; die guten Kinder belohnte er mit kleinen Geschenken, die unartigen bekamen die Rute zu spüren. Erst mit der Kommerzialisierung des Nikolaus im 20. Jahrhundert verwandelte sich der Bischof der Alten Kirche in den Weihnachtsmann, der mit kleinen Geschenken auf das weihnachtliche Geschenkfest einstimmt. Eine Rückbesinnung auf die selbstlosen Taten des Bischofs von Myra kann heute jedoch geradezu zum Gegenpol für die ausufernde Kommerzialisierung des Gedenktags und der Weihnachtszeit insgesamt werden. Sein Vorbild kann uns dazu ermutigen es zu wagen, dem Impuls des Erbarmens zu folgen und zu geben, wo uns die Not anderer dazu bewegt. Zwar stehen an diesem Tag seine legendären Taten im Mittelpunkt, doch letztlich wollen sie uns auf die Texte der Bibel hinweisen, auf die sich Nikolaus' barmherziges Handeln gründete.

◼ Ein Zuhälter und sein Bischof

Ein Vater, der seine drei Töchter nicht anders durchzubringen weiß, als sie wohlhabenden Männern zu deren Vergnügen anzubieten. Ein Bischof, der ein großes Vermögen und geistliche Macht über die Angehörigen seiner Kirche besitzt. Wie wird er wohl über den armen Mann urteilen? Muss er ihn nicht verurteilen? Ist es nicht geradezu sein Job, die offenkundige Sünde aufzudecken und zu bestrafen, damit ein solches Beispiel keine Schule macht?

Doch anstatt den Mann öffentlich zu maßregeln, ergreift den Bischof ein tiefes Erbarmen mit den Töchtern, und er greift tief in seine Schatztruhe, um ihnen heimlich eine Mitgift zu verschaffen, sodass sie heiraten und ein ehrbares Leben führen können. Dieser Bischof hatte verstanden: Sein Vermögen und sein Einfluss gehören ihm nicht, um sich damit sein eigenes Fortkommen zu sichern; ja, noch nicht einmal, um damit die vermeintlichen moralischen Anforderungen Gottes an die Menschen durchzusetzen. Seine Ressourcen sind ihm von Gott anvertraut, um damit den Menschen in seinem Einflussbereich zu einem menschenwürdigen Leben zu verhelfen, wo immer ihn das Erbarmen dazu treibt. In einer solchen selbstlosen Hinwendung zum Nächsten liegt wahre Größe. Solch wunder-bare Hilfe entfacht und erhält die vertrauensvolle Hoffnung der Armen darauf, dass Gottes barmherziges Handeln sie am Ende aus den Verstrickungen des Bösen retten wird.

◼ Gebet

Barmherziger Gott, du lässt dein Herz von der Not der Armen bewegen und hörst die Hilferufe aller, die sich in ihrer Not an dich wenden. Höre auch meinen Ruf um Hilfe und befreie mich von dem, was mich bedrängt. Amen.

◼ Kirchenjahr praktisch: Hilfreiche Hände

Wem könnte ich heute oder in den nächsten Tagen eine Not-wendende hilfreiche Hand reichen?

◼ Alle Texte

Wochenspruch	Mt 5,7
Wochenpsalm	Ps 138
Altes Testament	Jes 61,1–2,10
Epistel	Eph 2,1–10
Evangelium	Mt 6,1–4

2. Sonntag im Advent

Seht auf und erhebt eure Häupter, weil sich eure Erlösung naht. (Lk 21,28b)

Hintergründiges Während der erste Adventssonntag den kommenden Herrn als König in seiner Macht feierte, konkretisiert der zweite Adventssonntag, was sich bereits andeutete: Dieser König ist nicht gekommen, um sich seine neuen Untertanen gewaltsam zu unterwerfen. Er kommt, um die Bewohner seines Reichs zu retten – als Einzelne und als gesamtes Volk; von zeitlicher Krankheit und ewigem Tod; noch vorläufig und schon mit dem Ausblick auf die endgültige Erlösung. Die Spannbreite der Texte dieses Sonntags zeigt: Wir leben in der Zeit zwischen dem Kommen Jesu in die Welt und dem Kommen Christi als Weltenrichter am Ende der Zeiten.

Das große „Endlich!" „Wann sind wir endlich da?" Wer Kinder hat, wird diese Frage nur zu gut kennen – und wahrscheinlich fürchten. Lange Autofahrten strapazieren die Geduld der Kleinen schnell, weil sie noch keine Vorstellung von den Entfernungen und Zeiträumen haben, die zu überwinden und zu überstehen sind.

In der Coronazeit haben auch viele Erwachsene mit zunehmender Verzweiflung gefragt: „Wann hört das endlich auf?" Viele haben zum ersten Mal die Erfahrung gemacht, dass sich eine existentiell schmerzhafte oder bedrohliche Situation nicht zeitnah mit Geld oder anderen Ressourcen abwenden oder beseitigen ließ. Wir waren so sehr an selbstverständliche Sofortlieferungen, die unmittelbare Linderung von Schmerzen oder die zeitnahe Lösung technischer Probleme gewöhnt, dass wir das Warten fast verlernt haben – vor allem das Warten ins Ungewisse.

Dem Volk Israel zur Zeit Jesu ging es nicht besser. Politisch abhängig von den oft grausam herrschenden Römern, wird es zugleich von der religiösen Elite des Landes kleingehalten und ausgebeutet. Die meisten Bewohner hatten wenig Hoffnung auf ein besseres Leben. Wer ständig in Angst vor der Willkür eines Mächtigen oder des Schicksals lebt, wagt es irgendwann kaum noch, den Blick zu heben. Wer einen Schicksalsschlag nach dem anderen verkraften muss, wird irgendwann kraftlos. In den Krisen der vergangenen Jahre haben wir wieder eine Ahnung davon bekommen, was es heißt, in Unsicherheit und Abhängigkeit von den Kräften der Natur und mächtigen Entscheidern zu leben.

In eine solche Situation hinein sagt Jesus: „Je schlimmer es wird, desto näher ist die Rettung!" Eine provokante Aussage, denn unsere Erfahrung zeigt, dass die ersehnte Rettung allzu oft ausbleibt. Doch Jesus spricht hier nicht von zeitlicher Rettung, von einer Befreiung von Krankheit oder Mangel in dieser Welt. Ganz realistisch sieht er das Ende aller Dinge kommen – für jeden Einzelnen und für die Welt als ganze, und gerade in dieses Ende aller Dinge ruft er: „Seht auf, eure Rettung ist schon ganz nahe!"

Mit der Ankunft des Gottessohns endet eine lange Wartezeit. Für uns ist sie am 24. Dezember zu Ende. Das Volk Israel wartete Jahrhunderte lang auf den von Gott versprochenen Befreier, und als er endlich kam, begann mit seiner Himmelfahrt für alle, die sich ihm anschlossen, eine neue Wartezeit – auf seine endgültige Wiederkunft und die Erneuerung der gesamten Schöpfung. Doch weil er einmal kam – als einer von uns – können wir uns sicher sein: Er wird wiederkommen und zu Ende bringen, was er während seiner ersten Erdenzeit begann. Deshalb können wir in allen erträglichen und unerträglichen Wartezeiten unseres Lebens aufschauen zu dem, der verspricht zu heilen und zu retten. Und wenn er dann kommt, wird das Leben plötzlich leicht: „Der Winter ist vergangen ..., steh auf meine Freundin, und komm, meine Schöne ...!" (Hld 2,10). Solche Momente sind ein Vorgeschmack auf das große, endgültige „Endlich!" und ermutigen uns, den Blick wieder zu dem zu heben, der alles neu macht, wenn er endlich kommt.

■ Gebet   Vater, unser Erlöser, wende dich uns wieder zu! Wir hoffen auf deine Rettung aus den kleinen und großen Katastrophen unseres Alltags. Wir wollen an dieser Hoffnung festhalten, bis du die ganze Schöpfung im großen „Endlich!" endgültig erlöst. Amen.

■ Kirchenjahr praktisch: Endlich-Momente für die Ewigkeit   Spüren Sie doch diesen Sonntag und die kommende Woche einmal allen Endlich-Momenten nach, die sich ergeben, und verankern Sie das Gefühl in Ihrem Herzen, damit es fest wird im Warten auf den, der kommt.

■ Alle Texte

Wochenspruch	Lk 21,28b
Wochenpsalm	Ps 80,2.3b.5–6.15–16.19–20
Altes Testament	Jes 63,15–64,3
Epistel	Jak 5,7–8(9–11)
Evangelium	Lk 21,25–33
Zusatztexte	Jes 35,3–10; Hld 2,8–13; Offb 3,7–13

3. Sonntag im Advent

Bereitet dem Herrn den Weg; denn siehe, der Herr kommt gewaltig. (Jes 40,3.10)

Hintergründiges Der dritte Advent nimmt den Aspekt der Vorbereitung auf den Kommenden noch einmal in den Blick. In der Mitte der Besinnungszeit trägt er, wie der Sonntag Laetare, die Farbe Rosa, denn heute ist eine kurze freudige Pause im Verzicht. Dabei stellt er Johannes den Täufer in den Mittelpunkt. Als der von Gott gesandte Prophet soll er Gottes Volk auf dessen Ankunft vorbereiten. Sein Wirken weist voraus auf das Kommen Jesu, der Israel und die Welt aus den Fängen der lebensfeindlichen Mächte befreien wird. Seine Nachfolger bereiten sich nun auf sein zweites und endgültiges Kommen vor.

Vorbereiten – sich bereiten Wenn ein bedeutender Staatsmann seinen Besuch ankündigt, läuft eine gewaltige Maschinerie an, um seinen Aufenthalt bis ins Detail zu planen und seine Sicherheit zu garantieren. Da werden Zimmer gebucht und Fahrtrouten festgelegt, Gullideckel abgeklebt und jeder überprüft, der in sein näheres Umfeld gelangen könnte. Die Vorbereitungen eines Staatsbesuchs dienen vor allem der Sicherheit des mächtigen Menschen.

Auch Jesaja ruft sein Volk auf, alles für die Ankunft seines Gottes und Retters vorzubereiten: „Bereitet dem Herrn den Weg!" Wie beim Triumphzug eines altorientalischen Herrschers sollen alle Hindernisse beseitigt werden, damit alle Welt sieht: „Hier kommt der unumstrittene Herrscher." Der zweite Teil des Wochenspruchs irritiert mich jedoch: Wenn der Herrscher mit solch unwiderstehlicher Macht und Kraft kommt, warum soll sein Volk dann so einen Aufwand treiben, ihm den Weg freizumachen? Er könnte doch bestimmt selbst für seine Sicherheit und allen nötigen Glanz und Gloria sorgen – viel besser, als seine kleinen Leute es könnten.

Der Wochenspruch ist der heutigen **Perikope** aus dem Alten Testament entnommen, und zwischen den beiden Teilversen liegen im eigentlichen Bibeltext sechs ganze Verse, in denen die Perspektive des Propheten vom Bild des Triumphzuges eines mächtigen Herrschers zu einer Trostrede wechselt. Der zweite Teil – „denn siehe, der Herr kommt mit großer Kraft" – gehört zu den ermutigenden Worten, die der Prophet an das Volk Israel richtet: „Hab keine Angst! Dein Gott kommt zu deiner Rettung, und niemand kann ihn aufhalten!"

Trotz des scheinbaren Widerspruchs ist die Zusammenstellung aufschlussreich: Wenn Gott kommt, ist es unbedingt notwendig, sich darauf vorzubereiten; aber nicht um Gottes willen – er hat es wahrlich nicht nötig, dass wir ihm einen Triumphzug organisieren –, sondern um unseretwillen! Im Alten Testament warnt Gott wiederholt sein Volk: „Kein Mensch kann mich sehen und am Leben bleiben!"

Wenn der heilige und gerechte Gott auf die Erde herabkommt, wird es gefährlich für die Menschen. Doch Gott will, dass sein Kommen uns Rettung und Segen bringt, deshalb sorgt er vor. Bevor er selbst in Jesus in diese Welt kam, schickte er Johannes den Täufer voraus, um sein Volk auf seine Ankunft in ihrer Mitte vorzubereiten. Johannes erkannte schnell, dass das bitter nötig war: So wie die Dinge lagen, würde Gott auf ein Volk treffen, das seine Gebote systematisch missachtete. So bestand die Gefahr, dass Gottes Kommen seinem Volk weniger zur Rettung als zum Gericht werden würde. Deshalb predigte Johannes seinen Zuhörern Feuer und Schwefel, damit sich möglichst viele bewusst wurden, dass sie vor einem heiligen und gerechten Gott verantwortlich sind. Denen, die sich von seiner Botschaft erschüttern ließen, erklärte er umgehend, wie sie vor dem heiligen Gott bestehen können: „Teilt, was ihr habt, und tut niemandem Gewalt an."

In Jesus kam der heilige Gott zu unserer Rettung. Viele, die sich damals von Johannes zur Umkehr rufen ließen, vertrauten Jesus ihr Leben an und noch immer ruft Gott zur Umkehr und rettet uns in ein neues Leben hinein. Eines Tages wird er wiederkommen, um die vollbrachte Rettung für alle sichtbar umfassend zu verwirklichen. Ein Leben, das Gerechtigkeit und Barmherzigkeit sucht, ist die beste Vorbereitung auf sein Kommen.

■ Gebet Licht, das uns aufgeht aus der Höhe, erleuchte unsere Herzen, damit wir erkennen, wie wir uns auf Dein Kommen vorbereiten können. Amen.
(angelehnt an 2. Kor 4,6)

■ Kirchenjahr praktisch: Vorbereiten Beim Anzünden der Kerzen am Adventskranz könnte ich mir diese Woche jedes Mal bewusst machen, dass Jesus wiederkommt, und nachspüren, wie ich mich darauf vorbereiten könnte. Ist eine Umkehr dran, eine Tat der Barmherzigkeit oder einfach ein Ausdruck des Vertrauens in seine Retterliebe? Ich will vertrauen, dass Gott mich in meinen Vorbereitungen auf Sein Kommen leitet.

■ Alle Texte

Wochenspruch	Jes 40,3.10
Wochenpsalm	Ps 85,2–8
Altes Testament	Jes 40,1–11
Epistel	1. Kor 4,1–5
Evangelium	Lk 1,67–79
Zusatztexte	Mt 11,2–10; Lk 3,(1–2)3–14(15–17)18(19–20); Röm 15,4–13

4. Sonntag im Advent

Freuet euch in dem Herrn allewege, und abermals sage ich: Freuet euch! Der Herr ist nahe! (Phil 4,4.5b)

Hintergründiges

Der 4. Advent ist der letzte Sonntag vor dem ersten Weihnachtstag, dem 25. Dezember. Wenn er auf den 24.12. fällt, wird er also an Heiligabend gefeiert. Dann geht die Vorfreude der Adventszeit nahtlos in die Weihnachtsfreude über.

An diesem letzten feierlichen Wartetag vor der Ankunft des Erlösers wird die Welt auf den Kopf gestellt. Die Texte bejubeln die radikale Erneuerung aller Lebensverhältnisse, die endlich den Rechtlosen Recht, den Hoffnungslosen eine neue Perspektive und den Verachteten ein Leben in Würde verschafft. Wir werden Zeugen der unbändigen Freude der Erlösten und es ist wohl kein Zufall, dass an diesem Sonntag vor allem Frauen auftreten, die Gottes Leben schaffendes Eingreifen am eigenen Leib erfahren haben.

Zwei sehr gegensätzliche Geburtsankündigungen prägen den heutigen Sonntag. Da ist Sarah, die befreit auflacht, weil Gott sein Versprechen endlich erfüllt und sie schwanger wird, nachdem sie schon alle Hoffnung aufgegeben hatte. Und da ist Maria, die eine unerwartete und verstörende Nachricht erhält: Sie soll den Retter ihres Volkes zur Welt bringen, auf den Israel seit Jahrhunderten sehnsüchtig wartet. Beide Frauen erleben die Erfüllung einer lang ersehnten Verheißung wortwörtlich am eigenen Leib.

Krone in der Hand des Herrn?

In den Texten des heutigen Sonntags taucht eine dritte Frau auf. Jesaja singt davon, wie Gott die Stadt Jerusalem nach einer langen Zeit des Elends wieder zu Ehren bringt. Wie ein Verliebter begehrt er sie, wie ein Bräutigam heiratet er sie und wie bei einem König wird sie zu seinem repräsentativen Schmuckstück.

Vor allem der letzte Punkt irritiert mich. Geht Gott mit denen, die er in seine Gegenwart holt, wirklich so um wie ein orientalischer Herrscher mit seinem Harem? Ich will nicht begehrt und geheiratet werden, um als Schmuckstück eines mächtigen Mannes ein vielleicht gesichertes, aber abhängiges Leben zu führen. Auf eine solche Erlösung kann ich gerne verzichten.

Für Jesajas Leser enthielt der Text jedoch eine überaus mutmachende Botschaft. Eine Frau konnte damals nicht unabhängig von einem Mann ihr Leben gestalten. War sie nicht als Tochter oder Ehefrau in die Großfamilie eines Mannes eingebunden und dort abgesichert, war sie juristisch ein Niemand und häufig auf die Almosen ihrer Mitbürger angewiesen.

In einer solchen Situation befand sich Jerusalem: von den Feinden besiegt, wirtschaftlich am Boden, auf der internationalen Bühne ein Niemand, dem man keine Ehre oder Achtung schuldete und den man ungestraft ausbeuten konnte. Ohne einen mächtigen Beschützer war Jerusalem wie eine verstoßene, einsame, chancenlose Frau. Da ist die Erwählung durch Gott, der sie wahrhaft liebt und heiratet, ihre Rettung. Jesajas Leser verstanden: Nach einer langen Zeit des Elends wird Gott sich wieder über uns erbarmen. Er wird sich öffentlich an uns binden und uns vor aller Welt wieder zu Wohlstand und Ehre bringen.

In meinem heutigen kulturellen Umfeld finde ich mich weniger in den Hoffnungen Jerusalems auf Rettung durch einen starken Mann wieder. Ich finde mich aber wieder im Jubel der Maria über die Umwälzung der Verhältnisse, wenn die Ungerechtigkeiten dieser Welt in ihr Gegenteil verkehrt werden – auch die Ungerechtigkeiten zwischen den Geschlechtern. Gott selbst setzt mit seinem Handeln an Sara und Maria und seiner Vermählung mit der Stadt Jerusalem entsprechende Zeichen: Er freut sich über seine Braut Jerusalem! Der kommende Retter freut sich auf das Zusammensein mit seinen Geretteten. Freude und Jubel auf allen Seiten! Weihnachtsfreude!

Gebet   Meine Seele erhebt den Herrn, und mein Geist freut sich Gottes, meines Heilandes! (Lk 1,46–47)

Kirchenjahr weiterdenken   Der Beginn von Marias Gebet lädt dazu ein, das Lied mit eigenen Worten fortzuführen: Worüber freue ich mich heute, worüber kann ich jubeln? Wie kann ich der Weihnachtsfreude heute Ausdruck geben?

Alle Texte

Wochenspruch	Phil 4,4.5b
Wochenpsalm	Ps 102,13–14.16–18.20–23
Altes Testament	Jes 62,1–5
Epistel	Phil 4,4–7
Evangelium	Lk 1,26–38(39–56)
Zusatztexte	Lk 1,(26–38)39–56; 2. Kor 1,18–22; 1. Mose 18,1–2.9–15

Das Christfest

Das eigentliche Fest der Geburt Christi am 25. Dezember wird im **liturgischen** Kalender als *Christfest* bezeichnet, doch gesellschaftlich hat sich sowohl für die eigentlichen Feiertage als auch für die gesamte Festzeit das Wort *Weihnachten* durchgesetzt.

Es stammt von dem mittelhochdeutschen Ausdruck *wîhen nahten*, mit dem man vor der Christianisierung die Tage rund um die Wintersonnwende bezeichnete. Die dunklen Tage und Nächte vom 25. Dezember bis zum 6. Januar galten als besonders unheimliche Zeit, in der nach der Sonnwende die lebensfeindlichen Mächte sich noch einmal aufbäumten, bevor sie endgültig vom Licht vertrieben wurden. Daher suchte man sie mit besonderen Riten und Verhaltensweisen zu bannen. Im christlichen Umfeld wurde diese Zeit zu den *Zwölf Heiligen Nächten*, die noch heute die eigentliche Weihnachtszeit bilden. Sie endet also erst mit dem Erscheinungsfest Epiphanias am 6. Januar und schließt daher die Gottesdienste zum Jahreswechsel ein.

In den letzten Jahrzehnten hat sich weithin der Schwerpunkt des Weihnachtsfestes auf den Heiligabend verlegt. Dies war möglich, da nach kirchlicher Zeitrechnung der Tag am Vorabend beginnt und man einen Festtag häufig mit einer *Vesper* am Vorabend, einer *Mette* in der Nacht auf den Feiertag oder einer *Vigil* durch die gesamte Nacht hindurch bis zum Morgen einleitete. Zudem führte man schon im Mittelalter inszenierte Weihnachtsspiele auf, aus denen die heutigen Krippenspiele hervorgingen, die traditionell am späten Nachmittag des Heiligen Abend in einem eigenen Gottesdienst aufgeführt wurden. All diese Feiern wurden im Lauf der Zeit für bestimmte Zielgruppen aufgegriffen und ausgeweitet, sodass die heutige, regional vielfältige Gestalt des Weihnachtsfestes das Ergebnis einer langen, komplexen Geschichte ist, die noch immer im Fluss ist.

Das Fest hat durch die Zeiten eine ganze Reihe von Themen an sich gezogen, die sich aus der Menschwerdung Gottes ergeben und die heute unterschiedlich stark und auf unterschiedliche Weise zum Tragen kommen. Da wird des einmaligen Geschehens gedacht, mit dem Gott sich in der Welt offenbarte und mit dem er die endgültige Rettung der Welt vor den Todesmächten in Gang setzte. Luther verstand die Inkarnation, die Menschwerdung Jesu, als Beginn eines Geschehens, das sich an Ostern vollendet. Insofern ist im Weihnachtsgeschehen schon das gesamte Leben und Wirken Jesu gegenwärtig.

Die heutige Konzentration auf die Umstände von Jesu Geburt, die ärmliche Krippe im Strahl des himmlischen Lichts und die Feier der Familie als Ort der Geborgenheit stammen von Franz von Assisi her. Er wollte den Menschen die Niedrigkeit Jesu so nahe wie möglich bringen und inszenierte die erste Krippe mit lebenden Menschen und Tieren. Das Glück des göttlichen Lichts inmitten der entbehrungsvollen Umstände sollte die Teilnehmenden zu einer Nachfolge Jesu in Armut und Demut einladen. Geblieben ist davon heute unter anderem der Ruf nach Frieden und Gerechtigkeit, der an Weihnachten besonders nachdrücklich geäußert wird. Der liebende Blick Gottes auf das Schwache und Niedrige ist für zahlreiche karitative Organisationen ein passender Anlass, mit Spendenaufrufen an die Barmherzigkeit der Angesprochenen zu appellieren.

Für viele hat sich heute das Weihnachstfest auf den Heiligabend reduziert: Das im Rahmen der Christvesper aufgeführte Krippenspiel in der Kirche stimmt ein auf die anschließende Bescherung. Vielleicht besucht man am späteren Abend noch einen Gottesdienst, der in der Regel besinnlicher gestaltet ist als der oft trubelige Familiengottesdienst am Nachmittag; damit ist für die meisten das Thema *Weihnachten* schon abgehakt. Die beiden anschließenden Feiertage nimmt man gerne zur Entspannung und für Familientreffen mit, doch nur die wenigsten besuchen noch am 1. oder gar am 2. Weihnachtsfeiertag einen Gottesdienst. Dabei entfalten sich gerade dort erst die vielfältigen faszinierenden Aspekte der Menschwerdung Gottes und ihre Auswirkungen für uns heute noch.

Heiligabend – Christvesper

Fürchtet euch nicht! Siehe, ich verkündige euch große Freude, die allem Volk widerfahren wird; denn euch ist heute der Heiland geboren, welcher ist Christus, der Herr, in der Stadt Davids. (Lk 2,10b.11)

Hintergründiges

Der Tag vor dem eigentlichen Christfest markiert den Übergang vom gespannten Warten der Adventszeit zur eigentlichen Feier der Ankunft Christi. In den letzten Jahrhunderten haben sich zwei Gottesdienstformen für den Heiligabend herausgebildet: die *Christvesper* am späten Nachmittag und die *Christnacht* am späten Abend. Die evangelische Kirche hat für beide Feiern eigene **Perikopen**texte festgelegt, die untereinander ausgetauscht werden können.

Für die meisten Gottesdienstbesucher ist die Christvesper – ob mit oder ohne Krippenspiel – bereits der eigentliche Weihnachtsgottesdienst mit Weihnachtsbaum, Kerzenlicht, Weihnachtsliedern und Weihnachtsgeschichte. Tatsächlich bildet die Christvesper mit ihrer Lesung alttestamentlicher Voraus-Hoffnungen und der Aufführung der Weihnachtsgeschichte nur das Tor zur eigentlichen Feier der Geburt Jesu in den Gottesdiensten der folgenden Tage.

Freude für immer

„Fürchtet euch nicht!" Die erste Ankündigung der Geburt des neuen Herrschers an eine wenn auch noch eingeschränkte Öffentlichkeit beginnt nicht so, wie man die Eröffnung der besten Nachricht aller Zeiten erwarten würde. Den Hirten begegnet ein Bote Gottes, der die unfassbare Nachricht von der so lange ersehnten Rettung der Welt aus den Klauen des Bösen überbringt, aber da ist erst einmal nichts mit Jubel und Freude; stattdessen erfasst sie ein großes Grauen angesichts der göttlichen Erscheinung. Zacharias und Maria ergeht es nicht besser. Obwohl sie alle sehnsüchtig auf das rettende Kommen Gottes warten, ist der Bote offensichtlich nicht auf den ersten Blick als Überbringer der ersehnten Nachricht zu erkennen. Er muss sie erst beruhigen: „Habt keine Angst! Alles wird gut – und zwar von jetzt an!"

Vielleicht graut Ihnen auch vor dem kommenden Fest. Vielleicht sehen Sie der gespielten Heiterkeit, der gezwungenen Harmonie im Familienkreis oder der Einsamkeit gerade in diesen Tagen mit Unbehagen oder gar Angst entgegen. Vielleicht überdeckt die Furcht vor manch bevorstehender Begegnung jede Freude am eigentlichen Inhalt des Festes. Gerade dann gelten die einleitenden Worte des Engels: „Fürchte dich nicht!" Gott kommt – egal, ob Sie bereit oder überhaupt in der Lage sind, ihn zu empfangen. Er kommt auch für Sie. Vielleicht gelingt es ja, mitten im Trubel oder im Chaos der Gefühle ein kurzes Aufblitzen der Freude zu erhaschen. Vielleicht stellt sich erst hinterher heraus, dass es mitten in den anstrengenden, vielleicht schmerzhaften Tagen auch gute Momente gab, Momente, in denen etwas von der Befreiung aufschien, die das Kind mit sich bringt – das Wissen darum, dass die Macht des Bösen und des Todes gebrochen ist, mögen sie jetzt noch so toben. Vielleicht gab es einen Moment echter Nähe, ein kurzes Loslassen-Können, einen Augenblick der Fülle und des Genießens trotz der schwierigen Umstände.

Nachdem die Hirten gesehen und verstanden hatten, liefen sie los, um allen von diesem wunderbaren Ereignis zu erzählen. Am Ende überwindet die Freude die anfängliche Angst. Aber es braucht die Zeit – das Hören, den Entschluss, der Einladung des Boten zu folgen, das Sehen und Schmecken. Manchmal kommt die Freude erst im Nachhinein, wenn sich die Wellen beruhigt haben und Zeit ist, das Erlebte zu verarbeiten und einzuordnen. Und irgendwann wird die Freude ungetrübt sein und für immer bleiben – die Freude, die an seinem Geburtstag begann und die kein Ende hat.

■ **Gebet** Heiland der Welt, diese Welt ist noch immer von so viel Unheil erfüllt. Das macht mir Angst, selbst an deinem Geburtstag. Sprich mir dein „Fürchte dich nicht!" zu und öffne mir die Augen für die Momente der Weihnachtsfreude, die trotz allem und in allem besteht, weil du kommst, um das Unheil zu überwinden.

■ **Kirchenjahr praktisch: Funkensuche** Heute will ich im Trubel oder der Einsamkeit des Heiligabends Ausschau halten nach kleinen Funken der Weihnachtsfreude. Ich will sie bewahren wie einen Schatz, der kommende dunkle Tage erhellen kann.

▨ **Alle Texte**

Wochenspruch	Lk 2,10b.11
Wochenpsalm	Ps 96,1–3.7–13
Altes Testament	Jes 9,1–6
Epistel	Gal 4,4–7
Evangelium	Lk 2,1–20
Zusatztexte	Jes 11,1–10; Hes 37,24–28; Mi 5,1–4a

Christnacht

Fürchtet euch nicht! Siehe, ich verkündige euch große Freude, die allem Volk widerfahren wird; denn euch ist heute der Heiland geboren, welcher ist Christus, der Herr, in der Stadt Davids. (Lk 2,10b.11)

Hintergründiges

Wenn die geschäftige Zeit des Nachmittags und frühen Abends von Heiligabend mit Christvesper oder Krippenspiel, Bescherung und Abendessen geschafft ist, bietet vielerorts ein feierlicher Gottesdienst am späten Abend die Gelegenheit zu einem ruhigeren, besinnlicheren Eintritt in die Feier des Weihnachtsgeschehens. Hier klingt noch die alte Tradition an, den Feiertag am Vorabend des eigentlichen Feiertages zu beginnen.

Wochenspruch, Psalm und Evangelium sind dieselben wie für die Christvesper, die übrigen Texte können mit denen der Christvesper ausgetauscht werden. Die für diese Feier vorgeschlagenen Texte sind weniger bekannt, aber auch sie stellen den Verheißungen des Alten Testaments ihre Erfüllung durch die Geburt des angekündigten Retters und neuen Weltenherrschers gegenüber.

Die alttestamentlichen Texte entwerfen immer neue Bilder und Szenarien, wie die erneuerte Welt nach der Ankunft des Retters aussehen wird: Gott wohnt bei seinem Volk, die Völker werden nach Jerusalem kommen, Gott wird einen Hirten erwecken, der seine Herde in eine vollkommen friedliche und sichere Zukunft führt. Alle diese hoffnungsvollen Bilder stehen hinter der freudigen Botschaft, die der Engel den Hirten und letztlich der ganzen Menschheit verkündet.

Idyllische Aussichten

In der Stille des Vorabends vor dem eigentlichen Weihnachtsfest kann ich endlich der Frage nachspüren, was die Geburt des Gotteskindes für mich persönlich bedeuten könnte. Die verheißungsvollen Texte des Alten Testaments entwerfen wunderbare idyllische Szenen: Gott macht sich auf zu seinem Volk und wohnt mit seinem ganzen Segen bei ihnen. Alle Welt wird ihn als unumstrittenen Herrscher anerkennen und seine Gebote, seine guten Lebensregeln, befolgen. Dann wird es keine Gewalt mehr geben, keine Existenzangst, keine Ausbeutung, keine Gefahr für Leib und Leben. Alle werden in Sicherheit, rundum versorgt und in heilen Beziehungen ohne Scham und Schuld in Freiheit und Frieden leben.

Die Geburt des Kindes, das die Welt in dieses perfekte Idyll hinein erlösen soll, ist nun allerdings schon 2000 Jahre her und ich sehe wenig von dem versprochenen Paradies. Die wunderschönen Bilder, die Hesekiel vom Leben unter der Fürsorge des guten Hirten malt, wirken manchmal wie ein Hohn angesichts der aktuellen Realität. Was ist aus den großartigen Versprechen Gottes an sein Volk und die Welt geworden?

Erstaunlicherweise scheinen sich die frühen Christen diese Frage gar nicht gestellt zu haben. Die vorgeschlagenen Texte aus den Paulusbriefen gehen selbstverständlich davon aus, dass die eigentliche Erlösung noch aussteht. Und wenn ich einmal nachdenke, ist das ja ganz logisch: Das Leben Jesu auf Erden endete nicht mit seiner Machtergreifung, nicht mit seinem Tod, ja, nicht einmal mit seiner Auferstehung. Nachdem er seine Aufgabe in der Welt erfüllt hatte, kehrte er zurück zu Gott, seinem Vater, und von dort wird er eines Tages wiederkommen, um die begonnene Befreiung von den Gewalten des Bösen endgültig abzuschließen. Bis dahin ermahnt und ermutigt Paulus seine Leser und Hörer, schon jetzt ein Leben einzuüben, das der Vision des Alten Testaments von der neuen Welt entspricht: „Jetzt, in dieser Welt, sollen wir besonnen, gerecht und voller Hingabe an Gott leben." [Ti 2,12; NLB]

Mit der Geburt Jesu beginnt wahrlich eine neue Zeit, aber sie ist nicht die Zeit der endgültigen Erfüllung aller Verheißungen. Mit dem Kommen Gottes in die Welt als kleines Kind begann eine neue Zwischenzeit zwischen seinem ersten und seinem zweiten Kommen. Wie die Propheten und alle, die ihnen folgten, warten wir – wieder und noch immer – auf die endgültige Erlösung. Seit Gott aber als einer von uns auf die Erde kam, können wir uns gewiss sein, dass wir nicht umsonst warten, sondern dass sich alle Versprechen vollumfänglich und endgültig erfüllen werden.

Gebet

Du kamst und du wirst kommen.
Das feiern wir.
Du tauchtest ein
in unsre Welt.
An deinem Leben sahen wir:
So sieht es aus, das neue Leben.
Voll Sehnsucht warten wir auf dich
und bis du kommst
verkünden wir durch Wort und Tat,
dass dein Licht kommt.

Kirchenjahr praktisch: Oasen schaffen

Sehen Sie in Ihrem Leben bereits Oasen der verheißenen Idylle? Wo können Sie selbst welche schaffen und die Verheißungen der kommenden Idylle weitergeben?

Alle Texte

Wochenspruch	Lk 2,10b.11
Wochenpsalm	Ps 96,1–3.7–13
Altes Testament	Sach 2,14–17
Epistel	1. Tim 3,16
Evangelium	Lk 2,1–20
Zusatztexte	Mt 1,18–25; Tit 2,11–14; Hes 34,23–31

Christfest I

Und das Wort ward Fleisch und wohnte unter uns, und wir sahen seine Herrlichkeit. (Joh 1,14a)

Hintergründiges

Nach kirchlicher Tradition ist der 25. Dezember der Geburtstag Jesu. Kaiser Justinian legte ihn im 6. Jahrhundert als verbindlichen Feiertag fest. Dabei wusste man durchaus, dass der wahre Geburtstag Jesu unbekannt ist. Der 25.12. bot sich jedoch aus verschiedenen Gründen an, wobei heute nicht mehr zu klären ist, welche Gründe genau hinter der Festlegung dieses Datums standen (vgl. Einleitung zur Weihnachtszeit). Vielleicht waren sie so vielfältig wie die Versuche der heutigen Texte, die Bedeutung der Geburt dieses besonderen Kindes zu fassen.

Der Wochenpsalm für heute und morgen ist noch immer derselbe wie an Heiligabend und über den beiden Tagen des Christfestes steht derselbe Spruch, sodass der innere Zusammenhang der vier Feiertage auch **liturgisch** abgebildet wird.

Eher bekannt als der 1. Weihnachtstag, bietet der Feiertag nach der Betriebsamkeit des Heiligabends den Raum, das Wunder von Weihnachten tiefer zu bedenken. Die Bescherung ist geschafft, das Weihnachtsfest eingeläutet, und wo eventuelle Besuche und Familientreffen die Zeit lassen, können wir in den Gottesdiensten dem Rettungshandeln Gottes an uns Menschen nachspüren, das mit der Geburt Jesu begann.

Unsagbar und ganz nah

„In ihm wohnt die ganze Fülle der Gottheit leibhaftig ..., der das Haupt aller Mächte und Gewalten ist." (Kol 2,9.10). Große Worte für ein gerade geborenes Menschlein! Die Texte dieses Feiertags eröffnen ein eindrucksvolles Panorama dessen, was dieses Kind ist – für jeden einzelnen Menschen und für die gesamte Welt, ja den gesamten Kosmos: „Der Himmel freue sich, und die Erde sei fröhlich ..., denn *er* kommt!" (Ps 96,11). Die Wirkung dieser unscheinbaren Geburt wird bis in die hintersten Winkel des Universums zu spüren sein.

Andere Texte kommen mir ganz unmittelbar nahe: „Seht, welch eine Liebe hat uns der Vater erwiesen, dass wir Gottes Kinder heißen sollen!" (1. Joh 3,1). Dieses Kind kam in die Welt, damit wir Kinder seines Vaters werden können. Manche Texte versuchen zu fassen, wie dies geschehen kann, und kommen dabei häufig an die Grenzen des Sagbaren. Das ist kaum anders zu erwarten, denn das Wirken des unendlichen Gottes geht weit über jedes menschliche Wissen und Verstehen hinaus. Wer das Handeln Gottes in eindeutigen Begriffen fassen will, wird immer wieder feststellen, dass es sich einer sauberen Definition entzieht. Da kommen Gedichte und lyrisch verdichtete Texte dem Geheimnis manchmal näher als akkurate Analysen.

Und vielleicht ist das ganz gut so. Hier wurde ja nicht eine perfekte KI ins Dasein gerufen, um die Welt von nun an reibungslos zu verwalten. Heute ist ein Kind geboren – ein einzigartiger Mensch mit vielfältigen Facetten, Kanten und Widersprüchen – genau wie ich selbst. Und ich möchte ja auch nicht als vollkommener Schaltkreis oder perfekte mathematische Formel enden, die mich bis ins Letzte erklären und optimieren will.

Was ich aber aus der Gesamtheit der Texte herauslese, ist eine tröstliche Wahrheit: Das Wirken Gottes geht weit über mein kleines Leben hinaus und schließt es doch ein. In Christus ist mein Leben so geborgen wie das Kind in der Krippe unter dem Schutz seines Vaters. Diesem Kind kann ich mein Leben anvertrauen, denn in ihm hat die ganze Schöpfung genauso Platz wie meine kleinen und großen Bedürfnisse, Nöte und Freuden.

■ Gebet

Wort, das von Ewigkeit ist,
du sprichst nicht nur
in meine endliche Zeit,
sondern gibst dich hinein,
Haut und Haar,
in meine zerrissene Welt.
Dein Licht ist mein Leben.

■ Kirchenjahr weiterdenken: Jesus für mich
Ich könnte ja mal die Kerzen am Weihnachtsbaum zählen. Fällt mir für jede ein Name oder eine Bezeichnung für Jesus ein oder für das, was er für mich ist? Wenn noch Kerzen übrig sind, findet sich vielleicht noch eine Idee in den Texten für heute und morgen.

■ Alle Texte

Wochenspruch	Joh 1,14a
Wochenpsalm	Ps 96,1–3.7–13
Altes Testament	Jes 52,7–10
Epistel	Tit 3,4–7
Evangelium	Joh 1,1–5.9–14(16–18)
Zusatztexte	2. Mose 2,1–10; Kol 2,3(4–5)6–10; 1. Joh 3,1–2(3–5)

Christfest II

Und das Wort ward Fleisch und wohnte unter uns, und wir sahen seine Herrlichkeit. (Joh 1,14a)

Hintergründiges   Am Tag nach Jesu Geburt haben wir noch einmal Gelegenheit, der Bedeutung seines Kommens nachzuspüren. Dabei können wir schon nach vorne blicken, auf die Rückkehr in den Alltag, den Immanuel (hebr: „Gott ist mit uns") mit uns bestreiten will.

An diesem Tag wird auch des Todes von Stephanus gedacht, des ersten christlichen Märtyrers. Dafür gibt es eigene **Perikopen**texte, die jedoch selten zum Zug kommen. Sie können allerdings eine echte Bereicherung sein, denn sie durchbrechen die vermeintliche Harmonie des Weihnachtsfestes und verweisen auf die nach wie vor oft leidvolle Realität der Gotteskinder in dieser Welt. Die Texte zum Gedenktag des Stephanus geben einen Ausblick auf das, was das Kind erwartet, und zeigen exemplarisch auf, welche Folgen es hat, sich diesem Kind anzuvertrauen: Treue bis zum Tod und die Schau seiner Herrlichkeit.

Zweite Geige   Josef, ich bewundere dich! Ich weiß nicht, ob ich das so selbstverständlich hinbekommen hätte: in diesem weltumstürzenden Geschehen die zweite Geige zu spielen. Zumindest hätte ich es wohl nicht ohne heimlichen Groll und den Wunsch hinbekommen, dass meine aufopferungsvolle Rolle doch bitte ausreichend gewürdigt wird.

Aber vielleicht hast du es gar nicht so empfunden. Dass Maria in der Geschichte zur Hauptfigur wurde – nach Jesus natürlich –, geschah sicher erst nach Jesu Tod und seiner Auferstehung, als man die Erzählungen rund um sein Leben sammelte und ausgestaltete. Davon hast du, soweit man weiß, nichts mehr mitbekommen.

Immerhin beginnt unser Neues Testament mit deinem Part in der Geschichte: Wer Jesus ist, wird zuerst anhand deiner Abstammung und deiner Vaterschaft beschrieben. Ok, du warst nur der Adoptivvater, aber wenn du Jesus nicht als deinen Sohn anerkannt hättest, wäre er kein legitimer Nachkomme Davids und Abrahams gewesen und die ganzen schönen Verheißungen der Propheten wären ins Leere gelaufen.

Der Engel musste es dir erst erklären – aber der Maria auch! Und hier bewundere ich dich dafür, dass du Gottes Stimme so eindeutig als seine erkannt hast und ihr vertrauensvoll gefolgt bist. Ich selbst misstraue mir da immer – habe ich wirklich Gottes Stimme gehört oder ist das mein eigenes Wunsch- oder Angstdenken? Und wenn ich nun einer falschen Stimme folge – wer weiß, welche Abgründe sich dann auftun? Lieber tue ich nichts oder wenigstens das Sichere, das gesellschaftlich Anerkannte, damit ich die Achtung meiner Mitmenschen nicht verliere. Du aber hast Maria geheiratet, obwohl sie schwanger war! Bestimmt haben sich die Dorftrullas die Mäuler zerrissen. Vielleicht hast du versucht zu erklären, warum du so handelst, aber hat dir irgendwer geglaubt? Sogar auf Sex hast du bis zur Geburt von Jesus verzichtet. Und später hast du nochmal der Stimme Gottes im Traum vertraut und dadurch Maria und euren Sohn vor dem durchgeknallten Herodes gerettet.

Schade, dass man nach den frühen Geschichten so gar nichts mehr von dir hört. Gerne wüsste ich, wie es dir später erging, nach eurer Rückkehr nach Nazareth. Ich hoffe, du hattest noch viele gute Jahre mit Maria und euren Kindern. Du bist wahrhaftig ein ganz tolles Beispiel für Gottvertrauen gewesen – und eine unersetzliche, wunderschön anzuhörende zweite Geige!

■ Gebet Immanuel, du „Gott mit uns", bitte geh mit mir, wenn. morgen der Alltag wieder losgeht. Amen.

■ Kirchenjahr praktisch: Immanuel im Alltag Wie geht es Ihnen am letzten Weihnachtstag? Gehen Sie gestärkt und mit neuer Zuversicht in den Alltag zurück oder macht sich Erleichterung breit, alles überstanden zu haben? Oder bleibt das nagende Gefühl, dem Fest nicht gerecht geworden zu sein?

Keine Sorge – wir haben nun das ganze kommende Kirchenjahr Zeit, in das hineinzuwachsen, was uns hier eröffnet wurde. In dieser Woche könnten Sie einen Weg suchen, sich an den Immanuel zu erinnern, wenn der Alltag wieder über Ihnen zusammenschlägt. Er ist gekommen, um bei den Seinen zu bleiben. Vielleicht klauen Sie eine Kugel vom Baum und hängen sie ins Fenster oder über das Sofa? Oder Sie stellen einen kleinen Strohengel auf den Schreibtisch? Ihnen fällt bestimmt etwas ein.

■ Alle Texte

Wochenspruch	Joh 1,14a
Wochenpsalm	Ps 96,1–3.7–13
Altes Testament	Jes 7,10–14
Epistel	Hebr 1,1–4(5–14)
Evangelium	Mt 1,18–25
Zusatztexte	Mt 1,1–17; Röm 1,1–7; 2. Kor 8,7–9

1. Sonntag nach dem Christfest

Wir sahen seine Herrlichkeit, eine Herrlichkeit als des eingeborenen Sohnes vom Vater, voller Gnade und Wahrheit. (Joh 1,14b)

Hintergründiges

Dieser Sonntag fällt meist in die Zeit *zwischen den Jahren*. Fällt er aber auf den 1. Januar, wird stattdessen der Neujahrstag gefeiert. Fällt er auf den 2. Januar, kann stattdessen das Fest Epiphanias oder der Tag der Beschneidung Jesu begangen werden, falls dies an den dafür vorgesehen Tagen nicht möglich ist.

Der Wochenspruch dieses Sonntags führt den Spruch der Christfesttage fort. Er spricht von Herrlichkeit und erklärt gleich, was er damit meint: nicht Macht, Prunk und Glitzer, sondern Gnade und Wahrheit, Erbarmen und Treue, Zuwendung und Zuverlässigkeit.

Erste Christen

Im Alter von 40 Tagen wird Jesus von seinen Eltern in den Tempel gebracht. Dort wollen sie das vorgeschriebene Opfer für den erstgeborenen Sohn darbringen. Niemandem fallen sie auf, weder den Priestern am Altar noch den Schriftgelehrten, die in den Vorhallen des Tempels öffentliche Vorträge halten. Weil das Paar nur zwei Tauben darbringt, kann jeder sehen, dass sie nur eine Familie von vielen armen Schluckern im Land sind, die sich kein Schaf leisten können. Doch dann treten zwei Menschen nacheinander auf sie zu.

Lange haben diese beiden gewartet, dass Gott sein Versprechen wahr macht und sie den verheißenen Retter sehen. Vielleicht haben sie einmal mit Jesaja geklagt: „Der HERR hat mich verlassen! Der HERR hat meiner vergessen!" Vielleicht haben sie mit Psalm 71 gebetet: „Auf dich habe ich mich verlassen vom Mutterleib an ... verlass mich nicht, wenn ich schwach werde!"

Ja, alt sind sie, aber hellwach! Als er dann plötzlich in den Armen seiner Eltern vor ihnen steht, erkennen sie ihn sofort. Die lange Wartezeit hat ihre Sinne geschärft, und als es ihnen die Geistkraft zuflüstert, begreifen sie: „Das ist er!" Und Simeon nimmt ihn in die Arme und stimmt ein Loblied an, weil er es jetzt schon sieht: Dieses Kind wird Heil für sein Volk erwirken, das schließlich die ganze Welt erfassen wird. Und Simeon, nicht die Priester oder die Gelehrten, segnet die kleine Familie persönlich und hat sogar noch ein seelsorgliches Wort für die Mutter übrig, um sie zu stärken für das, was noch auf sie zukommt.

Dann tritt die Prophetin Hanna auf sie zu. Auch sie erkennt den Retter und teilt ihre Entdeckung begeistert mit allen, die genauso sehnsüchtig auf seine Ankunft warten wie sie selbst. Diese beiden treuen Alten, die dieses Menschlein als den Gesalbten Gottes erkennen – könnte man sie wohl die ersten Christen nennen?

Wie oft warte ich darauf, dass Gott mir begegnet! Manchmal frage ich: „Hast du mich vergessen?" Vielleicht erkenne ich ihn manchmal gar nicht, weil er nicht kommt, wie ich es mir vorgestellt habe. Dann müssen erst falsche Bilder zertrümmert werden, wie Hiob es durchgelitten hat, bevor wir Gott in seiner Herrlichkeit von Treue und Verlässlichkeit wahrnehmen können.

Wie auch immer: Jedes treue Warten darauf, dass Gott sich wie versprochen zeigt, wird eines Tages erfüllt werden. Hanna und Simeon sind über das Warten grau geworden, aber sie haben die Herrlichkeit des Gottessohns gesehen und in ihm die Treue und Zuverlässigkeit des Vaters erkannt. Sie haben ihn in den Armen gehalten und nun verkündigen sie ihrem Volk die gute Nachricht: „Der Retter ist da! Und er ist das Heil, das Gott allen Völkern bereitet hat."

■ Gebet Heil der Völker, ich warte sehnsüchtig darauf, dass du auch zu meinem Heil kommst. Manchmal erkenne ich dich nicht, weil ich mir dein Heil ganz anders vorstelle. Öffne mir die Augen, zeig mir durch deine Geistkraft, wo und wie du kommst in deiner Herrlichkeit von Erbarmen und Treue. Amen.

■ Kirchenjahr weiterdenken: Gott, bist du da? Vielleicht können Sie sich in einer ruhigen Viertelstunde hinsetzen und überlegen, wo Ihnen Gott schon rettend in seiner Herrlichkeit begegnet ist. Und Sie könnten nachspüren, wo Sie seine Begegnung gerade ersehnen, und ihn darum bitten, Ihnen die Augen zu öffnen, um zu erkennen, wo er – im eigenen Leben und in der Mit-Welt – schon längst gegenwärtig ist und wo er gerade kommt.

■ Alle Texte

Wochenspruch	Joh 1,14b
Wochenpsalm	Ps 71,1–3.12.14–18
Altes Testament	Jes 49,13–16
Epistel	1. Joh 1,1–4
Evangelium	Lk 2,(22–24)25–38(39–40)
Zusatztexte	Mt 2,13–18(19–23); Hiob 42,1–6; Joh 12,44–50

Altjahrsabend

Meine Zeit steht in deinen Händen. (Ps 31,16a)

Hintergründiges   Die geläufige Bezeichnung *Silvester* für diesen Tag geht zurück auf den Gedenktag des römischen Bischofs Silvester I., der am 31.12.335 starb. Der *Altjahrsabend* wurde erst im 17. Jahrhundert als Entsprechung zum Neujahrstag eingeführt und schließt die Weihnachts**oktav** ab, die wie die Oster**oktav** die acht Tage nach dem Hauptfest als besondere Festzeit begeht.

Seit Wochen begleiten uns die Jahresrückblicke auf den verschiedenen Medien und Sendern. Wer es bisher noch nicht getan hat, kann sich vielleicht heute die Zeit nehmen, einen persönlichen Jahresrückblick zu halten und danach ausschauen, wo das große Versprechen der heutigen Texte sich schon bewahrheitet hat: Gott wacht über jeden Schritt auf unserem Lebensweg – notfalls als Wolken- und Feuersäule.

Der Lolch im Weizen   Wie schauen Sie zurück auf das letzte Jahr – mit Dankbarkeit oder mit Bitterkeit? Überwiegt die Trauer über Verlorenes oder die Freude an Gelungenem? Wahrscheinlich ist es ein Gemisch aus beidem und noch viel mehr: Erstaunen und Ernüchterung, Enttäuschung über sich selbst und andere, ungläubige Freude und resigniertes Schulterzucken. Eine Lebensbilanz ist ja selten einseitig gut oder schlecht, meist stehen neben den persönlichen Erfolgen auch die Erfahrungen, bei denen uns jemand oder das Leben an sich reingegrätscht ist in die schönen Pläne. So ging es auch einem Bauern in einem Gleichnis, das Jesus erzählt.

Der Bauer – ein wohlhabender Großgrundbesitzer – hat ordentlich investiert. Er hat sein Getreidefeld geackert, gedüngt und mit bestem Saatgut besät. Das Korn geht auf und verheißt eine reiche Ernte. Als es aber auf die Reife zugeht, müssen die Knechte feststellen, dass zwischen dem Getreide Unkraut wächst, der Lolch, der anfangs kaum vom Weizen zu unterscheiden ist. Nun droht er dem kostbaren Getreide Licht und Nährstoffe zu rauben.

Überrascht melden die Knechte: „Auf deinem Feld wächst überall Lolch! Wo kommt der denn her?"

Der Bauer erklärt: „Das hat ein Feind getan." Ganz gelassen spricht er das aus, fast so, als müsste es so sein. Eifrig schlagen die Knechte eine Lösung vor: „Lass uns das Unkraut ausreißen!" Doch der Bauer weiß, dass er damit den Weizen mehr schädigen würde, als wenn beides gemeinsam aufwächst, denn die Wurzeln sind nahezu unentwirrbar miteinander verwachsen. Also sagt er: „Lasst es zusammen wachsen. Bei der Ernte werden wir es sortieren, das Unkraut verbrennen und den Weizen sammeln."

Er hat gar keine Angst, dass ihm das Unkraut die Ernte verderben wird. Er weiß, dass sich am Ende alles sortieren wird: Alles, was keine Frucht bringt, vergeht, und die gute Frucht bleibt, selbst wenn lebensfeindliche Mächte sie vernichten wollen.

Wie wäre es, wenn wir unsere vermeintlichen oder wirklichen Verfehlungen, das Scheitern und Ausgebremst-Werden so sehen könnten: Ja, es gibt Kräfte und Mächte – missgünstige Menschen, Naturgewalten wie Krankheit oder Wetterkapriolen –, die mich ausbremsen, die in meine gute Arbeit reingrätschen und drohen, sie zunichtezumachen. Und manchmal sind sie so in meinem Leben verwurzelt, dass sie nicht ohne Schaden auszureißen sind: Die Trennung von schwierigen Mitmenschen kann gleichzeitig eine mühsam erarbeitete Stabilität erschüttern. Ein schwieriger Arbeitsplatz bietet immerhin finanzielle Sicherheit. Nicht immer lassen sich lebensfeindliche Einflüsse vollkommen ausschalten oder verhindern.

Und ja, das ist nicht fair, doch gerade, wenn meine guten Bemühungen unverschuldet zunichte gemacht werden, kann das Bewusstsein trösten: Mein begrenztes, bedrohtes und beschädigtes Leben ist aufgehoben in Gottes Ewigkeit. Nichts von dem, was mir hier geschieht oder was ich hier verbocke, kann bewirken, dass Gottes Liebe für mich aufhört und dass er am Ende dafür sorgt, dass meine Früchte trotz allem Unkraut in meinem Leben reifen und das Leben weitertragen.

Gebet

„Der du die Zeit in Händen hast,
Herr, nimm auch dieses Jahres Last
und wandle sie in Segen."
(Jochen Klepper, 1938)

Kirchenjahr praktisch: die bergende Hand

Haben Sie Lust, ein wenig kreativ zu werden? Basteln oder malen Sie eine Hand und legen oder schreiben Sie alle Zeiten, alle besonderen Ereignisse und Geschehnisse des letzten Jahres hinein. In Gottes Hand sind sie gut aufgehoben.

Alle Texte

Tagesspruch	Ps 31,16a
Psalm	Ps 121,1–8
Altes Testament	Pred 3,1–15
Epistel	Röm 8,31b–39
Evangelium	Mt 13,24–30
Zusatztexte	2. Mose 13,20–22; Jes 51,4–6; Hebr 13,8–9b

Neujahrstag

Jesus Christus gestern und heute und derselbe auch in Ewigkeit. (Hebr 13,8)

Hintergründiges Um den heidnischen Feiern am Jahreswechsel etwas entgegenzusetzen, beging die Kirche im römischen Reich die Tage der feucht-fröhlichen Saturnalien als Fastenzeit, und in Gallien feierte man seit dem 6. Jahrhundert am 1. Januar den *Tag der Namensgebung und Beschneidung Jesu*. Bis heute hat dieses Fest sein eigenes **Proprium** und seine eigenen **Perikopen**. Es wich jedoch im 17. Jahrhundert dem einfacheren und naheliegenderen Thema des Jahresbeginns und des (Neu)anfangs allgemein. Dabei lassen sich die Themen verbinden: Die rituelle Aufnahme Jesu in Gottes erwähltes Volk und seine persönliche Aufnahme bei Gott, der jeden beim Namen ruft, markieren sozusagen auf formeller Ebene den Beginn des Heils, das von den Juden kommt – der Anfang einer neuen Zeitrechnung, in der auch wir unseren Platz finden dürfen.

Gute Vorsätze – Gott befohlen Ob gute Vorsätze, zum neuen Jahr oder anderweitig, ehrgeizige Pläne oder wichtige Aufträge – sie alle haben eins gemeinsam: Es ist uns wichtig, dass sie gelingen, und oft investieren wir viel Zeit, Kraft und Geld in die Umsetzung. Umso schlimmer ist es dann, wenn die Vorsätze gebrochen werden, die Pläne scheitern oder der wichtige Auftrag missglückt. Im schlimmsten Fall wird die Angst vor dem Scheitern zur selbsterfüllenden Prophetie.

Dabei gibt es eine gute Nachricht: Vielleicht sind Sie gar nicht schuld am Scheitern Ihrer Pläne! Nicht immer haben wir das Gelingen in der Hand. Die Vorstellung, wir könnten den Erfolg zwingen, wenn wir nur alles *richtig* machen, ist eine Illusion. Der Autor des Buches der Sprichwörter hat die Erfahrung, dass noch andere Mächte sein Schicksal bestimmen, pointiert eingefangen in dem Weisheitsspruch: „Des Menschen Herz erdenkt sich seinen Weg; aber der HERR allein lenkt seinen Schritt." (Spr. 16,9).

Können wir also gar nichts beitragen zum Gelingen unserer Pläne? Natürlich können wir das. Dieser Vers gibt nur eine Erkenntnis aufgrund bestimmter Lebenserfahrungen wieder, doch ein paar Verse zuvor teilt der Autor eine weitere Beobachtung mit uns: „Befiehl dem HERRN deine Wege, so wird dein Vorhaben gelingen." (Spr. 16,3).

Als Gott Josua beauftragt, das Volk Israel auf dem Eroberungszug ins Verheißene Land anzuführen, erklärt er ihm: „Ich lasse dir alles gelingen, was du dir vornimmst – wenn du ganz fest und treu an meinen guten Lebensregeln festhältst." Für Josua bedeutete das, sich an die Gesetze zu halten, die Gott dem Volk durch Mose gegeben hatte, und Gott bei wichtigen Entscheidungen um Leitung zu bitten.

Ich übersetze das für mich so: Bei allen ehrgeizigen Plänen und ausgefuchsten Strategien will ich im Kopf behalten, dass das Gelingen im Letzten nicht von meiner – gewöhnlichen oder außergewöhnlichen – Leistung abhängt, sondern dass Gott das Gelingen gewähren muss. Er allein kann verhindern, dass stärkere Mächte am Ende doch noch reingrätschen, und nur er kann dafür sorgen, dass meine Investitionen wirklich Frucht bringen.

Gott verspricht mein Vorhaben zu segnen, wenn ich mich bei meinen Entscheidungen an seinen guten Lebensregeln orientiere. Sie sind im Doppelgebot der Liebe zusammengefasst: Wo ich Gott und meinen Nächsten liebe, wird mein Vorhaben gute Früchte bringen – selbst wenn die anders aussehen, als ich mir vorgestellt habe.

Gebet

Gestern, heute und in Ewigkeit!
Dir, Jesus, will ich das kommende Jahr anvertrauen:
Freude und Trauer,
Gelingen und Scheitern,
Hoffnung und Enttäuschung.
Wie gut, dass du es bist, der meine Schritte lenkt.
Alle Vorsätze, Pläne und Aufgaben befehle ich dir an.
Mein Leben und das Leben all meiner Lieblingsmenschen lege ich in deine Hand.
In allen Vorhaben will ich deine guten Lebensregeln befolgen.
Du hast mich von allen Gestern bis heute begleitet und wirst das bis in die Ewigkeit tun.
Amen.

Kirchenjahr praktisch: Die Hoffnungshand

Haben wir gestern zurückgeblickt, blicken wir heute voraus. Vielleicht mögen Sie eine zweite Hand basteln, in die Sie alles hineinlegen, was Sie im neuen Jahr erwartet, was Sie sich erhoffen und was sie sich vornehmen. Auch die Zukunft ist in Gottes Hand gut aufgehoben.

Alle Texte

Wochenspruch	Hebr 13,8
Wochenpsalm	Ps 8,2–10
Altes Testament	Jos 1,1–9
Epistel	Jak 4,13–15
Evangelium	Lk 4,16–21
Zusatztexte	Joh 14,1–6; Phil 4,10–13(14–20); Spr 16,(1–8)9

2. Sonntag nach dem Christfest

Wir sahen seine Herrlichkeit, eine Herrlichkeit als des eingeborenen Sohnes vom Vater, voller Gnade und Wahrheit. (Joh 1,14b)

Hintergründiges

Der Wochenspruch wiederholt den Spruch des 1. Sonntags nach dem Christfest. Der 2. Sonntag hat nur 3 **Perikopen**texte, da er öfter ausfällt: Er wird nur gefeiert, wenn er zwischen dem 3. und dem 5. Januar liegt. Er kann durch die Feier von Epiphanias ersetzt werden, wenn der 6. Januar auf einen Werktag fällt, an dem kein Gottesdienst gehalten werden kann.

Dieser Jesus ist allen, die ihm begegnet sind, an irgendeinem Punkt rätselhaft geblieben, denn er hat ihre Vorstellungen von dem, was sie in ihm sahen, immer durchbrochen. Kein Wunder – wie soll ein Mensch die Unendlichkeit Gottes nur annähernd erfassen?

Wessen Sohn?

Ein Kind an der Schwelle zum Erwachsenwerden. Ein junger Mann auf der Suche nach seiner Identität. Als er wieder einmal mit seinen Eltern beim Pessachfest in Jerusalem ist, begreift er plötzlich: Ich bin ja ein Kind Gottes! Ich muss in seiner Nähe bleiben, denn ein Kind gehört zu seinem Vater. Also schließt er sich den frommen Männern an, die in den Hallen rund um den Tempel mit den dort sitzenden Schriftgelehrten über die Auslegung der Heiligen Schriften diskutieren. Ob er selbst erstaunt war, wie leicht er bei ihren kniffligen Argumenten mithalten konnte? Jedenfalls wundern sich alle Anwesenden über seine Schriftkenntnis und seine Einsicht. Vielleicht hat er sich hier zum ersten Mal ganz in seinem Element gefühlt: Ein Gotteskind inmitten anderer Gotteskinder, die sich alle eifrig darum bemühen, den Vater im Himmel immer besser zu verstehen. Als seine irdischen Eltern ihn dort finden und ihm Vorwürfe machen, stellt er ganz selbstverständlich fest: Aber ich muss doch dort sein, wo mein Vater ist. Wusstet ihr das nicht?

Damit stellt Jesus ein für allemal klar: Ich weiß, wer mein wahrer Vater ist. Ich weiß, wessen Sohn ich wirklich bin. Du, mein irdischer Vater, bist nur mein Ziehvater. In unserem Alltag will ich dir Liebe und Respekt erweisen. Meine wahre Identität gewinne ich aber nur, wenn ich mich an meinen Vater im Himmel halte, mich an seinen Werten orientiere und mich mit seinem Wesen identifiziere.

Im Laufe seines Lebens wird Jesus seine Identität noch an etlichen anderen Texten aus den Heiligen Schriften schärfen. Die Psalmen zeigen ihm: Der Vater hat ihn zum Herrscher über die gesamte Welt berufen, aber auch zum zeitlosen Priester, zum Fürsprecher vor Gott für alle, die sich ihm anvertrauen. In einem Text von Jesaja erkennt er: Ich bin der Gottesknecht, der durch sein Leben und Leiden sein Volk aus den Verstrickungen in die Leben zerstörenden Kräfte des Bösen befreit. Ich werde ihnen eine neue Welt eröffnen, in der alles Leid ein Ende haben wird, wie es der Vater schon lange versprochen hat.

Übrigens wird Jesus später noch klarstellen: Auch meine Mutter und meine Geschwister sind nicht meine eigentliche Familie. Meine wahre Familie sind diejenigen, die sich an meinen Vater im Himmel halten und seine guten Lebensregeln befolgen.

Was hier für Jesus gilt, gilt auch für alle, die sich ihm anvertrauen: Ihr wahrer Vater ist der Vater im Himmel, voller Gnade und Wahrheit, Erbarmen und Treue, Zuwendung und Zuverlässigkeit. So wie Jesus sein Leben lang in diese Identität hineinwuchs, bis er sie in der vollkommenen Hingabe für die Seinen vollendete, so ist unser Leben ein beständiges Hineinwachsen in unsere Identität als Gotteskinder. Dabei werden wir mit den Entdeckungen nie ans Ende kommen. Wie auch – unser Vater ist ja der ewige Gott!

Gebet Sohn Gottes, begleite mich auf dem Weg, meine Identität als Kind des himmlischen Vaters immer tiefer zu entdecken. Dein Vorbild geht mir voraus. Deine Geistkraft eröffnet mir immer neue Perspektiven. Das ist so spannend! Danke, dass du mir das ermöglicht hast. Amen.

Kirchenjahr weiterdenken: Gotteskind! Die Texte des heutigen Sonntags laden dazu ein, allein oder zusammen mit anderen Gotteskindern verschiedene Aspekte der Identität als Gotteskind zu entdecken. Vielleicht finden Sie sogar Symbole dafür: eine Krone, weil wir mit Gott regieren werden; ein Taschentuch und ein Pflaster, weil wir seine heilende und tröstende Liebe verkündigen.

Alle Texte

Wochenspruch	Joh 1,14b
Wochenpsalm	Ps 100,1–5
Altes Testament	Jes 61,1–3(4.9)10–11
Epistel	1. Joh 5,11–13
Evangelium	Lk 2,41–52

Die Epiphaniaszeit

Mit dem *Fest der Erscheinung des Herrn* am 6. Januar beginnt ein eigener Abschnitt des Kirchenjahrs, der die Wochen zwischen der Weihnachtszeit und dem Osterkreis überbrückt. Heutzutage endet die Epiphaniaszeit im evangelischen **liturgischen** Kalender immer am 2. Februar, dem *Tag der Darstellung des Herrn*, 40 Tage nach seiner Geburt. Er erinnert an den Tag, an dem Maria und Josef den kleinen Jesus in den Tempel bringen, um die im Gesetz des Mose vorgeschriebene Auslösung darzubringen. Hier begegnen ihnen zwei Menschen, Simeon und Hanna, die Jesus als den von Gott versprochenen Retter Israels erkennen und Gott dafür danken.

Die Epiphaniaszeit erstreckt sich also immer über die Zeit zwischen dem 6. Januar und dem 2. Februar. Meist fällt das eigentliche Epiphaniasfest auf einen Werktag. Wird es an diesem Tag nicht gefeiert, kann es bereits am 1. Sonntag nach dem Christfest begangen werden und dessen **Proprium** ersetzen. Dies geschieht jedoch eher selten, sodass es fast nur noch begangen wird, wenn der 6. Januar auf einen Sonntag fällt. In diesem Fall verschieben sich die folgenden Sonntage und der 3. Sonntag nach Epiphanias entfällt, weil er nach dem 2. Januar läge.

Das Fest Epiphanias ist nach dem Osterfest wohl das zweitälteste der Christenheit und war in der östlichen Kirche das zweitwichtigste Fest. Es wurde wahrscheinlich bereits im 4. Jahrhundert in Jerusalem und Ägypten als Fest von Geburt und Taufe Jesu begangen und in den Kirchen des oströmischen Reiches auch mit dem ersten öffentlichen Wunder Jesu, der Hochzeit zu Kana verknüpft. Damit setzte man dem Kaiserkult, bei dessen Epiphaniefesten die Mächtigen ihre irdische Herrlichkeit präsentierten, gleichsam die in Jesus verborgene Herrlichkeit Gottes gegenüber, die denen erscheint, die sie wahrnehmen können.

Spätestens im 6. Jahrhundert hatte das Weihnachtsfest am 25. Dezember als Gedenken an die Geburt Jesu das Epiphaniasfest als Gedenken an die Menschwerdung Gottes weitgehend ersetzt (s. Einführung zu Weihnachten). Nun blieben für Epiphanias die Themen, anhand derer man bisher der Erscheinung der Herrlichkeit Gottes in der Welt gedacht hatte, weil in ihnen die Besonderheit Jesu nach außen deutlich wahrnehmbar war: Der Besuch der Magier in Bethlehem, die Taufe Jesu, sein erstes öffentliches Wunder in Kana in Galiläa und seine Verklärung auf dem Berg.

In den protestantischen Kirchen steht meist die Geschichte von der Verehrung der Magier im Mittelpunkt, die man sich aus dem Kreis der Weihnachtsgeschichten sozusagen für diesen Tag aufgespart hat. Volkstümlich nennt man den 6. Januar auch den Dreikönigstag, denn an ihm oder in zeitlicher Nähe sind die Sternsinger unterwegs, die als Könige verkleidet von Haus zu Haus ziehen und um Spenden für diakonische Zwecke bitten. Da die Magier als erste die Botschaft von der Geburt Jesu in die

Welt trugen, gelten sie als die ersten Missionare und Epiphanias als das älteste Missionsfest.

Die anderen Stationen aus dem Leben Jesu, derer man an Epiphanias gedachte, werden an den folgenden Sonntagen thematisiert. So begegnet uns in der Zeit nach Epiphanias noch einmal ganz anschaulich, was an Weihnachten nur angedeutet wurde: In Jesus ist das Licht Gottes den Menschen erschienen, sodass sie seine Herrlichkeit wahrnehmen können. Dieser Lichtglanz weist uns bis heute den Weg zum Leben.

Epiphanias

Die Finsternis vergeht und das wahre Licht scheint schon. (1. Joh 2,8b)

Hintergründiges Das Fest Epiphanias wird immer am 6. Januar begangen. Wenn es auf einen Werktag fällt und kein eigener Gottesdienst stattfindet, kann es auf den 1. Sonntag nach Weihnachten vorgezogen werden.

Wie erscheint Gott den Menschen dieser Welt? Wie macht er sich ihnen wahrnehmbar? Vielfach gebraucht die Bibel dafür das Bild vom Licht, das die Welt in ihrem Todesdunkel erhellt. Heute verbinden viele diesen Tag mit den Sternsingern, die von Haus zu Haus ziehen und Geld für wohltätige Zwecke sammeln. Viele Gottesdienste beschäftigen sich mit den *Weisen aus dem Morgenland.* Zu Königen wurden sie erst im 11. Jahrhundert ernannt, doch das Bild ist geblieben: Der Stern, den sie vor sich hertragen, verkündet das Licht, das in die Welt kam und die Nacht erhellte.

Wie die Motten zum Licht Eine sagenhaft reiche und weise Königin hört vom erstaunlichen Reichtum und der unübertroffenen Weisheit eines Königs in einem fernen Land. Sie erfährt, dass dieses Volk erst kürzlich auf der Bühne der großen Politik erschienen ist. Bisher gab es in dem kleinen Landstrich am Mittelmeer nur einen losen Zusammenschluss von Stämmen, die alle an denselben Gott glaubten, ansonsten aber ihre eigenen Wege gingen. Nun hat jedoch ein geschickter König das Volk unter seiner Herrschaft vereint, eine zentrale Hauptstadt ausgebaut und dort großen Reichtum angesammelt. Irgendwann ist sie so neugierig auf diesen erstaunlichen König, dass sie die weite Reise auf sich nimmt und selbst nachschaut, ob an den Gerüchten etwas dran ist. Als sie in Jerusalem eintrifft, den Reichtum sieht und sich von der Weisheit des Königs überzeugt hat, stellt sie fest: „Gepriesen sei der HERR, dein Gott, der an dir Gefallen fand und dich auf den Thron Israels setzte!" (1. Kön 10,9 EÜ).

Einige Wissenschaftler der Himmelskunde entdecken einen besonderen Stern am Nachthimmel. Als sie seiner Bedeutung nachspüren, erkennen sie: Dieser Stern kündigt die Geburt eines Königs über das Volk der Juden an, der so bedeutend ist, dass sie ihm einen gebührenden Empfang bereiten müssen. Sie machen sich auf den weiten Weg und finden ihn in unerwarteten Verhältnissen vor: Nicht im Königspalast in der prächtigen Hauptstadt, sondern in einer einfachen Unterkunft in einem kleinen Ort ein paar Kilometer weiter. Sie werfen sich vor dem Kind auf den Boden, überreichen ihm wertvolle Geschenke und reisen glücklich und erfüllt zurück in ihre Heimat.

Heute trauen wir solch wunder-baren Geschichten nicht mehr. Sterne wandern nicht am Himmel, um Menschen auf ihrem Weg zu führen; ihre Bahnen sind durch die Naturgesetze festgelegt. Geschichten über märchenhafte Reichtümer und die überragende Weisheit eines Herrschers sind meist manipuliert, um dessen Macht zu festigen.

Was aber, wenn es doch wahr wäre? Wenn da einer auf die Welt gekommen ist, der zunächst ganz unscheinbar daherkommt, der aber die Fülle des Reichtums und der Erkenntnis in sich birgt? Jesaja hat vorhergesagt: „Wenn das Licht Gottes in seinem Volk aufscheint, werden die Völker zu ihm strömen wie die Motten zum Licht." Paulus hat begriffen: Was lange verborgen war, wird nun für alle sichtbar. In diesem einfachen Menschen leuchtet uns die Herrlichkeit Gottes entgegen. Wer sie wahrnimmt, wird von ihr angezogen wie die Motten vom Licht, ein Licht, das sie nicht verbrennt, sondern ihnen heim-leuchtet: zum Vater im Himmel, dem Vater des Lichts.

■ Gebet   Licht der Welt, wenn ich dich anschaue, ahne ich etwas von der Liebe und der Treue, die der Vater für seine Kinder hat. Ich wünsche mir, dass dasselbe Licht auch aus mir strahlt und denen den Weg zum Vater weist, die ihn noch nicht sehen können. Nur weiß ich oft im Alltag nicht, wie das konkret gehen kann. Zeig mir doch immer mal wieder, wo ich mein Licht für andere scheinen lassen kann. Amen.

■ Kirchenjahr praktisch: Lichtermeer   Zünden Sie in dieser Woche noch einmal besonders viele Lichter in der Wohnung an, damit sie hell und einladend ist: Sie könnten Kerzen ins Fenster stellen oder den Weihnachtsbaum noch einmal erstrahlen lassen. Vielleicht kommen Ihnen sogar ein paar Erleuchtungen, wie Sie anderen zum Licht werden können.

■ Alle Texte

Wochenspruch	1. Joh 2,8b
Wochenpsalm	Ps 72,1–3.10–12.17b–19
Altes Testament	Jes 60,1–6
Epistel	Eph 3,1–7
Evangelium	Mt 2,1–12
Zusatztexte	1. Kön 10,1–13; Joh 1,15–18; 2. Kor 4,3–6

1. Sonntag nach Epiphanias

Welche der Geist Gottes treibt, die sind Gottes Kinder. (Röm 8,14)

Hintergründiges Heute steht die Taufe Jesu im Mittelpunkt. Mit ihr verbunden ist seine Berufung zum Dienst, wie sie in vielen Stellen des Alten Testaments in ihren vielfältigen Ausprägungen vorausgesagt ist.

Als Jesus im Jordan getauft wurde, kam die Geistkraft Gottes in der sichtbaren Form einer Taube auf ihn herab und eine Stimme vom Himmel bestätigte ihm: „Du bist mein geliebter Sohn!" Von nun an leitet und begleitet die Geistkraft Gottes ihn in allem, was er tut. Genauso beg-leitet er alle, die sich dem Sohn Gottes anvertrauen.

Der Beste für den Job! Wenn Sie als Leiter eines Betriebs jemanden in eine Führungsposition berufen müssten, nach welchen Fähigkeiten würden Sie suchen? Vermutlich wären neben der erforderlichen Fachkenntnis auch Belastbarkeit, Zielstrebigkeit und Durchsetzungsvermögen wichtig. Die Person muss ja in der Lage sein, gegenüber Kollegen und Vertragspartnerinnen entsprechend aufzutreten, um Ihre Vorgaben erfolgreich umzusetzen – notfalls mit geeigneten Maßnahmen. Es geht schließlich um was!

Gott setzt einen Menschen ein, der seine Pläne für die Erde verwirklichen soll. In der Sprache des Alten Testaments wird er *Knecht* genannt, aber auch *Auserwählter* und sogar *Sohn*. In der Umwelt des alten Israel stellte man sich vor, dass ein König von einem Gott erwählt, eingesetzt und manchmal sogar als *Sohn* adoptiert wurde. So erhielt seine Macht göttliche Autorität und damit konnte er ziemlich unbegrenzt schalten und walten. In ähnlicher Weise setzten die Könige ihre Bevollmächtigten ein: Verwalter und Feldherren, Steuereintreiber und Diplomaten. Solange sie die Interessen des Königs wahrten, waren sie weitgehend frei in der Wahl ihrer Mittel. Dass diese Mittel nicht immer zum Wohle der beherrschten Völker beitrugen, kann man sich denken.

Wenn Gott einen Menschen einsetzt, um seine Pläne für die Welt umzusetzen, sollte man meinen, dass er den kompetentesten, kommunikationsstärksten und durchsetzungsstärksten Kerl aussucht, den er finden kann; einen, der sich nicht scheut, die Dinge notfalls ein bisschen mit Gewalt zurechtzubiegen. Es geht ja schließlich um was!

Was aber sagt Gott über seinen Auserwählten? Er wird auf den Straßen – oder heute im Internet – nicht herumschreien und er wird die Schwäche anderer nicht einmal für den vermeintlich guten Zweck ausnutzen. Doch obwohl er barmherzig ist und scheinbar schwach daherkommt, wird ihn niemand aufhalten können, bis er getan hat, wozu er beauftragt wurde: den Blinden die Augen für Gottes Barmherzigkeit zu öffnen, auf der ganzen Welt wahre Gerechtigkeit zu schaffen und den Menschen, die im Dunkel von Gewalt und Leid versunken sind, endlich tröstendes Licht zu bringen.

Gottes Agenda für die Welt lässt sich nicht mit den Machtinstrumenten dieser Welt verwirklichen. Deshalb beruft Gott vorwiegend die Schwachen, diejenigen, die als Loser erscheinen, die man niemals in verantwortungsvolle Führungspositionen berufen würde. Seine neue Welt basiert nicht auf Macht – in welcher Spielart auch immer –, sondern auf Barmherzigkeit und Zuverlässigkeit. In seiner Welt kann sich das geknickte Rohr wieder aufrichten und der glimmende Docht leise wieder aufflammen. In seiner Welt kommt die weltbewegende Geistkraft leise wie eine Taube daher und Menschen werden berufen, um zu dienen, nicht um zu herrschen. Und wenn sie zurückschauen, werden sie staunen, was Gott selbst durch ihre Schwachheit an Segen und Befreiung bewirkt hat.

■ Gebet
Jesus, Sohn Gottes, der Vater hat dich berufen, sein Vorhaben für die Welt zu verwirklichen – dass ich gemeinsam mit dir Kind Gottes sein kann. An deinem Beispiel möchte ich lernen, was es heißt, als Kind Gottes in dieser Welt zu leben. Dabei muss mir die Heilige Geistkraft helfen, von selber verstehe ich weder, wie das geht, noch kann ich es verwirklichen. Danke, dass du gerade da das Gute schaffst, wo ich es nicht schaffe. Amen.

■ Kirchenjahr praktisch: Tauferinnerung
Ich könnte heute einmal meine Taufurkunde hervorsuchen und nachspüren, was es für mich bedeutet, in Gottes Familie hineingetauft worden zu sein. Wie lautet eigentlich mein Taufspruch und was sagt er mir heute?

■ Alle Texte

Wochenspruch	Röm 8,14
Wochenpsalm	Ps 89,2–5.27–30
Altes Testament	Jes 42,1–9
Epistel	Röm 12,1–8
Evangelium	Mt 3,13–17
Zusatztexte	Jos 3,5–11.17; Joh 1,29–34; 1. Kor 1,26–31

2. Sonntag nach Epiphanias

Von seiner Fülle haben wir alle genommen Gnade um Gnade. (Joh 1,16)

Hintergründiges Auch am 2. Sonntag nach Epiphanias steht ein Erstereignis im Leben Jesu im Mittelpunkt: Sein erstes öffentliches Auftreten als Wundertäter, bei dem die Herrlichkeit Gottes auf einzigartige Weise aufstrahlt.

Konnte Mose das Angesicht Gottes noch nicht anschauen, weil er sonst gestorben wäre, sehen wir in Jesu Angesicht Gottes Herrlichkeit unverhüllt. Sein erstes Wunder, mit dem er die Bühne der Öffentlichkeit betritt, ist denkbar unerwartet. Dass dieses Wunder als einzige seiner Wundertaten keine existentielle Not lindert, offenbart gleich zu Beginn des Wirkens des Sohnes auf der Erde eine unerwartete Seite der Herrlichkeit des Vaters im Himmel.

Viel mehr, als du glaubst! Wie unvernünftig! So eine Verschwendung! Das erste Wunder Jesu besteht darin, einer Festgesellschaft zu einem tagelangen Rausch zu verhelfen. Und der Jesusbiograf Johannes sagt ausdrücklich, dass er damit seine Herrlichkeit offenbare. Mit 600 Litern edelstem Wein!

Dieses Verschwendungswunder wird aber nicht das einzige bleiben. Von Beginn seines Wirkens durchbricht Jesus die Erwartungen des guten Geschmacks, der ökonomischen Vernunft und des rationalen Optimierungsstrebens. Als Jesus Brot und Fische vermehrt, um eine große Menschenmenge satt zu bekommen, bleiben 12 Körbe übrig. Als eine Frau kostbares Salböl im Wert eines Jahresgehalts über ihm ausgießt, tadelt er nicht die Verschwendung, sondern lobt ihre Liebe.

Hat das vielleicht etwas mit der Weisheit Gottes zu tun, die Paulus der Weisheit der Welt gegenüberstellt? Hier geht es um eine Weisheit, die den meisten verborgen ist und die Gott nur denen offenbart, die ihn lieben und ihr Vertrauen auf ihn setzen. Diese Weisheit begreift, dass in Gottes Reich die Verhältnisse umgekehrt werden: Wer jetzt weinen muss, wird dann jubeln. Wer jetzt hungern muss, wird dann satt werden. Wer jetzt Durst hat, wird in Wasserströmen baden.

Jesus kommt nicht mit Feuer und Donnerstimme wie Gott am Sinai, damit man Abstand von ihm hält, um sich an seiner Heiligkeit nicht zu verbrennen. Er fordert keine Askese, damit man rein genug ist, um ihm nahe zu kommen. Stattdessen zeigt er mit seinem ersten öffentlichen Wunder allen, die es sehen wollen: Der Vater ist verschwenderisch großzügig in seiner Zuwendung zu euch! Er ist ja unendlich, seine Ressourcen sind unbegrenzt und er will sie über die Seinen ausschütten, bis sie vor Dankbarkeit und Freude wie besoffen sind.

An einem kalten Wintertag hatte ich eine Art Vision: Ich sah Jesus, wie er sich bei mir einlud. Es war nicht gerade kuschelig warm bei mir, denn wir sparen ja Energie. Er aber fegte durchs ganze Haus, drehte die Heizungen auf und lud noch mehr Gäste ein. Es wurde warm und hell und für einen Moment sah ich die Fülle an Leben, Nähe und Wärme, die er für uns bereithält. Wie die Wunder, die Jesus auf der Erde getan hat, sind solche Zeiten der verschwenderischen Fülle Ausnahmen im oft mühsamen Alltagsgeschäft, aber sie sind Vorboten einer Lebensfülle und Freude, die Jesus uns eröffnet hat und die in der Neuen Welt auf uns wartet. Als solche haben wir allen Grund und alle Berechtigung, sie zu feiern!

Gebet Gott der Fülle, es fällt mir oft so schwer, großzügig zu sein – von Verschwendung gar nicht zu reden. Noch schwerer fällt es mir, Großzügigkeit anzunehmen, sei es von dir oder meinen Mitmenschen. Immer ist da die Angst, später zu vermissen, was ich jetzt ohne Not verbraucht oder verschenkt habe. Bitte mehre in mir das Vertrauen, dass du genug hast, um mein Leben zu bewahren, und unendlich viel mehr. Gib mir das mutige Vertrauen, das deine Gaben großzügig bis zur Verschwendung genießt und teilt. Amen.

Kirchenjahr praktisch: Überfluss! Was können Sie sich heute oder in dieser Woche einmal im Überfluss gönnen? Vielleicht finden Sie immer mal wieder ein neues Fass edelsten Wein, den Sie mit anderen teilen können.

Alle Texte

Wochenspruch	Joh 1,16
Wochenpsalm	Ps 105,1–8
Altes Testament	2. Mose 33,18–23
Epistel	1. Kor 2,1–10
Evangelium	Joh 2,1–11
Zusatztexte	Jer 14,1(2)3–4(5–6)7–9; Röm 12,9–16; Hebr 12,12–18(19–21)22–25a

3. Sonntag nach Epiphanias

Es werden kommen von Osten und von Westen, von Norden und von Süden, die zu Tisch sitzen werden im Reich Gottes (Lk 13,29)

Hintergründiges

Wer darf teilhaben an der Gnadenfülle Gottes, die Jesus offenbart? Wer darf hinein zum verschwenderischen Festmahl? Die Antwort Jesu überrascht: Nicht diejenigen, die sich schon drinnen wähnen, weil sie ja schon immer dazugehörten. Heute kommt ausdrücklich in den Blick, was bereits vielfach angedeutet wurde: Die gute Nachricht vom Kommen des Erlösers erscheint auch Menschen jenseits der Grenzen des Volkes, in dem er geboren wurde, und so strömen sie aus allen Ecken der Erde zu ihm, der die Herrlichkeit Gottes widerspiegelt.

Dieser Sonntag entfällt in den Kirchenjahren, in denen Epiphanias auf einen Sonntag fällt. Dann schließt sich an den 2. Sonntag nach Epiphanias direkt der Letzte Sonntag nach Epiphanias an, damit die Weihnachtszeit am 2. Februar enden kann.

Willkommenskultur

Petrus und seine Begleiter sind verblüfft: Gerade haben sie einigen Nichtjuden von Jesus, seinem Leben, Sterben und Auferstehen erzählt, da geraten die plötzlich außer sich und loben Gott in Tönen und Worten, die niemand versteht. Sie sprechen „in Zungen" wie sonst nur die Propheten Israels, wenn die Geistkraft auf sie kam, oder wie ihre jüdischen Glaubensgeschwister, die an Pfingsten die Geistkraft Gottes empfingen. Dass Gott Menschen außerhalb der jüdischen Gemeinschaft so unmittelbar begegnet und sie sogar mit seiner Geistkraft erfüllt, war für die meisten Juden unvorstellbar.

Zum Glück war Petrus auf die Begegnung vorbereitet. In einer Vision hatte Gott ihm zuvor klargemacht, dass von nun an die Speise- und Reinheitsvorschriften nicht mehr galten wie zuvor, weil Gott das Unreine rein machen kann. Dadurch war der Weg frei geworden, mit Menschen gemeinsam zu essen, die diese Reinheitsvorschriften nicht befolgten. Dennoch waren vor allem seine Begleiter völlig überrascht davon, dass Menschen, die nicht im Volk Gottes geboren waren, die Geistkraft Gottes empfingen.

Dabei hätten sie sich denken können, dass so etwas eines Tages geschehen würde. Ihre Heiligen Schriften sind voll von Berichten über Menschen aus anderen Völkern, die den Gott Israels als den einzig existierenden Gott erkannt hatten, die ihn in der Folge anbeteten und sich teilweise seinem Volk anschlossen. Einige Frauen aus fremden Völkern – und es sind überraschend viele Frauen unter denen, die sich dem Volk Gottes anschließen – reihen sich sogar in die Segenslinie ein, die von Adam und Abraham über David und seine Nachkommen läuft und aus der der Messias hervorgehen soll. Die Grenze zwischen dem Volk Gottes und den anderen Völkern, zwischen drinnen und draußen war schon immer durchlässig für Menschen, die sich diesem Gott anvertrauten. Dass Nichtjuden in den Tagen des Messias auch Anteil an der Geistkraft Gottes erhielten, war nur folgerichtig, und Petrus sorgt gleich dafür, dass Kornelius und sein Haushalt getauft werden.

In der Begegnung mit Menschen aus einer anderen Kultur, die Jesus ihr Leben anvertrauen wollten, mussten Petrus und seine Begleiter tief eingefleischte Überzeugungen über Bord werfen. Gott erwies sich als weit größer als ihre Vorstellungen von dem, was einen rechten Jesusnachfolger ausmacht. Jesus stellte keinerlei Hürden auf für diejenigen, die sich ihm anschließen wollten. „Wer zu mir kommt, den weise ich nicht zurück", sagt er – Willkommenskultur à la Jesus.

■ Gebet   Einziger Gott, dein Herz ist so weit! Alles, was du suchst, ist Vertrauen in deine Güte. Ich bemühe mich, so vieles richtig zu machen, dabei hast du so viel Erbarmen mit mir und befreist mich so, mit Anderen Erbarmen zu haben. Weite mein Herz, damit ich begreife, wie groß, wie bunt, wie vielfältig deine Familie ist. Danke, dass ich ihr angehören darf. Amen.

■ Kirchenjahr praktisch: Geschwister entdecken   Gibt es eine christliche Gemeinde in Ihrer Nähe, deren Stil oder Theologie Sie irritiert? Besuchen Sie sie doch einmal und suchen Sie dort das Vertrauen in Gottes Güte und das Erbarmen, mit dem er uns begegnet. Wahrscheinlich werden Sie mehr davon finden, als Sie erwarten.

■ Alle Texte

Wochenspruch	Lk 13,29
Wochenpsalm	Ps 86,1–2.5–11
Altes Testament	2. Kön 5,(1–8)9–15(16–18)19a
Epistel	Röm 1,13–17
Evangelium	Mt 8,5–13
Zusatztexte	Rut 1,1–19a; Joh 4,5–14; Apg 10,21–35

Letzter Sonntag nach Epiphanias

Über dir geht auf der HERR, und seine Herrlichkeit erscheint über dir. (Jes 60,2b)

Hintergründiges

Der Weihnachtskreis endet im evangelischen Festkalender mit dem Fest *Lichtmess*, das immer 40 Tage nach Weihnachten auf den 2. Februar fällt und an die Darstellung Jesu im Tempel erinnert. Der Tag markiert den spätesten Punkt, auf den der letzte Sonntag nach Epiphanias fallen kann. Wer sich also noch nicht von seinem Weihnachtsbaum trennen konnte – spätestens heute ist ein guter Anlass, ihn abzuräumen.

An diesem Sonntag steht ein letzter Aspekt im Mittelpunkt, der auch in der Alten Kirche Inhalt des Epiphaniasfestes war: die Verklärung Jesu. Die Herrlichkeit Gottes kann zu Tode erschrecken, doch Jesus sorgt dafür, dass sie uns zum Leben dient.

Erkennen und bewahren

Jetzt habe ich seit Wochen vom Licht gelesen, das in die Welt kam und die Dunkelheit der Menschen erhellt. So viele Texte erzählen mir davon, dass die Herrlichkeit Gottes offenbart ist, dass in Jesus seine Liebe zu uns konkrete Formen angenommen hat, und ich frage mich: Hat das vielfache Hören und Lesen vom Licht der Welt wirklich mein Herz erhellt?

Was passiert da eigentlich genau, wenn „Gott in meinem Herzen erstrahlt"? So formuliert es Paulus und er erklärt gleich, was er meint. Im Licht, das Gott in mir aufleuchten lässt, begreife ich: In Jesus sehe ich Gott! So ist Gott also! So zugewandt, so kompromisslos für das Leben, vollkommene Liebe, die kein Opfer scheut, um mein Leben dem Tod zu entreißen. Hin und wieder leuchtet diese Erkenntnis in meinem Leben auf, wie ein Blitz, der das Dunkel erhellt, aber gleich wieder in den Plackereien des Alltags versinkt. Ist es überhaupt möglich, nachhaltig „im Licht zu leben?"

Jesus nimmt drei seiner engsten Freunde mit auf einen Berg. Dort wird er „verklärt" – seine Gestalt leuchtet, drei gewaltige Männer aus der Vergangenheit seines Volkes unterhalten sich mit ihm, und einer der Freunde will diesen wunderbaren Augenblick festhalten: „Lass uns Zelte bauen!" Wie schön wäre es, diese hellen Momente der Erkenntnis festhalten zu können!

Dann jedoch zieht eine strahlende Wolke über ihnen auf und Gott selbst spricht zu ihnen. Voller Schrecken fallen sie anbetend auf den Boden! Sie haben Gottes Stimme gehört – und können sie nicht ertragen. Jesus muss sie körperlich berühren und aus der Schreckstarre befreien.

Der wunderbare Moment im Licht der Erkenntnis auf dem Berg verging, zunächst im Schrecken über die Gegenwart Gottes, dann in den Niederungen des Alltags, in denen sich ihr Glaube wieder einmal als unzureichend erwies. Dass die Erkenntnis der unbedingten Güte Gottes uns entgleitet, ist anscheinend normal. Paulus beschreibt es drastisch: „Dieser Schatz der Erkenntnis ist aufbewahrt in unseren sterblichen, zerbrechlichen Körpern." Im Außen ist oft wenig davon zu sehen, und dann schleicht sich schnell Zweifel ein, ob es denn wahr ist, dass Gott bedingungslos für mich ist.

Gott ist der „Ich bin, der ich bin." Er ist in jedem Augenblick neu. Das Licht der Erkenntnis lässt sich nicht konservieren. Wir besitzen es nicht, Gott muss es schenken, ständig neu entzünden. Es mag Zeiten geben, in denen wir es gar nicht wahrnehmen können. Dann bleibt nur das Bitten und Flehen um sein Licht. Aber Gott verspricht: „Auch, wenn das Warten lange dauert, das Bitten wird nicht unbeantwortet bleiben."

Gebet Licht der Welt, ich vergesse ständig, wer du bist: Ganz da. Ganz für mich da. Jeden Augenblick neu. Ich bin darauf angewiesen, dass du dein Licht ständig neu in mir entfachst, damit ich deine Herrlichkeit erkenne. Wenn es wieder einmal dunkel in mir wird, erleuchte mein Herz, damit ich dich wieder sehen kann. Amen.

Kirchenjahr weiterdenken: Was will ich behalten? Bevor es in den Frühling und auf Ostern zugeht, lässt sich bei den letzten trockenen Lebkuchen gut noch einmal Rückblick auf Weihnachten und die nachfolgende Festzeit halten – ist mir von diesen Tagen irgendetwas geblieben? Was will ich davon weiter mit ins Jahr nehmen? Kann ich das vielleicht sogar in einem Spruch, einem Bild, einem Symbol festhalten, damit ich mich daran erinnern kann, wenn es wieder einmal dunkel wird?

Alle Texte

Wochenspruch	Jes 60,2b
Wochenpsalm	Ps 97,1–12
Altes Testament	2. Mose 3,1–8a(8b.9)10(11–12)13–14(15)
Epistel	2. Kor 4,6–10
Evangelium	Mt 17,1–9
Zusatztexte	2. Mose 34,29–35; 2. Petr 1,16–19(20–21); Offb 1,9–18

Der Osterkreis

Ostern als das älteste Fest der Christenheit gedenkt des einen Geschehens, das für das Christentum zentral ist: der Kreuzigung und der Auferstehung Jesu Christi, die Grund und Angelpunkt jeder christlichen Hoffnung ist. Im Laufe der Zeit entstanden komplexe vorausgehende und nachfolgende Festzeiten, die heute im Osterkreis geordnet sind. Dem eigentlichen Osterfestkreis vorgeschaltet ist die Vor-Passion, einer Art Brückenzeit zwischen dem Weihnachtskreis und dem Osterkreis. Der Osterkreis selbst beginnt mit dem Aschermittwoch und führt die Feiernden durch die Passions- bzw. Fastenzeit als Vorbereitungszeit zum eigentlichen Osterfest hin und durch die anschließende österliche Freudenzeit weiter bis zum Pfingstfest, das den Osterfestkreis abschließt.

Im Gegensatz zum Weihnachtskreis, der sich an den festen Daten des 25. Dezember (Christfest) und des 2. Februar (Maria Lichtmess) orientiert, hängen die Sonntage des Osterfestkreises am beweglichen Ostertermin. Bereits im Jahr 325 legte man beim Konzil von Nicäa fest, dass Ostern immer am Sonntag nach dem ersten Vollmond im Frühling gefeiert wird. Zugleich bestimmte man, unabhängig vom meteorologischen Frühling zur Tag-und-Nacht-Gleiche den 21. März als den für alle Berechnungen gültigen Frühlingstermin. Daher kann Ostern frühestens auf den 22. März und spätestens auf den 25. April fallen. Da alle Sonntage im Osterfestkreis vom beweglichen Osterdatum abhängen, wandern sie in diesem Zeitraum hin und her, wobei die Extremfälle eines sehr frühen oder eines sehr späten Termins äußerst selten eintreten. Weil sich die bewegliche Osterzeit jedes Jahr gegenüber der fest terminierten Weihnachtszeit verschiebt, enthält sie in der Zeit der Vor-Passion einige Sonntage, die in den Jahren wegfallen, in denen Ostern zu einem frühen Termin stattfindet.

Viele Sonntage im Osterfestkreis tragen im Gegensatz zu den übrigen Sonntagen des Kirchenjahrs lateinische Namen, die auf die Zeit vor der Reformation zurückgehen. Nach der traditionellen Liturgie ziehen die Priester z. T. noch heute zu Beginn des Gottesdienstes in die Kirche ein, während die Gemeinde einen diesem Sonntag zugeordneten Psalm, den Introitus, singt. Er wird durch einen zum Sonntag gehörigen Vers gegliedert: der Antiphon. Das erste Wort der lateinischen Übersetzung dieses Verses wird zum Namen des Sonntags. Mit Ausnahme der Karwoche und des Ostersonntags tragen alle Sonntage der Passionszeit und der österlichen Freudenzeit entsprechende Namen, die häufig bereits auf das Proprium, den inhaltlichen Schwerpunkt, hinweisen.

Die österliche Vorbereitungszeit mündete im Laufe der Kirchengeschichte in unterschiedliche Festzeiten. So feierte man lange die acht Tage des Ostersonntags und der anschließenden Woche als sog. Oster**oktav**. Daneben wurden die drei Tage Gründonnerstag bis Karsamstag, die auf Ostern hinführen, als **Triduum** paschale gefeiert. Bis ins 19. Jahrhundert beging man auch Ostersonntag bis Osterdienstag als dreitägige Freudenzeit. Diese Praxis der **Oktav** und des **Triduums** wirkte sich auf die Zählung der Sonntage auf Ostern zu aus, denn dabei bezog man sich auf unterschiedliche Anfänge oder Enden der Osterfestzeiten.

Die Sonntage vor der Passionszeit

Die Pufferzeit zwischen dem Weihnachtskreis und dem Osterkreis kann bis zu fünf Sonntage umfassen, aber auch vollständig entfallen. Die ersten beiden Sonntage greifen noch einmal die Lichtsymbolik und das Thema der Offenbarung von Gottes Herrlichkeit auf. Während der folgenden drei Sonntage rief man etwa seit dem 6. Jahrhundert die Glaubenden auf, sich nach der freudigen Feier des Weihnachtsfestes wieder auf den Ernst der Nachfolge zu besinnen. Sie betonen die Bedeutung des Augenblicks der Entscheidung und enthalten die erste Leidensankündigung Jesu. So sollten sie den Blick der Glaubenden langsam auf das zentrale Osterfest ausrichten und auf die bevorstehende Fastenzeit einstimmen.

Diese Zeit endet mit der Karnevalszeit, die den Übergang zur entsagungsreichen Passionszeit markiert. Zum einen wollte die Lebensfreude noch einmal mit aller Energie ausgelebt werden, zum anderen mussten die Nahrungsvorräte, die in der Fastenzeit untersagt waren, möglichst verzehrt werden, damit sie nicht umkamen. Heute hat sich der Karneval bzw. die Fastnacht weitgehend vom kirchlichen Leben gelöst, einzelne Gemeinden oder Pfarrpersonen bringen sich jedoch durchaus bei Karnevalsveranstaltungen vor Ort ein.

Die Sonntage werden nun mehr oder weniger auf Ostern zu heruntergezählt. Der 5. und 4. Sonntag vor der Passionszeit, die mit dem Sonntag nach Aschermittwoch beginnt, kommen nur vor, wenn Ostern sehr spät liegt. Die Namen der folgenden Sonntage bezeichnen den Zeitraum bis Ostern in lateinischer Sprache. Dabei geht die Zählung nicht genau auf, da sich die Zahlen auf die unterschiedlichen Festzeiten der Oster**oktav** und des Oster**triduum**s beziehen.

In der Alten Kirche war die Osternacht zunächst der einzige Termin, an dem Menschen, die sich der christlichen Kirche anschließen wollten, getauft wurden. Wie Jesus an Ostern zu einem neuen Leben auferstand, so wurden sie in das neue Leben in Christus hineingetauft. Die Taufanwärter waren bereits drei Jahre lang in den Glaubensinhalten und der Glaubenspraxis unterrichtet worden und wurden am Sonntag Septuagesimae nach einer Vorprüfung zu einer letzten intensiven Fasten- und Buß-zeit vor ihrer Taufe zugelassen. Die Festlegung dieser Zeit auf 70 Tage leitete man von den 70 Jahren des jüdischen Exils in Babylon ab, die man ebenfalls als eine Buß- und Umkehrzeit interpretierte.

5. Sonntag vor der Passionszeit

Der Herr wird ans Licht bringen, was im Finstern verborgen ist, und das Trachten der Herzen offenbar machen. (1. Kor 4,5b)

Hintergründiges Dieser Sonntag wurde bis zur Reform der Gottesdienstordnung 2018/2019 als 5. Sonntag nach Epiphanias geführt. Er wird nur selten gefeiert, da er nur vorkommt, wenn Ostern sehr spät, und zwar nach dem 21. April, liegt. Daher hat man ihm keine zusätzlichen Predigt**perikopen** zugewiesen.

Er beleuchtet einen weiteren Aspekt der aufstrahlenden Herrlichkeit Gottes. Sie erschien und sandte ihr Licht bis in die hintersten Winkel der Welt. Sie dringt in die dunkelsten Ecken, in denen verborgen ist, was nicht gesehen werden will oder soll. Doch eines Tages ist Schluss mit dem Versteckspiel.

Es kommt ganz drauf an ... „Hoffentlich sieht das keiner!", denke ich, wenn ich etwas tue, was mir peinlich ist. „Niemand sieht mich!", denke ich resigniert, wenn ich mit meinem Schmerz mal wieder allein bin. „Niemand schätzt meine Arbeit wert!", seufzt so manche, die in stiller Treue Verantwortung übernimmt, manchmal unter großen persönlichen Opfern.

Gesehen zu werden kann sich bedrohlich anfühlen. Gleichzeitig ist da der geheime Wunsch, einmal im Rampenlicht zu stehen und für die eigenen Verdienste gewürdigt zu werden. Es kommt ganz drauf an, was da ans Licht kommt.

Der Dichter von Psalm 37 hat ein Problem. Schon lange muss er mit ansehen, wie Menschen bewundert werden und Erfolg haben, weil sie sich toll präsentieren können, im Geheimen aber das Leben verraten. Er selbst und viele andere, die in stiller Treue Gottes gute Lebensregeln befolgen und dem Leben dienen, werden belächelt, verachtet und an den Rand gedrängt. Angesichts dieser Ungerechtigkeit steigen Wut und Bitterkeit in ihm auf: „Gott, das ist nicht fair!" Gleichzeitig haben weise Gottesleute ihn gelehrt: Ein Weg der Empörung, der das Recht notfalls mit Gewalt durchsetzen will, ist nicht nachhaltig, sondern wird nur neues Unrecht hervorbringen. So flüchtet er sich – bestimmt nicht zum ersten Mal – in die Gewissheit, dass Gott am Ende alles ans Licht bringen wird. Alle guten und bösen Taten werden gesehen und entsprechend vergolten. Deshalb ermutigt er sich und seine Zuhörer immer wieder: „Vertrau Gott dein Leben an. Du brauchst dem Guten nicht mit Gewalt zum Recht verhelfen. Eines Tages wird Gott selbst das tun und dann wird jede rechte Tat ihren Lohn empfangen."

Seit Weihnachten ist die Herrlichkeit Gottes in Jesus wahrnehmbar geworden, aber wir haben noch nicht alles gesehen. Wir erkennen deutlich seine Zuwendung und sein Erbarmen und hier und da ist etwas von dem aufgeblitzt, was wir das Gericht nennen: der Tag, an dem Gott offenbart, was hinter den Kulissen abgelaufen ist und was im Herz jedes Menschen verborgen ist. Schöne und scheinbar so richtige Worte werden dann nicht mehr blenden können und endlich werden die Taten sprechen, die niemand sehen wollte oder durfte. Dann wird Gottes Herrlichkeit als vollkommen gerechter Richter aufstrahlen, denn er allein schaut hinter alle Kulissen und in alle Herzen. Das kann Angst machen oder erleichtern – es kommt ganz drauf an, was da ans Licht kommt.

Gebet Unvergleichlicher Gott, du allein siehst in die dunkelsten Ecken. Du kennst die tiefsten Motive meines Handelns, die ich manchmal selbst nicht durchschaue. Ich bin froh, dass du einmal alles Gute in meinem Leben ent-decken wirst, das nicht einmal ich selbst erkenne. Und ich bin froh, dass in deinem Licht Umkehr und Erneuerung für alles möglich ist, was sich an Lebensfeindlichem noch in dunklen Ecken herumtreibt. Ich will dir vertrauen, dass du in deiner barmherzigen Weisheit am Ende alles recht machst. Amen.

Kirchenjahr praktisch: Licht in dunkle Ecken Ich könnte diese Woche mal ein paar Ecken in meiner Wohnung durchleuchten, in die ich schon länger nicht mehr hineingeschaut habe. Vielleicht finde ich dort sogar einen Schatz, vielleicht ein reparaturbedürftiges Kleinod oder auch einfach nur Müll. Was immer ich finde – es kann mich daran erinnern, dass in Gottes liebevollem Licht alles zu seinem Recht kommt, besonders das, was sich noch in den dunklen Ecken meiner Seele versteckt.

Alle Texte

Wochenspruch	1. Kor 4,5b
Wochenpsalm	Ps 37,3–11
Altes Testament	Jes 40,12–25
Epistel	1. Kor 1,4–9
Evangelium	Mt 21,28–32

4. Sonntag vor der Passionszeit

Kommt her und sehet an die Werke Gottes, der so wunderbar ist in seinem Tun an den Menschenkindern. (Ps 66,5)

Hintergründiges

Dieser Sonntag, der frühere 4. Sonntag nach Epiphanias, entfällt häufig, denn er ist nur vorhanden, wenn Ostern relativ spät, und zwar nach dem 14. April, liegt.

Jesu Herrlichkeit leuchtet dort auf, wo er den Mächten der Natur gebietet und Menschen aus tödlicher Gefahr rettet. Wer in solchen Zeiten sein Vertrauen in Gott setzt und ihn um Rettung bittet, wird nicht enttäuscht werden. Selbst wenn die Rettung anders aussieht als gedacht: Am Ende wird er Gott loben.

Das letzte Wunder

Ich würde gerne mal übers Wasser laufen. Aber nicht in einem Sturm, wenn die Wellen womöglich höher sind als ich selbst, sondern an einem sonnigen, windstillen Tag auf einem klaren See. Und das Wasser sollte möglichst nicht zu kalt sein. Wenn dann noch Jesus an meiner Seite liefe, wäre das Glück perfekt.

Wobei – ob ich Jesus überhaupt neben mir bemerken würde? Wahrscheinlich wäre ich so damit beschäftigt, das perfekte Bild für Instagram zu schießen, dass ich seine Gegenwart gar nicht wahrnehmen würde. Häufig ist es ja leider so: Erst wenn Stürme unsere Vorhaben hindern und das Leben in Gefahr gerät, suchen wir nach Anzeichen von Gottes Gegenwart. Und dann kann uns die Angst den Blick sogar so vernebeln, dass wir Jesus mit einem Gespenst verwechseln!

Ich lasse mich nicht gerne damit trösten, dass man aus den leidvollen Stürmen des Lebens ja lernen kann. Leiden damit zu rechtfertigen, halte ich für zynisch, denn was auch immer ich daraus lerne – es hebt den Schmerz nicht auf.

Andererseits ist halt was dran. Paulus zum Beispiel war sich sicher, dass Gott ihn aus den Fesseln lebensfeindlicher Kräfte befreit hatte und sein Leben nun Gott gehörte. Doch erst als Gott ihn aus einer existentiellen Bedrohung rettet, begreift er: Ich kann mein Leben nicht sichern, auch wenn ich alles noch so richtig mache. Es liegt allein in Gottes Hand, der die Toten auferweckt. Diese Lehre aus der überstandenen Not gibt ihm in allen weiteren Stürmen seines Lebens Frieden in der Gewissheit: Das Ende dieses Lebens wird nicht das Ende des Lebens an sich sein. Gott wird noch einmal letztgültig wunder-bar an den Menschen handeln. Er wird alle, die sich ihm anvertrauen, nach dem irdischen Tod zu einem neuen Leben erwecken, in einer Welt, in der ihnen der Tod nichts mehr anhaben kann. Schon Jesaja ahnte es: Gott rettet sein Volk nicht, um es danach sich selbst zu überlassen. Er schafft eine neue, feste Ordnung, in der es für immer sicher ist.

Die Geretteten in den diversen Rettungsgeschichten dieses Sonntags haben eines gemeinsam: Sie werden von einem ehrfürchtigen Schrecken erfasst, denn sie erkennen, dass Gottes Rettungen immer Wunder sind. Sie kehren die unausweichlichen Abläufe von Verderben und Tod um, die unsere Welt im Letzten bestimmen. Können wir darüber noch staunen? Haben wir noch ein Gespür für die Ungeheuerlichkeit, die sich darin offenbart? Können wir den Schrecken der Menschen zumindest noch ahnen, als sie hier jemanden sahen, dem die unzähmbaren Naturgewalten von Wind und Wellen gehorchen? Wir glauben, ein Recht auf den ruhigen See zu haben, und verdrängen die Tatsache, dass diese Welt von Stürmen durchtobt ist und dass es allein Gottes Wundertaten sind, die uns am Leben erhalten. „Wer ist das nur, dass ihm sogar Wind und Meer gehorchen!" (Mk 4,41 GNB).

Gebet Wunder-barer Gott, ich mag die Stürme in meinem Leben nicht. Sie machen mir Angst, tun weh und vernebeln mir den Blick auf dich. Bitte lass mich dein wunderbares Rettungshandeln erleben, damit ich erkenne, wer du bist: Mein treuer Retter für immer. Amen.

Kirchenjahr praktisch: Erinnerte Rettungen

Lässt sich das ehrfürchtige Staunen über Gottes Rettungshandeln wiedergewinnen? Halten Sie in dieser Woche einmal Ausschau nach Wellen, die Ihnen oder Anderen über die Köpfe gingen. Wie hat Gott dort wunderbar gerettet? Vielleicht schreiben Sie es auf oder verarbeiten es in einem Bild, einem Kunstwerk? Wie können Sie Ihrer Dankbarkeit und Ihrem Staunen Ausdruck verleihen? Vielleicht möchten Sie ein Gebetstagebuch beginnen, in dem Sie Ihre Bitten, das Warten auf Erhörung und die erfahrene Rettung festhalten.

Alle Texte

Wochenspruch	Ps 66,5
Wochenpsalm	Ps 107,1–2.23–32
Altes Testament	Jes 51,9–16
Epistel	2. Kor 1,8–11
Evangelium	Mk 4,35–41
Zusatztexte	1. Mose 8,1–12; Mt 14,22–33; Mk 5,24b–34

Septuagesimae

Wir liegen vor dir mit unserm Gebet und vertrauen nicht auf unsre Gerechtigkeit, sondern auf deine große Barmherzigkeit. (Dan 9,18b)

Hintergründiges

Mit dem 3. Sonntag vor der Passionszeit beginnt die eigentliche Vorfastenzeit. Septuagesimae bedeutet „Siebzigster" und besagt: Von heute ab sind es 70 Tage bis zum traditionellen Ende des Osterfestes, das ursprünglich die sog. **Oktav**, die acht Tage nach Ostern, einbezog und am Vorabend des Sonntags Quasimodogeniti endete. So wird deutlich: Heute beginnt die erweiterte Osterzeit mit der Vorbereitung auf die Fastenzeit, die wiederum auf das eigentliche Osterfest vorbereiten soll. Im Mittelalter verabschiedete man sich an diesem Sonntag vom Hallelujagesang der **Liturgie**, der erst wieder an Ostern erklingen sollte.

Der Sonntag entfällt, wenn Ostern vor dem 7. April liegt.

Zum Eingang in die Osterzeit werden wir an die grundlegende Wahrheit erinnert, dass sich niemand Gottes Zuwendung verdienen kann, und wenn er sich auch noch so sehr darum bemüht.

Das ist nicht fair!

„Das ist nicht fair! Ich habe den ganzen Tag in der Sonne geschuftet und bekomme nicht mehr als dieser Faulpelz, der nur die letzte kühle Stunde in der Abenddämmerung gearbeitet hat? Was bist du denn für ein Boss?" Der Boss sieht dem erhitzten Arbeiter ruhig ins Gesicht. „Woher weißt du denn, dass dieser Mensch ein Faulpelz ist? Hast du ihn gefragt, warum er erst so spät zum Marktplatz kam, damit ich ihn anheuern konnte?" Einen Moment blickt der Arbeiter dem Großgrundbesitzer erstaunt ins Gesicht. Dann senkt er den Blick. War der ausgemergelte Mann, den er eben einen Faulpelz genannt hatte, nicht vor ein paar Jahren in die Bruchbude vor dem Südtor gezogen? Man erzählte, dass er sein Stück Land verpfänden musste, um die Ärzte für seinen ältesten Sohn zu bezahlen, der unter die Räder einer römischen Kutsche geraten war. Sieben Kinder hatte er und die Frau war bei der Geburt des letzten gestorben. Gut möglich, dass er den halben Tag damit zugebracht hatte, die Brut zu versorgen, und als er endlich auf dem Marktplatz erschien, wollte niemand den dürren Kerl einstellen. Man musste ja Angst haben, dass er unter einem Holzspan zusammenbricht. – „Siehst du?" Die Stimme des Weinbergbesitzers reißt ihn aus den Gedanken. „Ich habe dir gegeben, worauf wir uns geeinigt haben. Nimm es mir nicht übel, dass ich mit Simeon Mitleid habe und auch ihm gebe, was er für morgen zum Leben braucht."

Nein, das ist nicht fair – aber es ist gerecht. Gerecht in dem Sinne, wie Gott es meint: Jeder Mensch hat ein Recht auf ein menschenwürdiges Leben und erst recht ein Recht auf die größte Gabe, die Gott geben kann: Vergebung der Lebensschuld und ungetrübte Gemeinschaft mit ihm – für immer. Dieses Recht gewährt Gott jedem Menschen, der zu ihm kommt und ihn darum bittet, egal, ob er sich das verdient hat oder nicht. Verdient hat es keiner von uns, denn niemand hat sein gesamtes Leben in vollkommenem Vertrauen und Gehorsam gegenüber Gott gelebt. Jeder hat wiederholt Gottes gute Lebensregeln verletzt, ist Gott und seinem Mitmenschen nicht gerecht geworden und ist darauf angewiesen, dass Gott ihm vergibt und seine Zuwendung aus freien Stücken schenkt. Und das tut er – egal, ob du dein ganzes Leben lang in seinem Weinberg geschuftet hast oder ob du erst in der letzten Stunde dazugekommen bist, weil dich andere Dinge gefangen hielten. Manchmal werden Letzte zu Ersten und Erste zu Letzten.

Gebet Barmherziger Gott, ich bin so froh, dass ich mir deine Zuwendung, deine Vergebung und deine Gemeinschaft nicht verdienen muss. Ich könnte es ja gar nicht. Lehre mich, barmherzig zu sein, wie du barmherzig bist. Amen.

Kirchenjahr weiterdenken: Unfair!?

Achten Sie diese Woche doch einmal darauf, wo Sie sich ungerecht behandelt fühlen. Sind Sie nur unfair behandelt worden oder ist Ihnen wirklich Unrecht geschehen? Und was mag wohl hinter den Schicksalen stehen, die Ihnen anscheinend vorgezogen wurden?

Alle Texte

Wochenspruch	Dan 9,18b
Wochenpsalm	Ps 31,20–25
Altes Testament	Jer 9,22–23
Epistel	Phil 2,12–13
Evangelium	Mt 20,1–16
Zusatztexte	Pred 7,15–18; Mt 9,9–13; 1. Kor 9,19–27

Sexagesimae

Heute, wenn ihr seine Stimme hört, so verstockt eure Herzen nicht. (Hebr 3,15)

Hintergründiges Nach dem vorigen „siebzigsten" Sonntag vor Ostern markiert der „sechzigste" Sonntag vor Ostern den Beginn der Zeit bis zum Mittwoch nach dem Ostersonntag und damit bis zum Ende des im Mittelalter begangenen Auferstehungs-**Triduum**s – der drei heiligen Tage Ostersonntag, Ostermontag und Osterdienstag.

Dieser Sonntag erinnert daran: Das Wort, das uns in der Bibel von Gott her entgegenkommt, ist keine neutrale Information, sondern fordert zur persönlichen Stellungnahme heraus. Die bevorstehenden Wochen wollen einen Raum dafür schaffen, dieses Wort ins eigene Leben sprechen zu lassen.

Hier und Jetzt Ein Bauer sät Samen und nicht jedes Korn geht auf, denn so manches fällt auf unfruchtbaren Boden.

Ein Prophet verinnerlicht Gottes Wort, verdaut es und verkündet es seinem Volk. Die meisten lassen sich davon jedoch nicht beeindrucken, denn sie sind hartherzige Betonköpfe

Ein Missionar verkündet die Gute Botschaft einer Gruppe von Frauen. Einer von ihnen öffnet Gott das Herz. Sie glaubt der Botschaft und vertraut ihr Leben Gott an.

Man könnte fragen, was der unfruchtbare Boden und die Betonköpfe dafür können, dass sie so hart sind, wie die Natur oder die Lebenserfahrung sie gemacht haben. Heute kann der Landwirt den Boden großflächig und anhaltend pflügen, düngen und von Unkraut und Schädlingen freihalten. Zur Zeit Jesu musste der Bauer sich mit Trampelpfaden, fliegenden Distelsamen und Vogelschwärmen arrangieren. Und der Prophet hatte schon mal gar keinen Einfluss darauf, wie es in den Köpfen und Herzen seiner Hörer aussah. Hat der Hörende also gar keine Verantwortung dafür, wie er das Wort aufnimmt, weil die Fähigkeit dazu völlig von seiner Erziehung, seiner kulturellen Prägung oder seinen Lebenserfahrungen abhängt? Bleibt nur die Hoffnung, dass Gott das Herz öffnet, den Boden vorbereitet und den Betonkopf sanft aufbricht, damit der Same wurzeln kann?

Nicht ganz. Da gibt es die Aufrufe und fast verzweifelten Einladungen Gottes, ihn zu suchen, solange er sich finden lässt. Jesus sagt: „Achtet darauf, *wie* ihr hört!" Ja, es gibt die Distelwände im Herzen, die existenziellen Sorgen, die mich ganz in Beschlag nehmen, die betonierten Überzeugungen. Aber es gibt auch den Moment, in dem ich die Möglichkeit habe, wirklich hinzuhören. Dem zarten Pflänzchen des Vertrauens einen kleinen Raum zu geben. Den Riss in meiner Betonabwehr nicht gleich wieder zu verschließen.

Kein Bild vom Wirken der Worte Gottes erfasst die gesamte Wirklichkeit, doch eines haben alle gemeinsam: Es gibt diese Augenblicke, in denen es in ein Leben fällt. Es gibt dieses *Heute*, in dem mich ein Wort Gottes erreicht. Dann kann ich innehalten, ihm nachgehen und fragen: „Was willst du mir damit sagen? Was soll, was darf ich jetzt tun? Was ist dran – ein Bekenntnis von Schuld und Umkehr? Ein neues Bekenntnis des Vertrauens? Ein mutiges Zeugnis? Ein dankbares Aufatmen und zur Ruhe kommen im Vertrauen, dass Gott am Ende alles gut macht?"

Jedes Mal, wenn sein Wort uns erreicht, erhalten wir eine neue Chance, dem Wort einen Boden zu bieten – vielleicht nur ein paar Quadratzentimeter – wo es Wurzeln schlagen kann. Von da wird es sich ausbreiten, wachsen und Frucht bringen, denn es wird tun, wozu es gesandt ist: Leben schaffen, zur Ehre Gottes.

■ **Gebet**   Wort des Lebens, nicht immer gelingt es mir, den Boden für dich zu öffnen, wenn du mir zufällst. Vergib mir, wo ich dein Wort abgewiesen, verdrängt und erstickt habe. Sprich neu zu mir, immer wieder, und öffne mir das Herz, damit ich dich aufnehmen und dein Wort darin Frucht schaffen kann. Amen.

■ **Kirchenjahr praktisch: still sein und zuhören**   Ich möchte diese Woche üben zuzuhören: meine Gesprächspartner ausreden lassen, bevor ich sie mit meiner Sicht der Dinge beglücke; einem Impuls aus Gottes Wort nachspüren oder sogar mal nachforschen; versuchen, eine Meinung von innen her zu verstehen, die ich völlig abwegig finde. Vielleicht erwächst aus dem Zuhören ja sogar ein neues Handeln.

■ **Alle Texte**

Wochenspruch	Hebr 3,15
Wochenpsalm	Ps 119,89–92.103–105.116
Altes Testament	Jes 55,(6–7)8–12a
Epistel	Hebr 4,12–13
Evangelium	Lk 8,4–8(9–15)
Zusatztexte	Hes 2,1–5(6–7)8–10; 3,1–3; Mk 4,26–29; Apg 16,9–15

Estomihi (Quinquagesimae)

Seht, wir gehen hinauf nach Jerusalem, und es wird alles vollendet werden, was geschrieben ist durch die Propheten von dem Menschensohn. (Lk 18,31)

Hintergründiges

Dieser Sonntag trägt als erster Sonntag der Passions- und Osterzeit einen Namen, der von den ersten Worten des **Introitus** abgeleitet ist, dem lateinischen Gesang, der in der katholischen Kirche den Einzug der Priester in die Kirche begleitet. Heute wird Psalm 31,3b zitiert: *„Sei mir* (esto mihi) ein starker Fels." Als „fünfzigster" Tag vor Ostern verweist er auf den Ostersonntag und damit auf das Ende des mittelalterlichen **Triduum** sacrums, der drei Leidenstage Jesu Gründonnerstag, Karfreitag und Ostersamstag.

Dieser Tag ist zugleich Karnevalssonntag; am folgenden Aschermittwoch beginnt die Fastenzeit, die der Passion Jesu gedenkt. Daher enthalten die **Perikopen**texte erstmals Worte Jesu, die sein Leiden und Sterben ankündigen. Zugleich thematisieren sie die Konsequenzen, die eine ganzheitliche Nachfolge Jesu haben kann.

Petrus greift haarscharf daneben

Petrus hat es begriffen: Dieser Jesus, der als Wanderprediger durch den Norden Israels zieht, ist der von Gott versprochene Gesalbte, der Messias, der das Volk Israel von allem befreien wird, was es von Gott trennt und daran hindert, ein Leben zu führen, das Gott gefällt. Petrus ist einer der Wenigen, die begriffen haben: Dieser Mann ist es, der an vielen Stellen der Heiligen Schriften vorausgesagt wird. Gott hat ihn berufen und ihm die Autorität und die Macht verliehen, sein Volk im Sinne Gottes zu regieren, es wieder zu der moralischen und politischen Größe zurückzuführen, die es unter David besaß, und es zu einem Leuchtturm für die anderen Völker zu machen, die nach Jerusalem kommen und den Gott Israels anbeten werden.

Und dann das! Jesus fängt an, wirres Zeug von Leid, Tod und Auferstehung zu erzählen, lauter peinliche Erniedrigungen, die seine Autorität untergraben. Petrus sieht seine Aufgabe klar vor sich: Er muss Jesus zur Vernunft bringen. Er nimmt ihn beiseite und erklärt ihm eindringlich, dass solche Zukunftsentwürfe der großen Aufgabe in keiner Hinsicht entsprechen. Und Jesus explodiert! Vor den Augen der versammelten Jünger macht er Petrus nicht nur zur Schnecke, er nennt ihn sogar einen Satan, einen Versucher, der ihn von seinem Auftrag abbringen will. Und dann ruft er alle zusammen, die sich nur im Entferntesten für ihn interessieren, und hält ihnen eine Rede, mit welcher er sie nur vergraulen kann.

„Wer mir nachfolgen will, nehme sein Kreuz auf sich!" Das dürfte eine der abschreckendsten Bewerbungsreden gewesen sein, die die Welt je gehört hat. Die meisten Zuhörer haben schon einmal einen Menschen am Kreuz verrecken sehen. Und so etwas erwartete einen, wenn man diesem Mann nachfolgt? Nein danke! Na toll, denkt Petrus vielleicht. Nun hast du es endgültig verkackt.

Begreifen wir heute besser, was es heißt, sein Kreuz auf sich zu nehmen? Alles zu ertragen, alles zu glauben, zu hoffen, zu dulden, was notwendig ist, damit einem anderen Menschen Leben ermöglicht wird? Das Kreuz hat so viele Gestalten wie die Milliarden Lebenswege, die sich auf dieser Erde kreuzen. Meist ist es so unspektakulär, absurd oder gar abstoßend für die kopfschüttelnden Zuschauer wie der Tod dieses Wanderpredigers vor 2000 Jahren in einer Provinzhauptstadt des römischen Reiches. Doch Gott hat ihn auferweckt und damit aller Welt gezeigt: Wer sein Leben gibt, damit andere leben können, dem werde ich ewiges Leben geben. Petrus hat das schließlich begriffen.

■ Gebet Jesus Christus, verheißener Gesalbter, wie Petrus begreife ich oft nicht, wie ausgerechnet Schwachheit, Leiden und Verzicht die Welt von ihren Leiden erlösen sollen. Hilf mir bitte zu erkennen, was es heißt, mein Kreuz auf mich zu nehmen. Gib mir dabei Kraft und die Gewissheit, dass der Vater alles, was ich aus Liebe hingebe, erwidern und es in Leben wandeln wird. Amen.

■ Kirchenjahr praktisch: Gönnung! Freude und Leid, Genuss und Verzicht liegen oft nah beieinander. Auch wer sein Kreuz auf sich nimmt, darf sich am Leben erfreuen. In den letzten Tagen vor der Fastenzeit gönnen Sie sich etwas – ob Sie dann fasten oder nicht. Er starb, damit wir leben – genießen Sie es bewusst.

■ Alle Texte

Wochenspruch	Lk 18,31
Wochenpsalm	Ps 31,2–6.8–9.16–17
Altes Testament	Am 5,21–24
Epistel	1. Kor 13,1–13
Evangelium	Mk 8,31–38
Zusatztexte	Jes 58,1–9a; Lk 10,38–42; Lk 18,31–43

Die Passionszeit

Seit dem 4. Jahrhundert begingen Christen eine vierzigtägige besondere Zeit vor dem Osterfest. Heute kennt man sie vor allem als Fastenzeit, doch das Fasten war nur ein Element dieser besonderen Vorbereitung auf das höchste christliche Fest.

Die Zahl 40 ist in der Bibel vielfach mit Zeiten verknüpft, die dem Alltag entzogen sind und in eine besondere Gottesbegegnung und/oder einen befreienden Neuanfang münden. 40 Tage dauerte die Sintflut an und bereitete die Erde auf einen neuen Anfang vor. 40 Jahre wanderte Israel nach seiner Weigerung, das verheißene Land einzunehmen, durch die Wüste, bis es seine Prägungen aus der Sklavenzeit abgelegt und genug Gott- und Selbstvertrauen gewonnen hatte, dass es das Land einnehmen konnte. 40 Tage wanderte Elia nach seinem Zusammenbruch durch die Wüste zum Horeb, wo er in einer besonderen Gottesbegegnung neue Perspektiven gewann. 40 Tage verbrachte Jesus fastend und betend in der Wüste, bevor er sich der Versuchung stellen musste. Zwar sind es von Aschermittwoch bis Ostern tatsächlich 46 Tage, aber da Sonntage als Freudentage gelten und man an ihnen nicht fastet, kommt man auf eine Anzahl von 40 Fastentagen.

Nach den ausgelassenen Tagen des Karnevals beginnt mit dem Aschermittwoch die Fastenzeit, in der die Kirche traditionell den Verzehr von Fleisch- und Milchprodukten und Eiern untersagt hatte. Das vorgeschriebene Fasten war keineswegs ein Selbstzweck, um Gott zu beeindrucken, oder, wie heute, medizinisches Detox zu betreiben. Vielmehr sollte es als äußeres Zeichen innerer Einkehr eine Hilfe dazu sein, Ablenkungen zu widerstehen und sich auf das Wesentliche im Leben und im Glauben zu konzentrieren. Christen, die Schuld auf sich geladen hatten und vom Gottesdienstbesuch ausgeschlossen worden waren, konnten durch bestimmte Handlungen öffentlich ihre Reue bezeugen und wurden am Gründonnerstag wieder in die Gemeinde aufgenommen, indem der Bischof ihnen die Hand auflegte. Wer sich auf seine Taufe an Ostern vorbereitete, durchlief in diesen Tagen die letzten intensiven Riten und Prüfungen und wurde dabei durch die gesamte Gemeinde begleitet.

Die Passionszeit endet mit der Karwoche, die mit dem Palmsonntag beginnt und auch als *Heilige Woche* bezeichnet wird. Schon im 3. Jahrhundert wurde sie in Jerusalem begangen und sie gilt bis heute als Höhepunkt des Kirchenjahrs. In vielen Kirchen bestehen besondere Vorschriften, so werden z.B. in manchen Landeskirchen keine Trauungen vorgenommen. Manche Kirchen bieten unter der Woche besondere Gottesdienste oder Andachten an. Von staatlicher Seite gelten in verschiedenen Bundesländern unterschiedliche Feiertagsgesetze, die an sog. *Stillen Tagen* bestimmte Arten von Veranstaltungen verbieten.

In der letzten Zeit hat die evangelische Kirche mancherorts die Tradition des *Triduum Sacrum*, der „Heiligen drei Tage", wiederentdeckt. In der kirchlichen Tradition gestaltete man einige Feste generell als Dreitagesfeste und die katholische Kirche feierte lange Zeit drei Ostertage: Sonntag, Montag und Dienstag. In der evangelischen Kirche gilt heute die Zeit vom Donnerstagabend mit dem Abendmahlsgottesdienst bis zum Ostersonntag mit dem Auferstehungsgottesdienst als **Triduum**, das so auch in manchen Gemeinden abgehalten wird

Inhaltlich stand in protestantischer Tradition meist die Passion Jesu im Mittelpunkt der Passionszeit. Hatte man an Weihnachten die Herrlichkeit des Gottessohns gefeiert, gedachte man nun des Gehorsams und der Leiden des Menschensohns. Zum Ausdruck der Trauer verhüllte man Bilder im Kirchenraum und noch heute verzichtet man bei der **Liturgie** auf Lobgesänge wie das Halleluja oder das Gloria. Der Karfreitag, an dem Jesus starb, um die Menschheit zu retten, war und ist manchen Christen noch heute der höchste Feiertag im Kirchenjahr.

Inzwischen bilden die Themen der Passionszeit viele Aspekte menschlichen Leidens ab und wer den letzten Tagen Jesu nachspürt, kann in seinen eigenen Grenzerfahrungen und Leiden Trost und Ermutigung finden. Der Blick auf die Leiden Jesu kann dabei helfen, an Zweifel und Leid nicht zu zerbrechen, sondern mit Christus das eigene Leid in freiem Gehorsam anzunehmen und gerade darin die treue Nähe Gottes zu erfahren. Gleichzeitig gewinnt der Aspekt des Fastens in der evangelischen Kirche wieder an Bedeutung, so z.B. mit der jährlichen Aktion „7 Wochen ohne ...", denn der freiwillige Verzicht auf Dinge, die mich in Beschlag zu nehmen drohen, öffnet die Chance, das Wesentliche im Leben wie im Glauben neu zu entdecken.

Aschermittwoch

Seht, wir gehen hinauf nach Jerusalem, und es wird alles vollendet werden, was geschrieben ist durch die Propheten von dem Menschensohn. (Lk 18,31)

Hintergründiges

Mit Aschermittwoch beginnt die eigentliche Passionszeit. Der Name kommt von dem alten Brauch, die Palmzweige von Palmsonntag des Vorjahres zu verbrennen und mit der Asche ein Kreuz auf die Stirn der Glaubenden zu zeichnen. Das Bestreuen oder Bezeichnen mit Asche als Symbol der Vergänglichkeit ist ein traditionelles Zeichen der Buße – der Bereitschaft, das eigene Leben im Licht Gottes beurteilen zu lassen und gegebenenfalls zu ändern.

Da der Aschermittwoch in der Woche nach dem Sonntag Estomihi liegt, steht er noch unter demselben Wochenspruch, hat jedoch eigene Lesetexte und Predigt**perikopen**. Dennoch findet nicht in allen evangelischen Kirchen ein Gottesdienst statt.

Am Eingang in die Fastenzeit bereitet das Thema *Versuchung* auf die bevorstehende Zeit des Verzichts vor. Jesus widerstand der Versuchung, die Erfüllung seines Auftrags in die eigenen Hände zu nehmen. Nun macht er sich auf den Weg, diesen Auftrag zu vollenden.

Neu wie am ersten Tag

David hat richtig Mist gebaut. Der Vorzeigekönig entpuppt sich als gemeiner Ehebrecher und hinterhältiger Mörder. Er hat seine Macht missbraucht, um seine sexuelle Lust zu befriedigen und seine Spuren zu verwischen, indem er einem anderen Menschen das Leben nahm. Dabei hat er erstaunlicherweise gar kein Unrechtsbewusstsein und zunächst scheint er damit sogar durchzukommen – bis Gott ihm durch den Propheten Nathan die Augen öffnet.

Als David begreift, was er getan hat, bricht er zusammen. Wie konnte er so blind sein? Wie konnte es dazu kommen, dass er, der sein Leben lang in enger Verbindung mit seinem Gott gestanden hatte, plötzlich reihenweise die Gebote bricht: „Brich nicht in die Ehe eines anderen ein! Mach keine Falschaussagen auf Kosten deines Nächsten! Begehre nicht das Eigentum eines Anderen und stiehl es nicht von ihm! Morde nicht!"

Er wirft sich im Tempel vor Gott auf den Boden und betet, wie er noch nie im Leben gebetet hat. „Schenk mir Gnade, Gott! Du bist ja in Treue mit mir verbunden! Dein Erbarmen ist ja so groß – wasche die Verbrechen von mir ab!" Vom ersten Moment an ist David klar: Keine Opfer und keine Selbstkasteiungen können die Schuld jemals abwaschen. Er ist völlig auf Gottes freiwillige Vergebung angewiesen.

Im Laufe des Gebets begreift er: Ich bin von Beginn meines Lebens von der Sünde, dem Wirken der lebensfeindlichen Kräfte, geprägt. Schon meine Eltern waren unentrinnbar in den endlosen Kreislauf todbringender Gewalt, das unentwirrbare Geflecht von Täter und Opfer verstrickt: „In Sünde hat mich meine Mutter empfangen." Unmöglich, dieser Dynamik aus eigener Kraft zu entkommen!

Ihm bleibt nur eine Chance: „Du selbst, Gott, musst in mir ein reines Herz schaffen. Du selbst musst tief in mir einen beständigen Geist einpflanzen." Nicht nur kann David seine Schuld niemals sühnen, er kann sein von Schuld und Gewalt beschädigtes Wesen nicht selbst wieder heilen. Nicht einmal den Willen dafür kann er nachhaltig aufbringen. Gott selbst muss sein Herz, das Steuerzentrum seines Lebens, ganz neu erschaffen, so neu, wie er im Anfang die Welt erschuf.

Davids Gebet erinnert uns am Beginn der Fasten- und Bußzeit: Es geht nicht darum, Gott mit Verzicht und selbstauferlegtem Leiden zu beeindrucken oder eigene Verfehlungen auszubügeln. Wir müssen begreifen, dass wir das Steuerzentrum unseres Wesens nicht selbst umprogrammieren können. Gott selbst muss Neues in uns schaffen. Und das tut er – jedes Mal, wenn wir ihn bitten, egal wie oft.

Gebet Gnädiger Gott, erbarme dich über mich! Erschaffe in mir ein neues Herz, das unbeirrt das Gute sucht; einen Geist, der dich fest im Blick behält und einen Willen, der sich nicht von deinem Weg abbringen lässt. Amen.

Kirchenjahr praktisch: Neues schaffen Vielleicht mögen Sie in den folgenden Tagen etwas ganz Neues schaffen oder beginnen, z.B. etwas pflanzen, ein neues Projekt beginnen oder einen neuen Anfang mit einem entfremdeten Menschen machen. Befehlen Sie dieses Neue ganz bewusst Gott an und bitten ihn, dass er selbst dadurch Gutes schafft.

Alle Texte

Wochenspruch	Lk 18,31
Wochenpsalm	Ps 51,3–6.11–14
Altes Testament	Joel 2,12–19
Epistel	2. Petr 1,2–11
Evangelium	Mt 6,16–21
Zusatztexte	2. Mose 32,1–6.15–20; Ps 51,1–14(15–21); Mt 9,14–17

Invokavit (Quadragesimae)

Dazu ist erschienen der Sohn Gottes, dass er die Werke des Teufels zerstöre. (1. Joh 3,8b)

Hintergründiges Der Name dieses Sonntags gibt das erste Wort des lateinischen Textes von Ps 91,15 wieder, dem **Introitus** für diesen Tag: „*Er ruft* mich *an*, darum will ich ihn erhören." Mit diesem Sonntag beginnt die 40-tägige Fastenzeit vor Ostern, daher der Name „Quadragesimae": Vierzigster (Tag vor Ostern). Die Zählung bezieht sich auf den Gründonnerstag als den Beginn des katholischen **Triduum** pascale, der heiligen drei Tage der Leidenszeit Christi.

Zu Beginn der Fastenzeit stehen verschiedene Versuchungsgeschichten im Mittelpunkt. Lässt sich aus ihnen etwas für die kommende Zeit des Verzichts lernen, wenn die Verlockung wächst, aufzugeben?

Verlockung der Macht Adam, der erste Mensch, konnte der Versuchung nicht widerstehen und tat, wovor Gott ihn warnte: Er entschloss sich, Gottes Anweisungen zu missachten und sein Leben in die eigenen Hände zu nehmen. Die Angst, etwas zu verpassen, war zu groß. Er glaubte besser zu wissen, was gut für ihn ist. Von da an steht er ständig vor der Frage, ob er sich in seinem Handeln an Gottes guten Lebensregeln orientiert oder ob er eigene Regeln aufstellt. Die Weltgeschichte zeigt: In den seltensten Fällen haben selbstgewählte Werte und Prinzipien das Leben nachhaltig gefördert – im Gegenteil. In der Folge von Adams Entscheidung geriet die Welt in einen solchen Strudel von Gewalt und Gegengewalt, dass das gesamte Leben untergegangen wäre, wenn Gott nicht dafür gesorgt hätte, dass es auch nach der Katastrophe weitergeht.

Jesus, der zweite Adam, wird vom Versucher vor eine ähnliche Verlockung gestellt. Als Sohn Gottes hat er Zugriff auf alle Macht, die sein Vater besitzt. Zu welchem Zweck wird er sie nutzen? Wir sehen es an vielen Wendepunkten der Weltgeschichte und die Wissenschaft bestätigt es heute: Große Macht zu haben verändert den Menschen – und selten zum Besseren. Jesus hatte vollkommene Macht. Er wäre der perfekte Tyrann gewesen. Er hätte seine Macht nutzen können, um sich selbst ein Leben in Sicherheit und Überfluss zu verschaffen. Die Menschheit hätte keine andere Wahl gehabt, als ihn als Herrscher anzuerkennen. Als Jesus sich weigert, die Macht durch Manipulation an sich zu reißen, bietet der Versucher ihm direkt die Macht über die gesamte Erde an, wenn Jesus seine Oberherrschaft anerkennt, wenn er sich auf die Werte und Prinzipien des Versuchers einlässt. Was hätte Jesus mit dieser Macht nicht an Gutem bewirken können! Und die Dynamik von Gewalt und Gegenwalt hätte sich weitergedreht.

Jesus gelingt es als einzigem Menschen, dieser Versuchung vollständig zu widerstehen: Die eigene Macht – worin immer sie besteht – für selbstgewählte Ziele zu nutzen. Das gelingt ihm, weil er sich ständig an Gott, seinen Vater, zurückbindet. Was sich nicht mit den Werten und Lebensregeln des Vaters vereinbaren lässt, kommt für Jesus nicht infrage. Er widersteht der Versuchung, den Anweisungen seines Vaters zu misstrauen und das Leben in die eigene Hand zu nehmen. „Ich kann nur tun, was ich den Vater tun sehe", sagt er einmal. Diese Grundhaltung hat er bis an die äußersten Grenzen erprobt und die Probe bestanden. Die Entscheidung, seine Macht nur im Sinne seines Vaters im Dienst für andere zu nutzen, wird ihn am Ende das Leben kosten, doch mit diesem vermeintlichen Ende wird er einen ganz neuen Anfang schaffen.

Gebet Jesus, du kennst die Verlockung, das Leben in die eigenen Hände zu nehmen, anstatt es den weisen Händen des Vaters anzuvertrauen. Nicht immer sehe ich den schmalen Grat zwischen der eigenen Verantwortung und der Grenzüberschreitung, die eigene Macht zu missbrauchen. Ich brauche deine Geistkraft, um hier die Versuchung zu erkennen und sie weise abzuweisen. Bitte leite mich, meine Möglichkeiten so zu gebrauchen, dass sie anderen dienen. Amen.

Kirchenjahr praktisch: Macht fasten Vielleicht mögen Sie – ob Sie anderweitig fasten oder nicht – ja einmal ausprobieren, was es heißt, Macht zu fasten. Am besten geht das bestimmt, wenn Sie sich Verbündete suchen, mit denen Sie sich darüber austauschen können, wie das konkret geht und wie es Ihnen damit geht.

Alle Texte

Wochenspruch	1. Joh 3,8b
Wochenpsalm	Ps 91,1–6.9–12
Altes Testament	1. Mose 3,1–19(20–24)
Epistel	Hebr 4,14–16
Evangelium	Mt 4,1–11
Zusatztexte	Hiob 2,1–13; Joh 13,21–30; 2. Kor 6,1–10

Reminiszere

Gott erweist seine Liebe zu uns darin, dass Christus für uns gestorben ist, als wir noch Sünder waren. (Röm 5,8)

Hintergründiges Der Name dieses Sonntags beruht auf dem Text des lateinischen **Introitus**, Psalm 25,6: „*Gedenke*, HERR, an deine Barmherzigkeit.“

Die folgenden Sonntage thematisieren Grundlagen des Lebens im Glauben: Worauf gründen wir unsere Hoffnung und was heißt das für unsere Lebensgestaltung? Heute erinnern wir uns daran, dass Jesus kam, um allen, die in die Todesmächte verstrickt sind, den Weg zum Leben zu eröffnen.

Im Licht seiner Liebe Sünder? Ich ein Sünder? Eine Sünderin? Ich bin doch kein Mörder, ich beute niemanden aus und in meinen Beziehungen bin ich ehrlich und treu, so gut ich es eben hinbekomme. Ich bin bestimmt nicht perfekt, aber ein Sünder, für den jemand sterben muss, bin ich nun wirklich nicht.

Die Bibel hat eine Menge Bilder und Aussagen darüber, was es heißt, ein Sünder zu sein, und längst nicht alle beziehen sich auf die Extremfälle von Mord, Verrat oder Machtmissbrauch. Der Dichter von Psalm 25 war wohl eher ein gutbürgerlicher Typ, gebildet und begabt, Lieder nach den Regeln der weisheitlichen Literatur zu verfassen. Trotzdem spricht er von seiner großen Schuld, die er jedoch nicht vor sich, vor Gott und den Menschen ausbreitet. Es ist nicht klar, ob er tatsächlich eine spektakuläre Verfehlung begangen hat, oder ob ihm einfach klargeworden ist, dass er als fehlbarer Mensch vor dem heiligen Gott unmöglich bestehen kann.

Sündenerkenntnis, wie die Bibel sie meint, hat nichts mit demütigender Selbstentblößung und Selbstkasteiung zu tun. Stattdessen geht es um die heilsame Erkenntnis von dem, was die Psychologie den eigenen *Schatten* nennt: Die Seiten unseres Wesens, die vor uns selbst verborgen sind, weil sie nicht dem guten Bild entsprechen, das wir von uns haben. Im Tiefsten wissen wir, dass wir nicht die sind, die wir sein sollten; dass unser Denken und Handeln nicht von der selbstlosen Liebe geprägt sind, die sich im Bewusstsein von Gottes Liebe ihrer selbst sicher ist und sich gerade deshalb frei verschenken kann.

Es liegt in der Natur der Sache, dass wir für unsere eigenen Schatten blind sind. Wir brauchen Hinweise von außen, um sie wahrzunehmen. Deshalb schickte Gott seinem Volk die Propheten, um ihm die Schatten aufzuzeigen, die es unter einem Deckmantel formaler Frömmigkeit vor sich selbst versteckte. Der Prophet Jesaja singt von der Verzweiflung Gottes über sein Volk. Wie ein guter Winzer hat er den Boden bereitet, gedüngt und die besten Reben gepflanzt, doch sein Volk bringt nur stinkende, faule

Früchte hervor: Ungerechtigkeit, Machtmissbrauch und Ausbeutung der Schwachen durch die Starken. Gott sieht nur einen Weg, seinen Weinberg zu retten: Die faulen Reben müssen vernichtet werden, damit Neues wachsen kann.

Der Dichter von Psalm 25 wählt weniger gewaltsame Bilder, doch auch ihm geht es darum, die Schatten in seinem Inneren daran zu hindern, weiteres Unheil anzurichten. So bittet er Gott: „Schau mich nicht im Licht meiner Fehler an, sondern im Licht deiner barmherzigen Liebe!" In diesem Licht kann er selbst seine dunklen Seiten anschauen. Er braucht sich nicht mehr zu rechtfertigen oder die Schuld durch eigene Anstrengungen, durch Buße und Opfer wieder gut zu machen. Stattdessen kann er Gott geradeheraus bitten: „Ich sehe, was ich an Lebensfeindlichem gedacht und getan habe. Vergib mir, was ich an Schuld in meinem Leben angehäuft habe, denn du bist ja ein barmherziger Gott!" Heilung von Verletzung und Befreiung von Schuld wird möglich, wo wir es wagen, uns selbst in dem Licht zu sehen, in dem Gott uns sieht: Im Licht seiner Liebe, die sich dadurch erweist, dass Jesus sein Leben hingab, damit wir leben können.

Gebet
Barmherziger Gott, du schaust mich nicht im Licht meiner Fehler an, sondern im Licht deiner Liebe. Lehre mich durch deine Geistkraft, mich selbst und andere nicht im Schatten unserer Fehler, sondern im Licht deiner Liebe zu sehen. Amen.

Kirchenjahr weiterdenken: Mit Augen der Liebe sehen
Denken Sie einmal an einen konkreten Menschen, mit dem Sie Ihre Schwierigkeiten haben. Was könnte es heißen und was würde es verändern, wenn Sie ihn oder sie im Licht von Gottes Liebe sähen.

Alle Texte

Wochenspruch	Röm 5,8
Wochenpsalm	Ps 25,1–9
Altes Testament	Jes 5,1–7
Epistel	Röm 5,1–5(6–11)
Evangelium	Joh 3,14–21
Zusatztexte	4. Mose 21,4–9; Mt 26,36–46; Mk 12,1–12

Okuli

Wer die Hand an den Pflug legt und sieht zurück, der ist nicht geschickt für das Reich Gottes. (Lk 9,62)

Hintergründiges Der Name dieses Sonntags entstammt dem **Introitus** dieses Sonntags, dem lateinischen Text von Psalm 25,15: *„Meine Augen* sehen stets auf den HERRN."

Am vorigen Sonntag hat die Gemeinde sich des Grunds ihres Glaubens vergewissert. Die kommenden Sonntage fragen danach, wie das Leben für diejenigen aussieht, die Jesus in diesem Glauben nachfolgen. Gott ist keiner, der in unserer Vergangenheit herumstochert oder mit seinem Ruf wartet, bis wir alle losen Enden unseres Lebens auf die Kette bekommen haben. Er schaut nach vorne, sein Ziel ist eine geheilte, geheiligte Zukunft.

Wenn alles zu viel wird Er hatte durchgehalten! Er hatte die Machthaber konfrontiert, die Gottes Gebote missachteten und andere Götter anbeteten, und er hatte die anschließenden drei regenlosen Jahre mit Gottes wunder-barer Hilfe überstanden – immer in der Angst, geschnappt zu werden; immer am Rand des Existenzminimums. Ganz fest hatte er gehofft, dass danach alles wieder gut würde. Das Volk Israel würde die Lektion gelernt haben und sich seinem Gott wieder von ganzem Herzen zuwenden. Noch ein letzter Kraftakt, eine letzte Demonstration der Überlegenheit Gottes über Baal und seine Anhänger, dann würde er sich endlich zur Ruhe setzen können.

Es kommt anders. Die Demonstration von Gottes Macht ist ein voller Erfolg, doch anstatt die Gegner Gottes zu überzeugen, macht es sie noch wütender. Die Königin Isebel ist außer sich, weil Elia die Tötung ihrer Baalspriester veranlasste. Gewalt hat noch nie die Herzen überzeugen können. Isebel schwört blutige Rache und Elia ist wieder einmal auf der Flucht. Diesmal bricht er zusammen. Nach Jahren der Ungewissheit, ständig bedroht durch Hunger und die Nachstellungen seiner Gegnerin, ist er am Ende. Er hat versagt, seine besten Bemühungen haben nur das Gegenteil von dem bewirkt, was er erreichen wollte, schon wieder schwebt er in Todesgefahr – es ist genug!

Kennen Sie das? Jahrelang hält man durch: schwierige Arbeitsbedingungen, eine anstrengende Beziehung, eine Krankheit jagt die nächste; immer neue Versuche, Boden unter die Füße zu bekommen, manchmal ist das Ziel zum Greifen nah, die ersehnte Sicherheit, der erhoffte Frieden – und irgendwann ist es ein Rückschlag zu viel. Die Kräfte sind aufgezehrt, die Hoffnung erlahmt, es geht einfach nichts mehr.

Gott erspart seinen Getreuen nichts, auch nicht die letzte Verzweiflung daran, dass alle Opfer, der eigene Einsatz bis zum Anschlag und alles vergossene Herzblut anscheinend umsonst waren. Sogar Jesus ging auf einen solchen Punkt zu, an dem alles umsonst gewesen zu sein schien: „Mein Gott, warum hast du mich verlassen?" Und an genau diesem Punkt eröffnete Gott eine Zukunft, die niemand auch nur erahnen konnte: Auferstehung und Leben in Fülle und Frieden für immer.

Auch für Elia ging es weiter. Gott gab ihm die Kraft, noch einmal aufzustehen. Er bekam neue Aufgaben, eine neue Perspektive und die Aussicht, dass ein anderer die Arbeit fortführen würde, wo er sie nicht vollenden konnte. In diesem Leben werden wir nie an diesen ersehnten Punkt kommen, an dem wir *es* endgültig geschafft haben; es wird immer Rückschläge und neue Herausforderungen geben. Gott mag seinen Getreuen keine Tiefen ersparen, doch zugleich hat er immer neue Kraftreserven bereit, um die nächste Herausforderung zu bewältigen, wenn sie dran ist. Und ganz am Ende erwartet uns wirklich der ersehnte Friede. Irgendwann ist es wirklich gut – für immer.

◼ Gebet Jesus, ich möchte dir folgen und hoffe gleichzeitig, dass es mich nicht zu viel kostet. Du klingst oft so radikal und ich habe Angst, dass ich alles verliere, was mir noch ein bisschen Halt und Sicherheit gibt, wenn ich mich ganz auf dich einlasse. Lehre mich vertrauen und mit dir gemeinsam nach vorne schauen. Und wenn es mal gar nicht mehr weitergeht, öffne mir die Augen für den Wasserkrug und den Brotfladen, die du schon längst neben mein Kissen gelegt hast. Amen.

◼ Kirchenjahr praktisch: Geradeaus! Versuchen Sie doch einmal, in einer geraden Linie geradeaus zu laufen, während sie hinter sich blicken.

◼ Alle Texte

Wochenspruch	Lk 9,62
Wochenpsalm	Ps 34,16–23
Altes Testament	1. Kön 19,1–8(9–13a)
Epistel	Eph 5,1–2(3–7)8–9
Evangelium	Lk 9,57–62
Zusatztexte	Jer 20,7–11a(11b–13); Lk 22,47–53; 1. Petr 1,(13–17)18–21

Lätare

Wenn das Weizenkorn nicht in die Erde fällt und erstirbt, bleibt es allein; wenn es aber erstirbt, bringt es viel Frucht. (Joh 12,24)

Hintergründiges Dieser Sonntag, der auch das „kleine Ostern" genannt wird, erhält seinen Namen vom Beginn des lateinischen **Introitus**, Jesaja 66,10: *„Freuet euch mit Jerusalem."*

Die Hälfte der Fastenzeit ist geschafft, schon sieht man die ersten Strahlen der Osterfreude am Horizont. Für einen Moment blitzt die Hoffnung auf das neue Leben auf, das an Ostern hervorbrechen wird. Deshalb sind Altar und Kanzel heute in der **Farbe** Rosa geschmückt.

Alltagshelden Das eigene Leben riskieren, um andere zu retten. Todesmutig Menschen aus einem brennenden Auto holen. Solche Heldenträume hatte ich als Kind. Ein Heldentod ist ein ehrbarer Abgang.

Jesus sieht den eigenen Tod vor sich, mit dem er die Menschen aus den Fängen der Todesmächte befreien wird. Ihn erwartet jedoch kein Heldentod, sondern ein beschämendes, grausames Verrecken, das für alle Zuschauer wie ein furchtbares, tragisches Scheitern aussehen wird. Als Jesus begreift, was auf ihn zukommt, sucht er nach Worten, um den Sinn dieses vordergründig sinnlosen Geschehens auszudrücken: „Ein Same muss sterben, damit neues Leben entstehen kann."

Doch dann packt ihn die Angst. Obwohl Jesus weiß, dass das bevorstehende Leiden und der Tod sinnvoll und Not-wendig sind, schüttelt es ihn. Die kreatürliche Todesangst fragt nicht nach Sinn und Zweck des Opfers. Gottes Schöpfung will leben, auch wenn gilt: Ein Same muss sterben, damit neues Leben entstehen kann.

In dieser Situation tut Jesus das einzig Hilfreiche. Er vertraut seine Angst dem Vater an. Mit ihm denkt er die gesamte Situation durch und kommt zu dem Ergebnis: Es geht nicht um mich und meine Angst, sondern darum, dass du, Vater im Himmel, vor aller Augen als der erscheinst, der du bist, barmherzig bis zum Letzten.

Was Jesus hilft durchzuhalten, ist nicht das Wissen, dass er die Menschheit durch seinen Tod heldenhaft retten wird. Letztlich geht es ihm um die Ehre Gottes. Alle Welt soll sehen, wie wunderbar sein Vater ist. Und Gott bestätigt Jesus in seiner Entscheidung, das Notwendige um seiner Ehre willen durchzustehen, mit einer Wunder-Stimme vom Himmel.

Die wenigsten von uns werden spektakuläre Heldentaten vollbringen, um andere zu retten. Unsere kleinen Alltagstode sehen manchmal genauso absurd oder sinnlos aus wie Jesu Tod. Paulus kannte das nur zu gut. Von außen gesehen war sein Leben eine lange Kette von Entbehrungen, Erniedrigungen und peinlichem Versagen. Häufig nahmen seine Zuhörer seine Botschaft angesichts seiner kläglichen Lage gar nicht ernst. Aber er war sich sicher: Was ich erleide, weil ich die Botschaft von der Barmherzigkeit Gottes verkünde, wird denen, die sie hören, zum Leben verhelfen. Aus jedem Verlust an Leben und Lebensqualität, aus jedem Zurückstellen eigener Wünsche, jedem Aufgeben eigener Ansprüche um Gottes und der Liebe willen wird Gott Leben, Trost und Hoffnung wachsen lassen.

Und Gott lässt seine Menschen in ihren Alltagstoden nicht allein. Er findet unzählige Wege, sie zu trösten, zu ermutigen und mit neuer Kraft auszustatten, wenn die Zeit dafür gekommen ist. Gott lässt uns nicht im Zweifel über die schmerzhafte Wahrheit: Der Same muss sterben, damit neues Leben entstehen kann. Aber er schiebt sofort eine gehörige Portion Trost hinterher, die den Schmerz lindert, neue Perspektiven gibt und verspricht: Wer sein Leben verliert um meinetwillen, der wird es finden.

Gebet Gott, Trost und Kraft meines Lebens, in der Mitte der Fastenzeit will ich den Freudestrahl einfangen, der von Ostern her schon in diese Vorbereitungszeit fällt. Auch wenn dem Licht der Auferstehung noch die Zeit des Todesdunkels vorausgeht – seine Strahlen erreichen mich schon jetzt. Öffne mir die Augen für sie, damit sie mich daran erinnern, dass du aus jedem Alltagstod, den ich um deinetwillen sterbe, neues Leben schaffst. Amen.

Kirchenjahr praktisch: Heldenträume säen Ein Weizenkorn, das heute gesät wird, ist an Ostern gekeimt und grünt. Was kann ich heute säen, das mich während der Zeit bis Ostern daran erinnert: Was in meinem Leben gerade stirbt um der Liebe willen, wird neues Leben hervorbringen.

Alle Texte

Wochenspruch	Joh 12,24
Wochenpsalm	Ps 84,2–13
Altes Testament	Jes 54,7–10
Epistel	2. Kor 1,3–7
Evangelium	Joh 12,20–24
Zusatztexte	Jes 66,10–14; Lk 22,54–62; Joh 6,47–51

Judika

Der Menschensohn ist nicht gekommen, dass er sich dienen lasse, sondern dass er diene und gebe sein Leben als Lösegeld für viele. (Mt 20,28)

Hintergründiges Der Name dieses Sonntags leitet sich her vom lateinischen **Introitus**, Psalm 43,1: „Gott, *schaffe* mir *Recht!*"

Am Sonntag vor dem Palmsonntag intensiviert sich die Einstimmung auf Jesu bevorstehenden Leidensweg noch einmal und er gibt seinen Freunden ein weiteres Bild mit, wie sein bevorstehender Tod verstanden werden kann: Jesus gibt sein Leben als Lösegeld für die Menschen.

Lass doch einfach los! Von welchem Besitz oder Menschen in Ihrem Leben könnten Sie sich am schwersten trennen?

Welches Ziel würden Sie verfolgen, wenn es Ihnen möglich wäre? Warum?

Was ist Ihre größte Angst? Warum?

Manchmal mutet Gott Menschen, die ihm vertrauen, das Schlimmste zu, das sie sich vorstellen können, und er verwehrt ihnen das Höchste, was sie sich wünschen.

Er befiehlt Abraham, ihm eigenhändig den einzigen Sohn zurückzugeben, den heißgeliebten, die langersehnte Erfüllung von Gottes Versprechen, den Lohn seiner geduldigen Treue.

Gott lässt es zu, dass seinem vorbildlichen Verehrer Hiob alles genommen wird, was ihm lieb ist. Dabei hatte Hiob seine Kinder so lieb, dass er sie mit eigenen Opfern gegen jedes verdiente oder unverdiente Unglück abzusichern suchte.

Jesus verwehrt seinen treuesten Freunden die Anerkennung dafür, dass sie alles aufgegeben haben, um ihm in ein Leben voller Unsicherheit und Anfeindungen zu folgen.

Warum tut Gott so etwas?

Das Liebste hergeben. Freiwillig. Nur wenige schaffen das wie Abraham. Wir investieren viel Mühe, uns wie Hiob gegen jeden denkbaren Verlust abzusichern. Wie Jakobus und Johannes erwarten wir, dass unser Einsatz belohnt wird. Aber Gott lässt es nicht zu, dass wir uns durch noch so viel Richtig-Machen absichern, denn keine Sicherheit der Welt hält letztlich den Mächten des Bösen stand. Deshalb verwehrt er seinen treuesten Anhängern den verdienten Lohn, darum verlangt er von Abraham das grausamste Opfer, darum nimmt er Hiob alles, was Hiob so verzweifelt zu sichern sucht. Und nein, das ist nicht fair, und lieber lässt sich Gott von Hiob ein Ungeheuer schimpfen, als im Leid falsche Harmonie zu dulden, aber er zieht das durch. Warum?

Das Leiden selbst hat keinen Sinn. Die gewaltsame Zerstörung von Leben ergibt keinen Sinn. Allein die freiwillige Hingabe ist der Same, aus dem neues Leben wächst.

Allein durch das Dienen wird der Kreislauf von Gewalt und Gegengewalt durchbrochen, der ständig neu Leben bedroht und vernichtet. Allein das un-bedingte Vertrauen darauf, dass Gott für mich ist, auch wenn alles dagegen spricht, gibt ihm die Ehre, die ihm zusteht. Das ist die Chance, die im Leiden liegt: Gott umso trotziger zu vertrauen, ihm das eigene Leben noch einmal tiefer anzuvertrauen, alle Netze und doppelten Böden hinter sich zu lassen und ihm ganz darin folgen, was sein tiefstes Anliegen ist: zu dienen! Wer auf dieser Erde nichts mehr zu verlieren hat, ist frei, alles herzugeben, was er noch hat, um anderen zum Leben zu verhelfen. Und Gott verspricht, dass solche Hingabe im Vertrauen an ihn nicht ungelohnt bleibt.

Große Worte. Sie in den Alltag herunterzubrechen, daran arbeiten wir uns ein Leben lang ab. Die Angst, Lebensnotwendiges zu verlieren, sitzt tief, tiefer als wir reichen können, um sie herauszuholen und fortzuschicken. Gleichzeitig können wir, Schritt um Vertrauensschritt, bei jedem Verlust unser Vertrauen in Gott bekräftigen, trotzig, verzweifelt, flehend oder still.

◼ Gebet

Lass doch einfach los!
Wenn es so einfach wäre!
Jesus, ich habe nicht dein unbedingtes Vertrauen, dass der Vater mich versorgt.
Mein Vertrauen ist unzählige Male verraten worden, vielleicht einmal, vielleicht mehrmals zu oft.
Du willst mein Ein und Alles sein,
aber ich habe Angst, dass das nicht genug ist.
Trotzdem will ich es einüben loszulassen
zu vertrauen,
dass du am Ende mein Vertrauen belohnst.
Amen.

◼ Kirchenjahr praktisch: Loslassen, dienen, vertrauen

Sie könnten diese Woche Ausschau halten nach Gelegenheiten, abzugeben, anstatt abzusichern, was Sie besitzen. Wie geht es Ihnen damit?

◼ Alle Texte

Wochenspruch	Mt 20,28
Wochenpsalm	Ps 43,1–5
Altes Testament	1. Mose 22,1–14(15–19)
Epistel	Hebr 5,(1–6)7–9(10)
Evangelium	Mk 10,35–45
Zusatztexte	Hiob 19,19–27; Joh 18,28–19,5; Hebr 13,12–14

Palmsonntag

Der Menschensohn muss erhöht werden, auf dass alle, die an ihn glauben, das ewige Leben haben. (Joh 3,14b.15)

Hintergründiges

Der Palmsonntag hat seinen Namen von den Palmzweigen, die man in der Antike zur Begrüßung eines Feldherrn oder Königs beim feierlichen Einzug in die Stadt schwenkte. Jesus wurde unter Jubelrufen wie ein König begrüßt, der siegreich in sein Land zurückkehrt und seine Herrschaft wieder aufnehmen wird. Dieser Tag scheint der Auftakt zum Happy End der Jesus-Story zu sein, aber schon lange vorher hat Jesus vorausgesagt, dass das Happy End anders aussehen wird als gedacht.

Palmsonntag ist der letzte Sonntag der Fasten- bzw. Passionszeit. Mit ihm beginnt die Karwoche, die in den Karfreitag und schließlich den Ostersonntag mündet.

So eine Verschwendung!

Halt! Haben wir den Text vom Einzug Jesu in Jerusalem nicht schon einmal gehört? Genau – am ersten Sonntag des Kirchenjahrs, am 1. Advent, ritt Jesus schon einmal nach Jerusalem hinein. Damals leitete der Text die Ankunft des Gottessohns als Menschenkind auf der Erde ein. Heute markiert er den Anfang vom Ende seines Wirkens auf dieser Erde. Wieder werden wir daran erinnert, dass Jesus als König kommt, aber ganz anders als die Könige dieser Welt: Nicht in Glanz und Gloria, sondern im Alltagsgewand; nicht auf einem Schlachtross, sondern auf einem Esel. Sein Reich ist nicht von dieser Welt. Als die Bewohner von Jerusalem das begreifen, wird die Stimmung kippen.

Doch vor dem Ende wird Jesus noch eine Liebesbekundung zuteil, die seine Anhänger wieder einmal aufs Äußerste irritiert. Während eines feierlichen Abendessens im Haus eines Freundes betritt eine Frau den Raum. Sie hat ein Fläschchen aus Alabaster dabei und geht damit schnurstracks zu Jesus. Bevor jemand eingreifen kann, bricht sie den Hals der kleinen Flasche ab und gießt das Öl über Jesu Kopf. Am Geruch erkennen die Gäste: Dieses Öl ist unglaublich teuer, sie hat hier gerade ein Jahresgehalt über dem Haar des Wanderrabbis ausgegossen. Die Festgesellschaft dürfte erst einmal sprachlos gewesen sein.

Als die Gäste ihre Sprache wiederfinden, findet der Zwischenfall nicht nur Beifall. Zunächst flüstern sie nur untereinander: „So eine Verschwendung! Wie vielen Armen hätte man damit ein angemessenes Pessachfest finanzieren können!" Als sie schließlich beginnen, der Frau Vorwürfe zu machen, greift Jesus ein: „Warum hackt ihr auf ihr herum? Sie hat mir Gutes getan! Armen könnt ihr immer helfen, aber ich werde irgendwann nicht mehr da sein. Sie hat mir gedient, wie sie es eben konnte. Deshalb wird man sie niemals vergessen!"

Jesus hat keine Angst vor Verschwendung. Wer den Armen wirklich helfen will, wird immer Mittel und Wege finden. Hat nicht der Vater unendliche Ressourcen zur Verfügung? Bei ihm zählt nicht perfekte Effizienz, sondern die Liebe. Am Ende bleiben nicht die kalkulierten Wohltaten im Gedächtnis, sondern die scheinbar unvernünftigen, bei denen ein Mensch von Erbarmen oder Liebe ergriffen seinem Nächsten einfach etwas Gutes tun will. „Liebe und dann tue, was du willst", sagt Augustinus. Echte Liebe zählt nicht die Cents und Euros. Sie gibt, was sie eben hat und geben will, auch wenn es scheinbar vernünftigere Wege gibt, die Ressourcen zu nutzen – so wie Gott seine Liebe scheinbar sinnlos verschwendete, als er seinen Sohn den Todesmächten überließ. Und gerade diese verschwenderische Liebe ermöglichte neues Leben. Sie tut es noch immer.

■ Gebet Verschwenderischer Gott, ich halte oft ängstlich an meinen Gütern fest, weil ich sie vielleicht noch einmal dringender brauche als jetzt. Vergib, dass ich dir nicht zutraue, mich zu versorgen. Ich möchte von deiner Freigiebigkeit lernen. Ich möchte mich von der Liebe bewegen lassen, anstatt in der Angst zu verharren. Lass deine unerschöpfliche Geistkraft durch mein Herz wehen, damit ich die Hände öffnen kann. Amen.

■ Kirchenjahr praktisch: Liebe verschwenden Jesus wird am Ende dieser Woche sein Leben scheinbar verschwenden, es sinnlos hingeben. Vielleicht halten Sie in dieser Woche nach Gelegenheiten Ausschau, in denen Sie Liebe verschwenden können. Freuen Sie sich darauf, dass aus dieser Verschwendung neues Leben wächst.

■ Alle Texte

Wochenspruch	Joh 3,14b.15
Wochenpsalm	Ps 69,2–4.8–10.14.21b–22.30 oder Phil 2,6–11
Altes Testament	Jes 50,4–9
Epistel	Phil 2,5–11
Evangelium	Joh 12,12–19
Zusatztexte	Mk 14,(1–2)3–9; Joh 17,1–8; Hebr 11,1–2(8–12.39–40); 12,1–3

Gründonnerstag

Er hat ein Gedächtnis gestiftet seiner Wunder, der gnädige und barmherzige HERR. (Ps 111,4)

Hintergründiges

Für die Herleitung des Namens gibt es verschiedene Erklärungen, von denen keine letztgültig bewiesen werden kann. Manche leiten ihn von „greinen", mittelhochdeutsch „grienen" ab, einem alten Wort für „weinen, trauern". Andere führen ihn auf die Farbe Grün zurück, entweder weil sie mancherorts als **liturgische Farbe** für diesen Tag galt oder weil an diesem Tag die Büßer der Fastenzeit wieder als „grünes Holz" in die Kirche aufgenommen wurden.

Schon die Alte Kirche gedachte am Donnerstag der Karwoche der Einsetzung des Abendmahls durch Jesus. Die Handlungen Jesu während seines letzten Zusammenseins mit seinen engsten Freunden weisen schon auf Sinn und Ziel seines Leidens voraus: Jesus gibt sich für uns hin.

Feiernd erinnern

„Das werde ich nie vergessen!" Wann haben Sie das zuletzt gedacht? Und welche Momente Ihres Lebens sind ihnen wahrhaft unvergesslich? Leider reicht es oft nicht, sich vorzunehmen: Das will ich nie wieder vergessen! Zu häufig geht der besondere Moment im Trubel des Alltags oder im Wirbel neuer Eindrücke unter. Deshalb fotografieren wir ihn so gerne – als Erinnerungsstütze, damit wir ihn nie wieder vergessen.

Unser Schöpfer weiß, dass wir Erinnerungsstützen brauchen. Schon für sein Volk Israel hat er sich besondere Feiern ausgedacht, damit sie nie vergessen, was er für sie getan hat und noch tut. So verordnet er ihnen das Pessachfest, damit sie sich immer daran erinnern, dass Gott sie aus der Sklaverei in Ägypten befreit hat. Bevor Jesus diese Erde verlässt, gibt er seinen Jüngern ebenfalls ein paar Erinnerungsstützen, damit sie nie vergessen, was er sie gelehrt und was er für sie getan hat.

Zwei Dinge gibt Jesus seinen Jüngern in den letzten Stunden ihres Zusammenseins mit. Dafür nutzt er ganz alltägliche Vorgänge. Erstens wäscht er ihnen die Füße, wie es damals die Sklaven für ihre Herren und deren Gäste taten. In diesem einfachen, aber ungemein eindrücklichen Bild macht Jesus deutlich: In meiner Wirklichkeit sind die Werte dieser Welt auf den Kopf gestellt. Mir und dem Vater im Himmel geht es nicht darum, dass ihr hier eine mega Perfomance abliefert, sondern dass ihr eure Möglichkeiten nutzt, um anderen zu dienen. Deshalb gebe ich euch ein neues Gebot, eine neue Lebensregel: Liebt euch untereinander, wie ich euch geliebt habe!

Für die zweite Erinnerungsstütze fügt Jesus dem Erinnerungsmahl der traditionellen Pessachfeier ein paar Worte hinzu. Als Hausherr teilt er wie gewohnt das Brot aus und sagt dann: „Dies ist mein Leib." Den gemeinsamen Schluck Wein begleitet er mit den Worten: „Dies ist mein Blut." Schließlich trägt er ihnen auf, dieses einfache Teilen von Brot und Wein regelmäßig so lange zu feiern, bis er wiederkommt.

Mit diesen einfachen Gesten hat Jesus dafür gesorgt, dass seine Nachfolger diesen Abend nie wieder vergessen – inzwischen 2000 Jahre lang. Und mit der Erinnerung an diesen Abend erinnern sie sich daran, was danach kam: Dass Jesus starb, damit sie leben können. Seine Hingabe, die uns von den Todesmächten gerettet hat, befreit uns, einander zu dienen.

■ Gebet Wunderbarer Gott, wenn ich mich doch öfter an die Augenblicke oder Zeiten erinnern würde, in denen ich deine Zuwendung, deine Hilfe oder deine Rettung erfahren habe. Ich glaube, ich wäre dankbarer, ich würde dir mehr vertrauen und es fiele mir leichter, anderen zu dienen. Wenn ich mal wieder Angst habe, zu kurz zu kommen, erinnere mich doch an das, was du für viele andere Menschen und für mich getan hast. Amen.

■ Kirchenjahr praktisch: Abendmahl Da der Gründonnerstag kein gesetzlicher Feiertag ist, könnte man einen Abendgottesdienst mit Abendmahl feiern oder bei einem Treffen im kleinen Kreis das Abendmahl in einem persönlicheren Rahmen gestalten. Und vielleicht kann sich dabei jeder ein Ereignis in seinem Leben in Erinnerung rufen, das ihm die Herrlichkeit Gottes – seine Schöpferkraft, sein Entgegenkommen oder sogar eine echte Rettung – gezeigt hat. Finden Sie ein Symbol oder eine kleine Handlung, die Sie hin und wieder daran erinnern kann?

■ Alle Texte

Wochenspruch	Ps 111,4
Wochenpsalm	Ps 111,1–10
Altes Testament	2. Mose 12,1–4(5)6–8(9)10–14
Epistel	1. Kor 11,(17–22)23–26(27–29.33–34a)
Evangelium	Joh 13,1–15.34–35
Zusatztexte	Mt 26,17–30; Lk 22,39–46; 1. Kor 10,16–17

Karfreitag

Also hat Gott die Welt geliebt, dass er seinen eingeborenen Sohn gab, auf dass alle, die an ihn glauben, nicht verloren werden, sondern das ewige Leben haben. (Joh 3,16)

Hintergründiges

Schon in der Alten Kirche wurden der Freitag vor Ostern und der folgende Samstag als Trauer- und Fastentage begangen. Im mittelhochdeutschen Sprachraum nannte man den Tag der Beerdigung eines Menschen in Anlehnung an das Wort „Kar" (Klage, Trauer) seinen „Kartag". Seit dem Mittelalter bezeichnete man den Kartag Christi als Karfreitag. Falls Gottesdienste stattfinden, sind sie meist schlicht, die Kerzen werden bis Ostern gelöscht, der Gesang verstummt. Einzig das Wort Gottes selbst ist zu hören. In manchen Gemeinden wird zur Sterbestunde Jesu oder zur Stunde seiner Grablegung eine schlichte Andacht gehalten.

Haltlos gehalten

Seit seiner Kindheit hatte Jesus sein Leben und Erleben aus den Heiligen Schriften seines Volkes gedeutet. Immer tiefer begriff er, dass er derjenige war, der zahlreiche Prophezeiungen und Hoffnungen seines Volkes erfüllen würde. Spätestens beim Einzug nach Jerusalem wird ihm klargeworden sein, dass sich hier die Prophezeiung Sacharjas vom Einzug des Friedenskönigs erfüllt.

In den folgenden Tagen werden ihm noch viele Texte der vertrauten Schriften lebendig geworden sein. Nicht alle sind Prophezeiungen, manche sind einfach Beschreibungen einer Notlage oder Hilferufe eines Hilflosen an Gott. Viele werden ihm nun zur schmerzlichen Wirklichkeit: „Verachtet war er und von Menschen verlassen, ein Mann der Schmerzen ..." (Jes 53,3 ZÜ). Die vertrauten Texte werden ihn darin bestärkt haben, dass er auf dem richtigen Weg ist, auch wenn dieser Weg allen vernünftigen Erwartungen an einen Retter der Welt zuwiderläuft: „Er ist um unserer Sünde willen zerschlagen ... durch seine Wunden sind wir geheilt." (Jes 53,5). Sie werden ihm Kraft zum Durchhalten gegeben haben, weil sie über das hinausblicken, was er gerade erlebt: „Weil seine Seele sich abgemüht hat, wird er das Licht schauen und die Fülle haben." (Jes 53,11).

Am Ende werden die altvertrauten Schriften ihm Worte geben, wo er selbst keinen klaren Gedanken mehr fassen kann: „Mein Gott, mein Gott! Warum hast du mich verlassen?" (Ps 22,1). Sie werden ihm zum Anker, wo ihm die Gewissheit der Liebe des Vaters zu entgleiten droht: „Er hat nicht verachtet das Elend des Armen ... da er zu ihm schrie, hörte er's." (Ps 22,24). In sie konnte er sich fallen lassen, als nichts mehr hielt: „In deine Hände befehle ich meinen Geist." (Ps 31,5).

Was wird mich einmal leiten, wenn ich keine Zeit mehr zum Nachdenken habe? Wenn ich unmittelbar aus dem heraus handeln muss, was mich im Tiefsten prägt –

was wird aus mir hervorbrechen? Was wird mich halten, wenn nichts mehr hält? Die Worte der Heiligen Schriften, in denen sich das Handeln und das Wesen seines Vaters offenbart, waren so sehr Teil von Jesu Identität geworden, dass er seine Bestimmung bis zum Letzten durchhalten konnte, ohne sie auch nur mit einem Wort, einer Geste zu verraten. Dahin werde ich nie kommen, aber ich hoffe und bete, dass Gottes Wort mich so prägt, dass ich in Extremsituationen so reagieren kann, dass darin mein Vertrauen in Gott sichtbar wird.

■ Gebet   Wort des Lebens, das Leid dieser Welt lässt mich oft sprachlos zurück. Wo dir vielleicht die Worte fehlten, hast du sie in den Schriften gefunden, die vom Wirken und Wesen des Vaters erzählen. Wo du Orientierung suchtest, hast du sie in den Erfahrungen derer gefunden, die schon lange vor dir den Vater angerufen und ihm vertraut haben. Wo du Halt suchtest, hast du ihn in den Zusagen des Vaters gefunden. Das möchte ich lernen. Ich wünsche mir, dass deine Geistkraft mir diese Worte aufschließt, sodass sie meine Identität prägen und mir zu Worten des Lebens werden, in hellen wie dunklen Stunden. Amen.

■ Kirchenjahr praktisch: Aushalten   Nach den aufregenden letzten Tagen und den furchtbaren letzten Stunden ist mit dem Tod Ruhe eingekehrt. Ich möchte heute und morgen die Leere der Todesstille aushalten. Vielleicht steigen Gottesworte in mir auf, vielleicht nicht. Wie es ist, ist es gut.

■ Alle Texte

Wochenspruch	Joh 3,16
Wochenpsalm	Ps 22,2–9.12.16.19–20
Altes Testament	Jes 52,13–15; 53,1–12
Epistel	2. Kor 5,(14b–18)19–21
Evangelium	Joh 19,16–30
Zusatztexte	Mt 27,33–54; Lk 23,32–49; Kol 1,13–20

Karsamstag

Also hat Gott die Welt geliebt, dass er seinen eingeborenen Sohn gab, auf dass alle, die an ihn glauben, nicht verloren werden, sondern das ewige Leben haben. (Joh 3,16)

Hintergründiges Da Karfreitag mit dem Tod Jesu und Karsamstag als Tag der Grabesruhe als Einheit wahrgenommen werden, steht auch über dem Karfreitag der Wochenspruch, in dem Jesus dem Gelehrten Nikodemus zu erklären versuchte, was es mit der Wiedergeburt auf sich hat.

Mit dem Karsamstag endet die Passionszeit. Nach den dramatischen Geschehnissen des Karfreitags herrscht heute Grabesruhe und die Kirchenglocken schweigen bis zur Osternacht. Der Karsamstag ist kein gesetzlicher Feiertag, doch er gilt in vielen Bundesländern als *Stiller Tag* mit bestimmten Einschränkungen. In der Regel finden keine vollwertigen Vormittagsgottesdienste statt, sondern kleinere Vesperfeiern am Abend, die schon in den Ostersonntag überleiten.

Tot ist tot Jesus ist tot. Ein paar mutige Anhänger bitten noch darum, seinen Leichnam würdig begraben zu dürfen. Kaum liegt Jesus im Grab, bricht der Sabbat an, der Ruhetag, an dem die Schöpfung still wird und Gott selbst ruht.

Jesus ruht im Grab. Ist der Tod tatsächlich nur eine willkommene Erlösung von den Mühen des Lebens? Psalm 88 beschreibt ihn anders. Hier schreit und klagt einer, der dem Tode nahe ist, ja der sich selbst schon als tot erlebt, denn Gott hat ihn anscheinend vergessen. Tag und Nacht schreit er zu Gott, doch er bekommt keine Antwort. Gott selbst hatte ihm alles genommen und dann sich selbst überlassen. Als einziger Psalm enthält dieser kein Vertrauensbekenntnis, dass Gott den Schreienden jetzt oder irgendwann hört, keine Gewissheit, dass Gott am Ende doch retten wird. Tot ist tot. Das ist es ja, was den Tod ausmacht – diese Endgültigkeit, die nicht den kleinsten Hoffnungsschimmer zulässt. „Mein Gott, warum hast du mich verlassen?" (Ps 22,1). Wen Gott verlassen oder vergessen hat, wessen Schreien er nicht mehr hört, der ist tot. Unwiederbringlich. Und gleichzeitig verzehrt sich der Beter in Sehnsucht nach Gottes Gegenwart.

Daneben tritt die Vision Hesekiels: „Ihr Gebeine, hört des HERRN Wort!" (Hes 37,4). Über einem ganzen Feld von eindeutig endgültig toten Leichnamen ruft der Prophet im Namen Gottes aus: „Ich will Odem in euch bringen, dass ihr wieder lebendig werdet." (Hes 37,5). Und um jeden Zweifel zu zerstreuen, dass er hier wirklich das Unmögliche tut, bekräftigt Gott sein Versprechen, das hoffnungslos vernichtete Volk Israel wieder zu beleben: „Ich sage es und ich tue es auch!" (Hes 37,14).

Traue ich Gott das Unmögliche zu? Alles hängt daran, was morgen geschieht. Heute kann ich nur hoffen; vielleicht schreien, vielleicht klagen. Ob der Tod wahrhaftig überwunden ist, werden wir erst nach unserem leiblichen Tod mit letzter Gewissheit wissen. Hier bleibt uns nur die „feste Zuversicht dessen, was man hofft" (Heb 11,1), die sich aus den Zeugnissen früherer Glaubender und den Erfahrungen eigener kleiner Auferstehungen speist, der Momente, in denen wir bereits an manchen Endpunkten in diesem Leben die erneuernde Kraft Gottes erfahren.

Heute können wir die Leere der Abwesenheit Gottes, die Lücke im Verstehen des Wie und Warum nur aushalten und trotzdem vertrauen, dass das, was Gott versprochen hat, wirklich geschehen ist und noch geschieht. Die Bilder, die Jesus, Paulus und andere frühe Theologen für das Geheimnis des Ostergeschehens bieten, bleiben an den Rändern immer offen. Doch ihr gemeinsames Zentrum ist eindeutig: Jesus starb, damit wir leben können.

■ Gebet

Jesus, dein Tod ist mein Tod,
endgültig von Gott vergessen,
die Zukunft ein Grauen ohne Entrinnen
und jeder Versuch ihr zu entkommen,
verstrickt mich nur tiefer in ihre Netze.

Jesus, dein Tod ist mein Leben.
Im Letzten das Wirken des Vaters darin zu verstehen,
ist uns nicht gegeben,
doch gibt uns dein Wort genug Worte und Bilder, die zeigen:
Mit deinem Tod am Kreuz hast du die Welt aus den Fängen der Todesmächte befreit.

■ Kirchenjahr praktisch: Aushalten

Auch heute will ich noch die Leere der Todesstille aushalten. Vielleicht steigen Gottesworte in mir auf, vielleicht nicht. Wie es ist, ist es gut.

■ Alle Texte

Wochenspruch	Joh 3,16
Wochenpsalm	Ps 88,2–7.11–13 oder Jona 2,3–10
Altes Testament	Hes 37,1–14
Epistel	1. Petr 3,18–22
Evangelium	Mt 27,(57–61)62–66
Zusatztexte	Jona 2,1–11; Joh 19,(31–37)38–42; Hebr 9,11–12.24

Österliche Freudenzeit

Weihnachten ist zwar das bekannteste und beliebteste Fest der Christenheit – ohne Ostern wäre es jedoch sinnlos. Das Kind in der Krippe kann die Welt nicht retten, es sei denn, es überwindet den Tod, indem es ihn stirbt und von Gott zu einem neuen Leben auferweckt wird. So ist die Feier der Osternacht das erste Fest der Christenheit überhaupt. Bereits im 2. Jahrhundert ist seine Feier als Vigil (nächtlicher Gottesdienst vor einem großen Feiertag) belegt.

Um die genaue Berechnung des Ostertermins entbrannte in der Alten Kirche ein heftiger Streit. Kalendarisch ist es an das jüdische Pessachfest geknüpft, da Jesus am Vorabend eines Pessachfestes gekreuzigt wurde. Dies spiegelt sich in den Namen, die das Fest in vielen Sprachen trägt, so italienisch *Pasqua* oder französisch *Pâques*. Die Herkunft des Namens „Ostern" ist nicht mehr eindeutig zu klären. Er könnte sich von der nordischen Morgengöttin Ostara oder von der Himmelrichtung Osten ableiten, oder von Wortableitungen, die sich auf die Taufe beziehen.

Die Kirchen im griechischsprachigen Osten des römischen Reiches hielten an der Tradition fest, das Auferstehungsfest am Termin des jüdischen Pessachfestes, dem 14. Nisan, zu feiern. Die westliche Kirche mit ihrem Zentrum in Rom löste sich jedoch von den jüdischen Wurzeln. Sie verlegte das Fest auf den ersten Tag der Woche, den Auferstehungstag Jesu, und feierte es am Sonntag nach dem jüdischen Pessach. Nach jahrzehntelangem Streit zwischen den verschiedenen theologischen Lagern legte das Konzil von Nicäa 325 den Sonntag nach dem ersten Frühlingsvollmond als verbindlichen Ostertermin fest.

Mit der Auferstehungsfeier am Ostersonntag begann schon im 2. Jahrhundert eine besondere Festzeit, die tempus paschale, die fünfzig Tage währt und mit Pfingsten ihren Abschluss findet. Sie umfasst die Zwischenzeit, in der Jesus nach seiner Auferstehung seinen Jüngern begegnete und vor ihren Augen zum Vater im Himmel zurückkehrte und in der schließlich die Heilige Geistkraft als der von Jesus versprochene Begleiter zur Erde kam, um in allen zu wohnen, die sich der Gemeinde Jesu anschließen.

Die Woche nach dem Ostersonntag wurde ebenfalls schon früh als eine besondere Festzeit begangen. In Jerusalem feierte man in der Oster**oktav** – der acht Tage nach Ostern – tägliche Gottesdienste mit Prozessionen und gedachte der Erscheinungen des Auferstandenen. Wer in der Osternacht getauft worden war, trug seine weißen Taufkleider bis zum folgenden Sonntag, woher wohl für den Sonntag nach Ostern die Bezeichnung „Weißer Sonntag" stammt. Seit dem 17. Jahrhundert findet an ihm häufig der erste Gang zum Abendmahl statt. So wird in der katholischen Kirche am Weißen Sonntag die Erstkommunion gefeiert.

Die Feste Himmelfahrt und Pfingsten wurden zunächst am fünfzigsten Tag nach Ostern gemeinsam begangen. Erst im 4. Jahrhundert verlegte man – den Zeitangaben der Apostelgeschichte folgend – das Gedenken an die Himmelfahrt auf den vierzigsten Tag nach Ostern. Die zehn darauf folgenden Tage des Wartens auf den versprochenen Begleiter enden mit dem Pfingstfest, an dem die Kirche das Kommen der Heiligen Geistkraft feiert: Gottes Gegenwart und Wirken in der Welt sind nun nicht mehr an einen Menschen, Jesus, gebunden. Von nun an ist das Erleben seiner Kraft allen zugänglich, die seiner Botschaft Vertrauen schenken und sich seiner Gemeinde anschließen. Daher wurde Pfingsten neben Ostern zu einem der zentralen Tauftermine der Alten Kirche.

Osternacht

Christus spricht: Ich war tot, und siehe, ich bin lebendig von Ewigkeit zu Ewigkeit und habe die Schlüssel des Todes und der Hölle. (Offb 1,18)

Hintergründiges
Die Osternacht als sinnlich intensive Feier der Auferstehung war das erste Fest der frühen Christenheit und hat vielfältige Formen angenommen. Noch immer bildet sie Keimzelle und Herzstück des Kirchenjahrs mit ihrer unübertroffenen Botschaft: Er ist auferstanden! Er ist wahrhaftig auferstanden!

Er ist wahrhaftig auferstanden!?
Dieser Jesus ist also auferstanden – schön für ihn! Doch was hat das mit mir zu tun? Und was kann ich mir überhaupt darunter vorstellen? Dass da jetzt so ein Zombie-Jesus durch die Welt geistert, der nicht mehr sterben kann?

Wer nicht längst in den Bildwelten der Bibel zuhause ist, dürfte beim Thema *Auferstehung* ins Fragen kommen. Was genau ist da geschehen? Hat Gott dem toten Leib einen Reboot verpasst, sodass das Herz nun doch wieder schlägt, die Lungen wieder atmen und der tote Körper aus dem Grab klettert und weiter in der Welt herumläuft? Für die meisten ist dies eine absurde, ja abstoßende Vorstellung. Wir haben gelernt: Um die Wahrheit einer Behauptung zu untersuchen, müssen wir sie mit den naturwissenschaftlichen Fakten abgleichen. Die Auferstehung Jesu entzieht sich jedoch solchen Erklärungsversuchen. Nirgendwo finden wir eine Beschreibung der Auferstehung selbst; wir sehen Jesus nur danach, in den Begegnungen mit seinen Anhängern.

Wie die Auferstehung sozusagen funktionierte, können wir nicht erfassen, denn hier ist Gott selbst am Werk, der all unser Fassungsvermögen übersteigt. Doch das Wichtigste lässt Gott uns wissen: Was das mit uns zu tun hat. Hier lässt sich das Eigentliche am besten in Bildern sagen. Die Auferstehungsikone der Ostkirchen zeigt es eindrücklich: Christus ersteht aus dem Grab – und zieht im selben Moment die Verstorbenen mit sich aus ihren Gräbern heraus!

Und wieder möchten wir wissen, wie das genau aussehen wird. Paulus entwirft ein Bild davon in der Bildsprache seiner Zeit: Wenn Jesus unter Engelsrufen und göttlichen Posaunen aus dem Himmel wiederkommt, werden die Toten auferstehen und gemeinsam mit den noch Lebenden mit Christus in den Himmel aufsteigen. Zugleich weiß Paulus aber, dass diese Bilder nicht das Eigentliche erfassen, denn er schreibt: „Euer Leben ist mit Christus verborgen in Gott." (Kol 3,3 ZÜ). Die eigentliche Auferstehung, die Befreiung von den Todesmächten dieser Welt, ist für die an Christus Glaubenden schon geschehen, aber sie lässt sich mit den Sinnen dieser Welt nicht wahrnehmen.

2000 Jahre und viele wissenschaftliche und philosophische Erkenntnisschritte später ahnen wir umso mehr, dass die versprochene letzte Auferstehung womöglich ganz anders aussieht als ein physisches Aufstehen aller Gestorbenen. Die genauen Wirkweisen sind uns verborgen – so verborgen, wie Gottes Wirken während der dunklen Tage zwischen Karfreitag und Ostermorgen. Eins aber können wir sicher wissen: Alle, die sich Jesus in diesem Leben anvertrauen, erwartet jenseits des Todes ein Leben in Fülle, ohne jede Beschränkung.

■ Gebet   Mein Leben mit Christus verborgen in Gott.

Christus, mein Leben, an vielen Stellen verstehe ich nicht, wie deine Auferstehung in meinem Leben wirksam wird. Manches ist zerbrochen und will nicht heil werden. Manches ist tot und wird nicht wieder lebendig. Zugleich gibt es Momente, in denen ich etwas von dem Lebenshauch spüre, der tote Punkte überwindet. Ich danke dir für jede kleine Auferstehung, die du mir schenkst. Bewahre mich durch die restliche Zeit auf dieser Erde. Leite mich an, mein Leben so zu gestalten, dass es des neuen Lebens würdig ist, das du mir eröffnet hast. Amen.

■ Kirchenjahr weiterdenken: Auferstehungsikone   Suchen Sie im Internet doch einmal nach einer Abbildung einer Auferstehungsikone. Was löst das Bild in Ihnen aus? Vielleicht können Sie sich darüber mit anderen austauschen.

■ Alle Texte

Wochenspruch	Offb 1,18
Wochenpsalm	Ps 118,14–24
Altes Testament	Jes 26,13–14(15–18)19
Epistel	Kol 3,1–4
Evangelium	Mt 28,1–10
Zusatztexte	Joh 5,19–21; 1. Thess 4,13–18; 2. Tim 2,8–13

Ostersonntag

Christus spricht: Ich war tot, und siehe, ich bin lebendig von Ewigkeit zu Ewigkeit und habe die Schlüssel des Todes und der Hölle. (Offb 1,18)

Hintergründiges

Langsam wird es heller. Die Konturen dieses einzigartigen Tages werden deutlicher. Nach und nach entfalten sich Aspekte des Wochenspruchs, der über allen drei Ostergottesdiensten steht. Der Lobgesang der Hanna als Pendant zum Lobgesang der Maria am 4. Advent feiert Ostern wie eine zweite Geburt des neuen Herrschers, der alle Verhältnisse umkehrt und die Niedrigen zu Ehren bringt, denn „der Herr tötet und macht lebendig!" (1. Sam 2,6).

Er ist nicht mehr da

Vor drei Tagen haben Sie einen guten Freund beerdigt, der einen tragischen Tod erlitt. Als Sie sein Grab noch einmal besuchen, sehen Sie, dass der Tote nicht mehr im Grab ist und dass ein Engel Ihnen versichert, dass er wieder lebt. Wie reagieren Sie wohl?

Die erste Reaktion auf die unglaublichste, beste Nachricht der Welt war nicht die zu erwartende Freude! Keine der Auferstehungsgeschichten berichtet von ungetrübtem Glauben oder überschwänglichem Jubel. Zu unfassbar war das Geschehen, zu unheimlich dieser Einbruch göttlicher Macht in die hilflose Verzweiflung und Ratlosigkeit. Jesu Verschwinden aus dem Grab löst zunächst nur Verwirrung, teilweise Angst und Entsetzen aus. Immer wieder müssen die Boten Gottes die verstörten Frauen beruhigen: „Habt keine Angst!" (Mk 16,6). Erst als Jesus ihnen persönlich begegnet und ihnen zuspricht: „Du brauchst keine Angst zu haben!", beginnen sie, ihre Verstörung zu überwinden und dem Unglaublichen zu glauben.

Es ist ein mühsamer Weg von der Trauer zur Freude, von der Verstörung angesichts des Unfassbaren zum Vertrauen in den Unfassbaren. Dreimal dreht Maria Magdalena sich um auf der Suche nach ihrem geliebten Lehrer, doch erst als er sie mit Namen anspricht, erkennt sie: Er ist ja schon längst da! Der Auferstandene ist für uns nicht zu erkennen, bevor er sich selbst nicht zu erkennen gibt.

Uns begegnet Jesus in der Regel nicht face to face. Wir müssen uns auf die Berichte der Zeugen verlassen. Paulus führt sogar drei Zeugen auf, die übereinstimmend und so nach damaligen juristischen Maßstäben glaubhaft davon berichten, dass das unwahrscheinlichste Ereignis der Weltgeschichte Wirklichkeit war: Er führt die Heiligen Schriften an, eine große Zahl an zeitgenössischen Augenzeugen und sich selbst. Aufgrund dieses Zeugnisses wirbt er dafür, den Berichten von der Auferstehung zu glauben, denn „ist Christus nicht auferweckt worden, … so ist auch euer Glaube vergeblich."

Gleichzeitig gilt heute: Jesus selbst muss uns die Augen dafür öffnen, dass er lebt und dass er bei uns ist. Manchen wenigen erscheint er heute noch im Traum oder in einem besonderen Erlebnis. Die meisten erfahren ihn in der Kraft seiner Leben schaffenden Geistkraft, und aus jedem Erleben, in dem wir sein Wirken erkennen, kann neu die Osterfreude wachsen: Er ist auferstanden! Er ist wahrhaftig auferstanden!

Gebet Unfassbarer Gott, uns ist das Staunen über die unglaublichste Nachricht der Weltgeschichte abhandengekommen, vom Erschrecken über deine Macht ganz zu schweigen. Das Reden von Auferstehung und ewigem Leben kommt uns so leicht über die Lippen. Kann es sein, dass wir dein Leben schaffendes Wirken oft übersehen, weil wir das Staunen über das Wunder des Lebens verlernt haben? Öffne mir bitte die Augen, wo deine Geistkraft kleine Auferstehungen schafft, in meinem Leben, im Leben anderer oder in der gesamten Schöpfung. Amen.

Kirchenjahr praktisch: Entdecken und Staunen

Diese Woche will ich Ausschau nach Anzeichen für neues Leben halten und es nicht für selbstverständlich nehmen. Vielleicht kann ich das Staunen – vielleicht sogar das Erschrecken? – sogar in Texte, Bilder oder Aktionen umsetzen.

Alle Texte

Wochenspruch	Offb 1,18
Wochenpsalm	Ps 118,14–24
Altes Testament	1. Sam 2,1–8a
Epistel	1. Kor 15,1–11
Evangelium	Mk 16,1–8
Zusatztexte	2. Mose 14,8–14.19–23.28–30a; 15,20–21; Joh 20,11–18; 1. Kor 15, (12–18)19–28

Ostermontag

Christus spricht: Ich war tot, und siehe, ich bin lebendig von Ewigkeit zu Ewigkeit und habe die Schlüssel des Todes und der Hölle. (Offb 1,18)

Hintergründiges Der Ostermontag schließt die Reihe der Ostergottesdienste ab. Sie beten alle denselben Psalm, der den Sieg Gottes über die Todesmächte verkündet. So langsam fangen wir an, der unglaublichen Nachricht zu glauben – und sie weiterzusagen.

Nicht zu fassen! Die Frauen hatten es ihnen erzählt, einige ihrer Freunde hatten nachgesehen, ob das Grab wirklich leer war, aber alle Berichte und Indizien konnten sie nicht überzeugen. Wie auch – es war ja unmöglich. Es musste eine andere Erklärung für diese unglaubhaften Ereignisse geben. In Jerusalem kommen sie mit der Bewältigung ihrer Verwirrung und Trauer nicht weiter. Also gehen sie nach Hause.

Auf dem Weg schließt sich ihnen ein Mann an, der sich in den Heiligen Schriften sehr gut auskennt. Er erklärt ihnen, dass das mit der angeblichen Auferstehung sogar in ihren Schriften vorhergesagt wurde. Spannende These! Zuhause angekommen laden sie den eifrigen Professor zum Übernachten ein. Als er mit ihnen am gedeckten Tisch sitzt, nimmt er wie selbstverständlich das Brot, als wäre er der Hausherr, bricht es und teilt es ihnen aus. Da fällt es ihnen wie Schuppen von den Augen: Er ist es selbst. Im selben Augenblick verschwindet er.

Nicht zu fassen! Er ist nicht zu fassen. In dem Moment, in dem sie ihn erkennen, entzieht er sich ihrem Zugriff. Keine Umarmung, kein Festhalten des wunderbaren Augenblicks, kein Bleiben für die Nacht. Doch sie bedauern es nicht, denn sie erkennen: Er war die ganze Zeit bei uns. Und wir hätten es sogar merken können – unser Herz wusste es längst! Doch erst die vertraute Geste öffnet ihnen die Augen: Er ist wirklich wieder da!

Mit diesem Wissen können sie unmöglich die Nacht in ihren Betten verbringen. Die ratlosen Jünger in Jerusalem müssen es so schnell wie möglich erfahren. Was haben die Beiden ihnen nicht alles zu erzählen! Nicht nur, dass Jesus ihnen begegnet ist, sie können sogar alles aus den Schriften erklären, was ihnen bisher unbegreiflich schien. Ob sie so gut zugehört hätten, wenn er sich früher zu erkennen gegeben hätte?

Als sie zurückkommen, stellen sie fest, dass Jesus in der Zwischenzeit nicht untätig war. Er ist dem Petrus begegnet, und nun erscheint er der versammelten Jüngerschaft auf einmal. Diesmal verschwindet er nicht sofort wieder, als sie ihn erkennen. Er bleibt, lässt sich anfassen und isst vor aller Augen einen gebratenen Fisch, um denen Zeit zu geben, die ihre Angst vor dem Unheimlichen und die Ungläubigkeit angesichts des Unfassbaren nicht so schnell überwinden können. Jedem begegnet er so, wie er oder sie es braucht, bis sie glauben können, und am Ende erhalten alle denselben Auftrag: Erzählt es weiter!

So münden all die verschiedenen Jesusbegegnungen in die ureigenste Aufgabe derer, die Jesus begegnet sind: Anderen von dieser Begegnung zu erzählen. Ohne den Bericht, ohne das Zeugnis von der Begegnung mit dem Auferstandenen wäre selbst das wunderbarste Ereignis der Weltgeschichte sinnlos geblieben. Dass er lebt, dass er mir begegnet ist, und dass er jedem, der sich ihm anvertraut, den Weg zum unbegrenzten Leben eröffnet, bleibt der Kern aller Verkündigung, wie auch immer wir die Einzelheiten erleben, begreifen und im Weitererzählen ausgestalten.

■ Gebet Jesus, ich sehne mich danach, dich zu sehen. Ich sehne mich danach, mit dir Brot zu brechen und Fisch zu essen. Vielleicht könnte ich dann fester glauben. Vielleicht aber auch nicht, denn der Alltag ist immer noch derselbe: herausfordernd, oft überfordernd, im letzten nie sicher. Öffne mir die Augen für deine Gegenwart, wo und wie auch immer du mir begegnest. Und gib mir Worte, um denen von den Begegnungen mit dir zu erzählen, die es hören müssen. Amen.

■ Kirchenjahr weiterdenken: Jesusbegegnungen Wie würden Sie für sich selbst ihre letzte Jesusbegegnung beschreiben? War sie außergewöhnlich und spektakulär oder kam Jesus Ihnen mitten in den kleinen Begebenheiten des Alltags nahe? Denken Sie an eine Person in Ihrem Umfeld: Wie könnten Sie ihm oder ihr diese Jesusbegegnung beschreiben?

■ Alle Texte

Wochenspruch	Offb 1,18
Wochenpsalm	Ps 118,14–24
Altes Testament	Jes 25,6–9
Epistel	1. Kor 15,50–58
Evangelium	Lk 24,13–35
Zusatztexte	Jona 2,(1–2)3–10(11); Lk 24,36–45; Offb 5,6–14

Quasimodogeniti

Gelobt sei Gott, der Vater unseres Herrn Jesus Christus, der uns nach seiner großen Barmherzigkeit wiedergeboren hat zu einer lebendigen Hoffnung durch die Auferstehung Jesu Christi von den Toten. (1. Petr 1,3)

Hintergründiges Nein, der Name des Sonntags hat nichts mit dem Glöckner
von Notre-Dame zu tun. An diesem Sonntag wird die seit Palmsonntag unterbrochene
Tradition wieder aufgenommen, die Sonntage des Osterfestkreises mit dem ersten
Wort des **Introitus**gesangs der katholischen **Liturgie** zu benennen. Diesmal greift er
1. Petrus 2,2 auf: *„Wie die neugeborenen* Kindlein seid begierig nach der vernünftigen,
lauteren Milch."

Der Sonntag eröffnet die Reihe der sechs Sonntage zwischen Ostern und Pfingsten,
die sich den Ereignissen zwischen Auferstehung und Himmelfahrt widmen. Zudem
thematisieren sie grundlegende Eigenschaften Gottes und das Warten auf die verheißene Geistkraft.

Komm und fühle! „Das müsst ihr mir beweisen!" Wenn uns jemand eine Geschichte erzählt, die nach unserem Wissen und Ermessen unmöglich ist, fordern wir
zu Recht einen Beweis. Es wäre unvernünftig, manchmal sogar gefährlich, jedem jede
noch so absurde Behauptung zu glauben.

Im Grunde macht Thomas erst mal alles richtig. Er schließt nicht kategorisch aus,
dass seine Freunde recht haben, aber er besteht darauf, sich selbst überzeugen zu dürfen. Mit welcher Anspannung wird er die Woche über auf den Sonntag gewartet haben,
den Wochentag, an dem Jesus angeblich auferstanden und an dem er seinen Freunden
erschienen war. Zwei Wochen ist es nun her und die Gerüchteküche brodelt.

Und dann steht Jesus da. Ganz so, wie sie es ihm beschrieben haben. Er begrüßt sie
alle miteinander, genauso, wie sie es erzählt haben, und dann wendet er sich Thomas
zu. Ich stelle mir vor, wie Jesu Stimme weich wird: „Komm her, Thomas. Streiche mit
deinem Finger über meine Hände und fühle die Wunden von den Nägeln. Leg deine
Hand auf meine Seite, spüre die Wunde. Lass deinen Zweifel los. Vertrau mir." (Joh
20,27). Und Thomas' Vertrauen zu Jesus erreicht eine ganz neue Tiefe: „Mein Herr und
mein Gott!" (Joh 20,28).

Nicht jeden hat Jesus damals zu so viel körperlicher Nähe eingeladen, aber jedem ist
er so lange entgegengekommen, bis er seinen Zweifel loslassen konnte. Als Thomas
begreift, dass es wirklich der auferstandene Jesus ist, der da vor ihm steht, geht Jesus
sofort weiter – diesmal im übertragenen Sinn. Er denkt an all die Menschen, die ihn
niemals zu Gesicht bekommen werden, wie es die Jünger und Thomas taten, die nie-

mals die Chance haben werden, sich mit allen Sinnen davon zu überzeugen, dass er lebt. An sie richtet er in die Zukunft hinein das tröstende Wort: „Ihr, die ihr glaubt, obwohl ihr mich nicht seht, muss man erst recht glücklich nennen!"

Dass Jesus nicht mehr unmittelbar wahrnehmbar war, ist wohl schon in der ersten Generation der Christen ein Problem gewesen. Jedenfalls lobt Petrus die Empfänger seines Briefes, dass sie an Jesus glauben, obwohl sie ihn nicht sehen, und verspricht ihnen, dass ihr treuer Glaube im Himmel belohnt werden wird.

Heute haben wir uns daran gewöhnt, dass unser Glaube sich nur auf das Zeugnis derer stützen kann, die Jesus begegnet sind – seiner Zeitgenossen und der unzähligen späteren Glaubenden, die erlebt haben, dass er ihnen auf irgendeine Weise nahegekommen ist. Letztlich sehnt sich aber jeder nach unmittelbarer Begegnung mit dem lebendigen Gott, und auch heute begegnet Gott diesem Bedürfnis so vielfältig und individuell, wie er den Jüngern nach seiner Auferstehung begegnete. Wir können, ja sollen davon berichten, Zeugnis ablegen. Beweisen können wir solche Begegnungen nie, uns bleibt nur die „lebendige Hoffnung", von der Petrus schreibt. Selig sind, die Gottes Zuspruch vertrauen, obwohl sie ihn selbst nicht sehen.

Gebet Jesus, danke, dass du mir so begegnet bist, dass ich dir vertrauen kann. Bleib mir auch in Zeiten des Zweifels treu. Danke, dass die Gemeinschaft derer, die dir vertrauen, manchmal für mich mitvertraut. Amen.

Kirchenjahr praktisch: Vertrauen teilen Gibt es in meinem Umfeld jemanden, der Gottes Zuspruch gerade nicht vertrauen kann? Vielleicht kann ich mich zu ihm oder ihr setzen und den Zweifel gemeinsam aushalten? Wenn es angemessen ist, kann ich für die Person zu beten und ihr so etwas von meinem Vertrauen leihen.

Alle Texte

Wochenspruch	1. Petr 1,3
Wochenpsalm	Ps 116,1–9.13
Altes Testament	Jes 40,26–31
Epistel	1. Petr 1,3–9
Evangelium	Joh 20,19–20(21–23)24–29
Zusatztexte	1. Mose 32,23–32; Joh 21,1–14; Kol 2,12–15

Miserikordias Domini

Christus spricht: Ich bin der gute Hirte. Meine Schafe hören meine Stimme, und ich kenne sie und sie folgen mir; und ich gebe ihnen das ewige Leben. (Joh 10,11a.27–28a)

Hintergründiges

Der Name des zweiten Sonntags nach Ostern leitet sich ab vom **Introitus**vers Psalm 33,5: „Die Erde ist voll der *Güte des HERRN*." Diese treue Fürsorge Gottes wird im Bild des guten Hirten veranschaulicht, das diesen Sonntag prägt.

Von Hirten, Feinden und Verfolgern

David schaut zurück auf sein Leben und wie Gott ihn bis hierher begleitet hat. Es war ein bewegtes Leben mit angstvollen Tiefen und strahlenden Höhen, mit gefährlichen Zeiten und harter Arbeit und mit Zeiten der Ruhe, in denen er das Erreichte genießen konnte. Nun sucht er nach einem Bild, in dem er diese Lebenserfahrung fassen kann. In der Welt seiner Zeit wurden Könige häufig als Hirten ihrer Völker bezeichnet, die für das Wohlergehen der von ihnen Regierten verantwortlich waren. David selbst war ja sowohl Hirte der Schafe seines Vaters gewesen, als auch vom Volk Israel zum Hirten über es berufen worden. So lag es für David nahe, das Bild des Hirten auf Gott, den König der Könige zu übertragen, der seine Schafe zeit ihres Lebens so führt, dass sie trotz aller Gefahren gedeihen.

Was sieht David, als er zurückschaut? Mir würden wohl zuerst die schwierigen Zeiten einfallen und wie Gott mich darin gehalten hat. Doch David sieht zuerst die guten Momente, die Zeiten des Aufatmens und Ausruhens von langer Wanderung und Gefahr, in denen er sich der Sicherheit des Moments überlassen und neue Kräfte schöpfen konnte.

Im Zusammenhang des Psalms wird klar, dass sein Leben nicht eine Aneinanderreihung von außergewöhnlichen Zeiten – guten wie bösen – war. Der vorherrschende Alltag war genau wie unserer von Routine und den kleinen Mühen und Freuden geprägt. Die frischen Weiden und Ruhewasser sind Oasenzeiten, die ihm immer wieder die Kraft geben, weiterzuziehen. Die dunklen Todestäler sind ebenso Ausnahmen, das negative Pendant zu den Weiden und Wasserstellen. In solchen Ausnahmezeiten – guten wie schlimmen – erfahren wir Gott intensiver als im Alltag, den wir schnell wieder vergessen. David sind die guten Ausnahmezeiten präsenter gewesen als die schlechten – ein eindrückliches Zeugnis des Vertrauens in seinen Gott!

Schließlich erinnert David sich an die zahlreichen Feinde, die ihm nach dem Leben trachteten, und stellt im Rückblick fest: Im Schutz meines Hirten müssen alle Feinde am Ende ihre Verfolgung aufgeben und zusehen, wie mein Hirte mich vor ihren Augen mit einem Festmahl bewirtet. Es sind gar nicht die Feinde, die mich verfolgen, sondern Gottes gute Absichten für mich und seine unerschütterliche Treue! Und weil David dieses treue Handeln Gottes im Rückblick erkennt, ist er sich sicher: Gottes Güte und Barmherzigkeit werden ihn auch den Rest seines Lebens verfolgen.

◼ Gebet

Hirte meiner Seele,
du wachst über mir
in den Pflichten und Freuden des Alltags.
Du schaffst mir Oasen, dankbar atme ich auf
und schöpfe neue Kraft für meine Aufgaben.
Du bewahrst mich nicht
vor dunklen Tälern und Todesschatten,
doch in allen Ver-Zweiflungen kann ich mir sicher sein:
Du beschützt meine Seele.
Was immer mein Leben bedroht,
muss deiner Lebensfülle weichen.
Hartnäckig suchst du das Beste für mich,
und deine Liebe werde ich niemals los.

◼ Kirchenjahr weiterdenken: Du Schaf!

Was sehen Sie zuerst, wenn Sie auf Ihr Leben zurückschauen – das Gute oder das Schlimme? Wenn Sie sich einmal wirklich als ein Schaf des Guten Hirten sehen – ändert das etwas an der Bewertung ihres Lebens im Blick auf Vergangenheit, Gegenwart und Zukunft? Was macht der Gedanke mit Ihnen, dass Gottes gute Absichten für Sie und seine Treue sie den Rest Ihres Lebens verfolgen werden?

◼ Alle Texte

Wochenspruch	Joh 10,11a.27–28a
Wochenpsalm	Ps 23,1–6
Altes Testament	Hes 34,1–2(3–9)10–16.31
Epistel	1. Petr 2,21b–25
Evangelium	Joh 10,11–16(27–30)
Zusatztexte	1. Mose 16,1–16; Joh 21,15–19; 1. Petr 5,1–4

Jubilate

Ist jemand in Christus, so ist er eine neue Kreatur; das Alte ist vergangen, siehe, Neues ist geworden. (2. Kor 5,17)

Hintergründiges Es klingt schon im Namen an – heute geht es ums Jubeln! Der Name des dritten Sonntags nach Ostern leitet sich ab vom Beginn des lateinischen **Introitus**, Psalm 66,1: *„Jauchzet* Gott, alle Lande!" Die Texte feiern die neue Schöpfung, die mit der Auferweckung Christi begonnen hat, und thematisieren den Platz, den seine Leute in ihr haben.

Ein neues Geschöpf Mit der Auferweckung Jesu von den Toten begann etwas ganz Neues, etwas nie Dagewesenes, etwas, das die Logik dieser Schöpfung sprengt. Eine neue Wirklichkeit wurde geschaffen und Jesus nimmt alle, die sich ihm anvertrauen, mit in diese neue Wirklichkeit – sie werden ein neues Geschöpf. Wer aber bin ich nun, als neues Geschöpf? Wie wirkt sich das auf mich aus? Wie sieht sie denn eigentlich aus, diese neue Schöpfung, und wie funktioniert das Leben in ihr?

Im Grunde lässt sich das vollkommen Neue gar nicht beschreiben, dafür haben wir ja in unserer Vorstellungswelt keine Begriffe. Wir können uns dem Unbeschreibbaren nur mit Bildern und Analogien aus unserer Erfahrungswelt annähern. Zum Glück hält die Bibel eine ganze Reihe davon für uns bereit – von der ersten Seite an.

Wenn ich den Schöpfungsbericht lese, denke ich: Gottes Schöpfung ist einfach wunderbar. Was für ein begeisternder, verheißungsvoller Anfang! Mit jedem Teil der Welt, die Wirklichkeit wird, freut Gott sich darüber, wie gut sie ihm gelungen ist. Genauso wunderbar verheißungsvoll ist diese neue Schöpfung und bin auch ich, das neue Geschöpf inmitten vieler anderer neuer Geschöpfe. Gemeinsam erkunden wir die neue Welt: „Und siehe, es war sehr gut!"

Vom frühesten Anfang der Schöpfung dabei ist die Weisheit – das Wissen um die guten Lebensregeln, die in die Schöpfungsordnung eingewebt sind. Sie gelten ebenso für die neue Schöpfung: Gott ist die letzte Instanz, an der sich Entscheidungen orientieren müssen, wenn das Leben in dieser Welt gelingen soll. Diese Tatsache ernst zu nehmen, darauf zu vertrauen, dass Gott für mich ist, und aus diesem Vertrauen heraus zu handeln ist die Grundlage für ein gelingendes Leben.

Jesus selbst gebraucht unter anderem das Bild vom Weinstock: „Wer in mir bleibt, der bringt viel Frucht." Es geht also in der neuen Schöpfung nicht darum, möglichst viel zu schaffen und zu leisten, sondern um *Bleiben*, um Dranbleiben, Treue, Standhalten und Festhalten am Vertrauen zu Jesus, zu Gott. Gleichzeitig lebt und schafft Jesus in mir – ich muss, ja ich kann die Früchte gar nicht selbst produzieren; Gott selbst muss sie erschaffen, neue Teile der neuen Schöpfung.

Das neue Leben „in Christus", die tägliche Erneuerung durch seine Lebenskraft, ist von außen nicht unbedingt zu sehen. Möglicherweise sieht mein äußeres Leben recht kläglich aus, so wie bei Paulus, den manche seiner Zuhörer nicht ernst nahmen, weil er so wenig beeindruckend daherkam. Wer aber dem Unsichtbaren vertraut, der hat Anteil an Gottes unerschöpflicher Lebenskraft.

Dies sind nur ein paar wenige Hinweise darauf, wie diese neue Schöpfung aussieht und wie das Leben in ihr funktioniert. Die Bibel enthält ganz viele weitere Bilder und alle weisen darauf hin: Mit der Auferstehung Jesu hat etwas vollkommen Neues begonnen, an dem alle Anteil bekommen, die sich ihm in dieser Welt anvertrauen. Viele Neuerungen geschehen noch im Verborgenen, aber sie werden für alle sichtbar werden, wenn diese neue Schöpfung endlich die letzte umfassende Wirklichkeit wird, in der Jesus uneingeschränkt regiert.

■ Gebet

Beim Einatmen: du in mir
Beim Ausatmen: ich in dir
(das sog. Herzensgebet)

■ Kirchenjahr praktisch: Der Zauber des Neuen

Suchen Sie diese Woche einmal in der Natur oder in Ihrem Umfeld nach dem Zauber des Neuen. Können Sie sich selbst als neues Geschöpf „in Christus" denken? Verändert sich dadurch etwas in der Bewertung Ihres Lebens? Im Austausch mit anderen Beobachtern und Nachdenkern eröffnen sich bestimmt noch weitere Perspektiven.

■ Alle Texte

Wochenspruch	2. Kor 5,17
Wochenpsalm	Ps 66,1–9
Altes Testament	1. Mose 1,1–4a(4b–25)26–28(29–30)31a(31b); 2,1–4a
Epistel	Apg 17,22–34
Evangelium	Joh 15,1–8
Zusatztexte	Spr 8,22–36; Joh 16,16–23a; 2. Kor 4,14–18

Kantate

Singet dem HERRN ein neues Lied, denn er tut Wunder. (Ps 98,1)

Hintergründiges

Heute geht es ums Singen. Der Name des vierten Sonntags nach Ostern geht auf den Anfang des lateinischen **Introitus**, Psalm 98,1 zurück: *„Singet* dem HERRN ein neues Lied!"*, der diese Woche auch der Wochenspruch ist.

Musik ist Teil der guten Schöpfung. Mit ihr schuf Gott eine Sprache, in der sich manches Erleben besser fassen lässt als in Worte. Der Sonntag Kantate zeigt, wie das Lob Gottes durch die Musik lebensverändernde Kreise ziehen kann.

Ohrwürmer der neuen Schöpfung

Das All singt! Mit den richtigen Empfangsgeräten kann man sie hören, die Musik der Sterne. Natürlich singen sie nicht in unserem Sinne, sie erzeugen keine Töne, die sich durch Luftwellen fortpflanzen, aber ihre Bewegungen und die Kräfte, die den Tanz der Himmelskörper bestimmen, lassen sich in unsere Formen von Musik umsetzen. Gott hat die Musik in seine Schöpfung eingewoben, damit sie eine Sprache hat, in der sie ihn loben kann.

Immer wieder rufen die Psalmen Menschen und Schöpfung gemeinsam auf, Gott zu loben. Die singende, jubelnde Festversammlung vereint sich mit dem brausenden Meer, um die Wundertaten Gottes zu besingen. Auf der großen Bühne der Schöpfung verkünden sie: „Gott ist seinen Getreuen treu. Er rettet sie vor denen, die ihnen ans Leben wollen, und schafft ihnen Recht." Auf den großen Bühnen der Welt werden meist andere Taten gefeiert – die Erfolge der Starken und Siege der Mächtigen. Andererseits kann das Lob Gottes aus Liedern von Menschen erklingen, die ihn zwar nicht bewusst anbeten, die aber ihre ehrlichen Fragen und Hoffnungen in Worte und Klänge kleiden und mit der Welt teilen.

Selbst ohne Gott ausdrücklich zu loben, hat Musik heilsame Wirkung. David beruhigt durch sein Saitenspiel den psychisch labilen König Saul. Heute wissen wir, dass Musik direkt auf unsere Biochemie einwirkt: Der Körper schüttet Endorphine aus, körpereigene Glückshormone, sodass wir uns wohlfühlen, glücklicher sind und optimistischer in die Zukunft schauen. Das Lob Gottes durch die Musik ehrt also nicht nur den, der damit gepriesen wird, es wirkt auf die Musizierenden zurück und macht sie glücklicher! Verbunden mit dem Lob Gottes kann sie Mauern sprengen und Herzen für Gott öffnen.

Was wiederholt ins Ohr geht, setzt sich im Herzen fest und steigt zu gelegener oder ungelegener Zeit an die Oberfläche. Das kennen Pflegende und Angehörige, die Menschen mit Demenz begleiten. Selbst wenn ein Mensch nicht mehr weiß, wer er ist – die Lieder seiner Kindheit kennt er noch immer. Andererseits gibt es da die Melodien, die sich ungefragt in unseren Gedanken festsetzen. Ohrwürmer können ungemein lästig sein, vor allem, wenn sie sich aus Liedern speisen, die wir gar nicht mögen. Paulus schlägt vor, diesen Effekt positiv zu nutzen: Legt euch geistliche Ohrwürmer zu! Singt und lobt Gott in euren Herzen!

Wo Menschen Gott gemeinsam loben, mit Liedern und Gebeten, entsteht eine neue Einheit. Besonders eindrücklich hat das König Salomo erlebt. Als sich bei der Einweihung des Tempels alle Instrumentalisten und Sänger zu einem harmonischen Chor vereinten, ließ sich Gottes Gegenwart wahrnehmbar bei ihnen nieder. Es war, als ob sie ihn herbeigesungen hätten. Musik schafft Einheit, und wo Menschen in Gottes Namen Gemeinschaft leben, ist er anwesend und ein Stück der neuen Wirklichkeit blitzt auf, die mit Jesu Tod und Auferstehung begann. Bestimmt gibt es in der neuen Schöpfung auch Musik, und ich hoffe sehr, dass ich dort hören kann, wie das All singt.

Gebet

Halleluja!
Preist unseren Gott in seinem Tempel,
preist ihn unter dem weiten Himmel, der seine Macht bezeugt!
Preist ihn für seine Heldentaten,
preist ihn, wie es seiner Größe entspricht!
Preist ihn mit Tamburin und Tanz,
preist ihn mit Saiten- und Flötenspiel!
Preist ihn mit Zimbelklängen
Preist ihn mit Zimbeljubel!
Alles, was atmet, preise unseren Gott!
(Ps 150 eigene Übersetzung)

Kirchenjahr praktisch: Musik!   Machen Sie heute Musik! Nehmen Sie die Gitarre mal wieder in die Hand, frischen die Spotify Playlist auf oder buchen Sie gleich ein Konzertticket. Vielleicht finden Sie ja einen neuen, Mut machenden Ohrwurm.

Alle Texte

Wochenspruch	Ps 98,1
Wochenpsalm	Ps 98,1–9
Altes Testament	1. Sam 16,14–23
Epistel	Kol 3,12–17
Evangelium	Lk 19,37–40
Zusatztexte	2. Chr 5,2–5(6–11)12–14; Apg 16,23–34; Offb 15,2–4

Rogate

Gelobt sei Gott, der mein Gebet nicht verwirft noch seine Güte von mir wendet. (Ps 66,20)

Hintergründiges Der fünfte Sonntag nach Ostern – Rogate heißt übersetzt „Bittet!" – leitet seinen Namen von dem Brauch ab, an den drei Tagen vor dem Himmelfahrtssonntag Prozessionen abzuhalten, um für eine gute Ernte zu bitten.
Neben dem Gebet steht das Thema *Mission* im Mittelpunkt. Als *Missionssonntag* beginnt mit Rogate die Missionsopferwoche, in deren Mitte die Sendung der Jünger durch Jesus an Himmelfahrt steht.

„Richtig" beten? Es gibt Texte, die werfen immer dieselben Fragen auf. Jesus verspricht: „Bittet, so wird euch gegeben!" Gleichzeitig macht jeder die Erfahrung, dass Gott die eine oder andere ernsthafte Bitte nicht erhört, nicht einmal da, wo es um Leben und Tod geht. Ich fürchte, wir müssen uns damit abfinden: Es gibt keine logisch saubere Lösung für diese Diskrepanz zwischen Versprechen und Erfahrung. Die Texte geben sie einfach nicht her. Gott lässt sich nicht festnageln. Ein paar hilfreiche Einsichten gibt es aber doch:
Jesu Freunde fragen ihn, wie sie *richtig* beten sollen. Zunächst gibt er ihnen wie erhofft einen ausformulierten Text. Das Wichtigste kommt zuerst: Gott ist der fürsorgliche Vater, der alle Liebe und allen Respekt verdient. Auf dieser Grundlage können wir darum bitten, dass er die Lebensregeln, die im Himmel gelten, auch auf der Erde Wirklichkeit werden lässt: Barmherzigkeit und Gerechtigkeit. Weil dieses Reich Gottes auf der Erde aber noch nicht vollkommen Wirklichkeit geworden ist, ermutigt Jesus uns, um alles zu bitten, was wir in dieser zerrissenen Welt brauchen, damit wir die eigene Integrität bewahren können: Die Erfüllung der biologischen Grundbedürfnisse, Vergebung für die Menschen, die uns Böses antaten, und Bewahrung davor, anderen selbst Böses anzutun. Damit haben alle Nachfolger Jesu ein Gerüst, an dem sie ihr eigenes Beten orientieren können.
Ein fest formuliertes Gebet kann allerdings leicht zu einer Art magischer Formel werden: Wenn ich diese Worte nur richtig bete, wird Gott mich bestimmt erhören. So könnte man auch die Worte Jesu verstehen, mit denen er seinen Freunden kurz vor seinem Tod zusagt: „Wenn ihr den Vater um etwas bitten werdet in meinem Namen, wird er's euch geben." (Joh 16,24). Damit will Jesus seinen Jüngern jedoch nicht sozusagen ein Codewort geben, seinen Namen, der die Gebetserhörung garantiert. Er will seine Jünger ermutigen, so zu beten, wie er gebetet hat: in seinem Sinne, in seiner Gebetshaltung, in seinem Vertrauen zum Vater. Dazu gehörte, dass er nur tat, was er den

Vater tun sah – er vertraute und akzeptierte Gottes Anweisungen voll und ganz –, und dass er es Gott überließ, so zu antworten, wie er es entschied: „Nicht mein, sondern dein Wille geschehe!" (Lk 22,42).

Beim Beten geht es letztlich um Beziehung und Vertrauen. Zu einer vertrauensvollen Beziehung gehört das Ringen mit dem Willen des Gegenübers und der Mut, Gott bei seinen Versprechen zu packen und sie einzufordern. Gleichzeitig beinhaltet es die Bereitschaft, sich in Gottes Willen zu fügen, wo er sich als endgültig herausstellt. Mose und Daniel bestürmten Gott, seinem Volk Israel zu vergeben, und er erhörte sie. Paulus dagegen bat um Heilung, damit er Gottes Auftrag effektiver ausführen könnte, aber Gott verwehrte es ihm – aus nachvollziehbaren Gründen, die Gott ihm sogar erklärte. Es gibt beim Beten kein Richtig oder Falsch. Im Vertrauen kann ich Gott um alles bitten, aber wie selbst Jesus erfahren musste: Er wird nicht alles so gewähren, wie ich es bitte, und es gehört zu einer Beziehung, eine solche Entscheidung vertrauensvoll zu akzeptieren.

Es gibt aber ein Versprechen, das Gott ganz sicher erfüllen wird: Die Bitte um den Heiligen Geist, die Geistkraft Gottes, die leitet, stärkt, tröstet und Orientierung gibt, die wird er mit Sicherheit erhören.

■ Gebet   Hier ist Platz für Ihr eigenes Gebet.

■ Kirchenjahr praktisch: Mein Psalm der Woche   Suchen Sie sich diese Woche einen Psalm heraus, der Ihre Stimmung trifft, und lesen Sie ihn mehrmals, über einige Tage hinweg immer wieder. Wie viele Nuancen tun sich dabei auf?

▨ Alle Texte

Wochenspruch	Ps 66,20
Wochenpsalm	Ps 95,1–7a
Altes Testament	2. Mose 32,7–14
Epistel	1. Tim 2,1–6a
Evangelium	Lk 11,(1–4)5–13
Zusatztexte	Sir 35,16–22a oder Dan 9,4–5.16–19; Mt 6,5–15; Joh 16,23b–28(29–32)33

Christi Himmelfahrt

Christus spricht: Wenn ich erhöht werde von der Erde, so will ich alle zu mir ziehen.
(Joh 12,32)

Hintergründiges Am 40. Tag nach Ostern ist Christi Himmelfahrt zugleich das Fest seiner Thronbesteigung. Die Osterkerze, die seit Ostern die irdische Gegenwart des Auferstandenen unter seiner Gemeinde bezeugt, wird manchmal nach dem Lesen der Himmelfahrtsgeschichte gelöscht. Nun beginnt die Wartezeit auf den versprochenen Tröster.

Endgültig fort und bald überall da Nun ist es schon ein paar Wochen her, dass Jesus auferstand und seinen Jüngern hier und da erschien. Jetzt wollen sie endlich wissen, wie es weitergeht: „Wirst du in dieser Zeit das Reich für Israel wieder aufrichten?" Noch einmal muss Jesus ihre Erwartungen korrigieren: „Ihr werdet nicht wissen, wann das geschieht, aber bis dahin werdet ihr der ganzen Welt von mir erzählen und die Heilige Geistkraft wird euch dabei begleiten und stärken." Kurz darauf führt er sie an einen vertrauten Ort, segnet sie ein letztes Mal und verschwindet endgültig.

Ich erkläre mir die Ereignisse rund um die sogenannte Himmelfahrt Christi so: In Jesus war der ganz andere und heilige Gott mit den Sinnen dieser Welt wahrnehmbar. Nach seiner Auferstehung war Jesus für eine Weile in beiden Bereichen anwesend – in dieser Welt und in der Auferstehungsrealität, die die Realität dieser Welt durchdringt und übersteigt. Daher konnte er sowohl essen und berührt werden, als auch durch verschlossene Türen gehen und nach Belieben erscheinen und verschwinden. Dennoch war seine Gegenwart immer noch an seinen Körper geknüpft und damit immer nur an einem konkreten Ort möglich. Deshalb musste Jesus als der „Sohn" wieder ganz in den „Himmel", den Wirkungsbereich Gottes des Vaters zurückkehren und die „Geistkraft" senden, die Wirkmacht Gottes, die nicht an einen Körper dieser Schöpfung gebunden ist. Sie kann überall gleichzeitig anwesend sein, allerdings kann sie nicht mehr mit den Sinnen dieser Welt wahrgenommen werden. Deshalb bleibt die wahre Natur der an Jesus Glaubenden in der diesseitigen Welt verborgen und deshalb leben Christenmenschen in dieser Welt nicht im „Schauen", im beweisbaren Wissen, sondern im „Glauben", in einer Gewissheit, die sich aus einer Dimension jenseits dieser Welt speist.

Doch Jesus ist nicht einfach nur in den Wirkungsbereich seines Vaters zurückgekehrt. Der Vater übergibt nun dem Sohn alle Macht über die Welt. In der Wüste hatte Jesus der Versuchung des Teufels widerstanden, sich von ihm alle Macht der Welt geben zu lassen. Nun bekommt er genau dies von Gott geschenkt, denn er hat sich darin bewährt, Gottes Wesen vollständig zu verwirklichen: Die Macht, die er als Sohn Gottes besaß, nicht zum eigenen Selbsterhalt zu nutzen, sondern um liebend zu dienen.

Doch Jesus sitzt nun nicht nur im Himmel und regiert die Welt von außen. Durch die Geistkraft Gottes lebt er in allen, die sich ihm anvertrauen. Der alle Macht im Himmel und auf Erden hat, ist das „Haupt der Gemeinde" und sie ist sein Leib. Die Gemeinde Jesu und jedes einzelne Mit-Glied in ihr verwirklicht nun seine Herrschaft auf Erden – unvollkommen, noch immer verzerrt durch die Prägungen der Todesmächte, vollkommen angewiesen auf seine Kraft in ihr. Dabei darf sie nie vergessen: Jesu Herrschaft bedeutet Dienen. Seine Macht verwirklicht sich in der Schwachheit. Seine Hingabe führt ins Leiden, aber durch Leiden hindurch zur Herrlichkeit in der Gegenwart des Vaters.

■ Gebet   Jesus, manchmal fühle ich mich von dir und Gott verlassen. Ich hätte gerne eine Geistkraft zum Anfassen, sodass ich mich mit meinen Sinnen davon überzeugen kann, dass du bei mir bist. Vielleicht brauche ich manchmal einen Engel wie den, der den Jünger sagte: „Schaut nicht Jesus hinterher, dort findet ihr ihn nicht." Zeige mir in meinem Alltag, was es heißt, mit dir zu herrschen, das heißt zu lieben, wie du es getan hast. Amen.

■ Kirchenjahr weiterdenken: Warten – gemeinsam   Nachdem Jesus zum Vater zurückgekehrt war, mussten die Jünger 10 Tage auf die Heilige Geistkraft warten. In dieser Zeit blieben sie eng beieinander, teilten den Alltag und beteten viel gemeinsam. Worauf warten Sie gerade? Können Sie die hoffnungsvolle Spannung mit jemandem teilen?

■ Alle Texte

Wochenspruch	Joh 12,32
Wochenpsalm	Ps 47,2–10
Altes Testament	1. Kön 8,22–24.26–28
Epistel	Apg 1,3–11
Evangelium	Lk 24,(44–49)50–53
Zusatztexte	Dan 7,1–3(4–8)9–14; Joh 17,20–26; Eph 1,(15–20a)20b–23

Exaudi

Christus spricht: Wenn ich erhöht werde von der Erde, so will ich alle zu mir ziehen.
(Joh 12,32)

Hintergründiges Der sechste Sonntag nach Ostern leitet seinen Namen noch einmal vom lateinischen **Introitus**, hier Psalm 27,7 ab: „HERR, *höre* meine Stimme, wenn ich rufe!"
Als Sonntag zwischen Himmelfahrt und Pfingsten steht er noch unter dem Spruch vom Himmelfahrtstag. Die Tage sind geprägt von der Trauer des Abschieds, von Jesu tröstenden Worten und dem gespannten Warten auf die versprochene Heilige Geistkraft.

Hoffen und Bangen Jesus ist fort. Die beiden Berichte von seinem Abschied spiegeln den Zwiespalt wider, in dem sich die Jünger befinden: Freude und hoffnungsvolle Erwartung des angekündigten Begleiters, aber auch Unsicherheit, Zweifel und Angst, wie das Leben ohne Jesus weitergehen soll. Alle Handlungsoptionen sind ihnen genommen, sie sind zum hoffnungsvollen oder ängstlichen Warten verdammt.
Der Psalm 27 fängt etwas ein von der Stimmung zwischen Angst und Hoffen, Vertrauen und Zweifel. In solchen Zwischenzeiten will ich gerne darauf vertrauten, dass die angekündigte Hilfe tatsächlich unterwegs ist, und finde mich doch ständig zwischen Zuversicht und Angst, Zweifel und Vertrauen hin und her gerissen. Je nach Lebenserfahrung sind die einen oder die anderen Stimmen lauter. Wer wie der Psalmbeter sogar von seinen Eltern verlassen wurde, wird jedenfalls Schwierigkeiten haben, den Zusagen des Vaters im Himmel zu trauen. Wer erlebt hat, dass ihn diejenigen verrieten, deren Loyalität er sich sicher war, wird sein Vertrauen nicht mehr so leicht verschenken.
Man spürt dem Psalmbeter ab, wie er darum ringt, seine schlechten Erfahrungen mit Menschen nicht auf Gott zu übertragen. Immer wieder spricht er sich zu: Gott rettet mich – vor wem sollte ich mich fürchten? Er gibt mir Kraft – wovor sollte ich Angst haben? Er sehnt sich danach, den Rest seines Lebens im Tempel, in der Gegenwart Gottes verbringen zu dürfen, wo er vor den Feinden seines Lebens sicher ist. Weil er weiß, dass dies nicht möglich ist, bittet er Gott: „Führe mich deinen Weg, leite mich auf einem ebenen Pfad." Vielleicht meint er das so: Zeige mir, wie ich mich verhalten soll, damit ich angesichts der Unsicherheiten und Bedrohungen nicht zu lebensschädigenden Mitteln greife und meinen Feinden gleich werde. Räume mir die Stolperfallen, die mich zu lebensfeindlichem Verhalten verlocken wollen, aus dem Weg.

Der Beter spürt, dass er ohne Gottes Hilfe nicht heil aus der Situation herauskommt. Gerade in den Zwischenzeiten, in Zeiten der Verlassenheit oder gar akuter Bedrohung sind wir darauf angewiesen, dass Gott selbst dafür sorgt, dass wir gute Entscheidungen treffen oder die guten Wege, auf denen wir unterwegs sind, nicht verlassen. Deshalb betet Paulus für die Gemeinde in Ephesus: „Gott, gib deinen Leuten von deiner unerschöpflichen Kraft, damit sie stark bleiben. Wohne du selbst in ihren Herzen. Du selbst musst unsere Entscheidungen leiten, sonst schaffen wir das nicht. Dann aber werden wir in deiner Liebe immer sicherer werden."

Schon Jeremia hatte es vorhergesagt: „Gottes Volk wird den Bund mit Gott aus eigener Kraft nicht halten können. Deshalb wird Gott einen Neuen Bund mit ihnen schließen, in dem er selbst seine guten Lebensregeln in ihr Herz pflanzt." Kein Mensch weiß von sich aus, wie er angemessen beten kann. Ein Leben, wie Gott es gemeint hat, können wir nur verwirklichen, wenn die Geistkraft Gottes es in uns bewirkt. Auf diese Geistkraft warten die Jünger nach Jesu Himmelfahrt. Um diese Geistkraft dürfen wir jederzeit bitten und Gott wird sie uns sicher geben.

■ Gebet   Gott, meine Rettung und meine Kraft, ich sehne mich nach deiner wahrnehmbaren, sicheren Gegenwart. Viel zu oft merke ich davon nichts. Zweifel wachsen, Ängste wollen mein Vertrauen verschlingen. Ich merke: Noch nicht einmal angemessen vertrauen kann ich, ohne dass deine Geistkraft mich dazu befähigt. Danke, dass sie meine Anliegen so vor dich bringt, wie es dir angemessen ist. Amen.

■ Kirchenjahr praktisch: Ermutigung weitergeben   Kennen Sie jemanden, der gerade zwischen Hoffen und Bangen steht? Sehen Sie einen Weg, die Person zu trösten, zu ermutigen und ihr vielleicht sogar Hoffnung zuzusprechen, dass ihr Anliegen bei Gott gut aufgehoben ist?

■ Alle Texte

Wochenspruch	Joh 12,32
Wochenpsalm	Ps 27,1.7–14
Altes Testament	Jer 31,31–34
Epistel	Eph 3,14–21
Evangelium	Joh 16,5–15
Zusatztexte	1. Sam 3,1–10; Joh 7,37–39; Röm 8,26–30

Pfingstsonntag

Es soll nicht durch Heer oder Kraft, sondern durch meinen Geist geschehen, spricht der HERR Zebaoth. (Sach 4,6b)

Hintergründiges

Am siebten Sonntag bzw. dem 50. Tag nach Ostern feiert die Kirche das Kommen der Heiligen Geistkraft. Dieses Ereignis, das als die Geburtsstunde der Kirche bezeichnet wird, geschah am jüdischen Wochenfest, Schawuot, das immer am 50. Tag nach Pessach begangen wurde. Aus dem lateinischen Wort für 50, Pentekoste, entstand unser Wort Pfingsten.

Der Wochenpsalm ist die Fortsetzung der Verse von Psalm 118, die in der Osternacht gelesen wurden. So umfasst dieser Psalm, der den Sieg Gottes über die Feinde des Lebens feiert, die gesamte österliche Freudenzeit.

Ein Sturm der Erkenntnis

Das Warten hat ein Ende! Ob die Jünger sich den von Jesus versprochenen Begleiter so vorgestellt haben? Sie sitzen zusammen und feiern Schawuot, das Erntedankfest, das 50 Tage nach Pessach begangen wird. Wie ein Sturm fegt der versprochene Begleiter herein, wie Feuer ergreift er jeden von ihnen und übernimmt ihre Zungen.

Das ungewöhnliche Ereignis erregt Aufmerksamkeit. Menschen laufen vor dem Haus zusammen und wollen wissen, was es mit dem vermeintlichen Sturm auf sich hat. Plötzlich merken sie, dass jeder seine eigene Muttersprache hört. Diese einfachen jüdischen Provinzler sprechen Parthisch! Nein, sie sprechen Medisch, das höre ich ganz genau! Quatsch, sie sprechen Ägyptisch. Das kann doch nicht mit rechten Dingen zugehen! Viele wundern sich über dieses Wunder und fragen sich, was wohl noch daraus werden wird. Andere lachen: Schon so früh am Morgen besoffen! Sie haben von dem Wunder gar nichts mitbekommen.

Der Inhalt der Reden, die diese be-geisterten Männer schwingen, ist ungewöhnlich. Jeder, der seine Muttersprache hört, versteht auf einmal, was es mit diesem Jesus, der gerade in Jerusalem gekreuzigt wurde und dann aus dem Grab verschwand, auf sich hat. Sie verstehen es nicht nur akustisch – die Zuhörer begreifen, dass das, was sie da hören, ihr Leben vollkommen verändern wird. Was vorher belanglos, empörend oder rätselhaft erschien, ergibt plötzlich Sinn. Ein solches Erkennen kann nur die Geistkraft Gottes selbst bewirken.

Wie viele Ereignisse im Weltgeschehen und in unserem eigenen Leben erscheinen uns rätselhaft, verstören uns oder lassen uns resigniert zurück, weil ihnen absolut kein positiver Sinn abzugewinnen ist! Und es ist ja tatsächlich so: Nicht jedes Ereignis ergibt Sinn. Es gibt sinnlose Zerstörung. Die Gier der Mächtigen vernichtet Leben, das für eine blühende Zukunft geschaffen war. Gleichzeitig gilt: Die Geistkraft Gottes schafft Leben aus dem Tod. Er durchweht die verdorrten Gebeine und erweckt sie zum Leben. Das Wirken Gottes in unverständlichen und verstörenden Erlebnissen bleibt oft verborgen, und ob Gott ihnen am Ende einen Sinn verleiht, werden wir zumindest in dieser Welt häufig nicht erfahren. Oft nehmen wir wohl das Wehen der Geistkraft mitten in den Totenfeldern dieser Welt gar nicht wahr, weil das schreiende Leid ihr leises Wirken übertönt. Unsere eigenen Sinne können es oft nicht erkennen. Den Sinn, der hinter den Geschehnissen in dieser Welt und in unserem Leben stehen mag, kann nur die Geistkraft Gottes offenbaren. Seit Pfingsten weht dieser „Geist Christi" durch alle, die sich Christus anvertrauen, und eröffnet ihnen – meist nur hier und da und bruchstückhaft – Gottes Wege, dem Leid dieser Welt so zu begegnen, dass eine neue Perspektive zum Leben entsteht.

■ Gebet   Mein Gott, durch deine Geistkraft schaffst du eine neue Einheit unter den Menschen, die sich dir anvertrauen. Wenn wir die Sprache des anderen nicht verstehen – deine Geistkraft zeigt uns allen, was dein Leben und dein Tod für uns und die Welt bedeutet, und darin finden wir zusammen. Wir können diese Einheit nicht durch eigene Mühen schaffen. Bitte schaffe sie durch deinen Geist. Amen.

■ Kirchenjahr praktisch: den Wind wehen lassen   Lassen Sie diese Woche doch mal frischen Wind durchs Leben wehen – bei einem Spaziergang, weit geöffneten Fenstern oder indem Sie etwas Neues wagen. Vielleicht ergeben sich neue Erkenntnisse, neue Begegnungen oder ein neues Verständnis für etwas, das bisher rätselhaft war.

■ Alle Texte

Wochenspruch	Sach 4,6b
Wochenpsalm	Ps 118,24–29
Altes Testament	1. Mose 11,1–9
Epistel	Apg 2,1–21
Evangelium	Joh 14,15–19(20–23a)23b–27
Zusatztexte	Hes 37,1–14; Röm 8,1–2(3–9)10–11; 1. Kor 2,12–16

Pfingstmontag

Es soll nicht durch Heer oder Kraft, sondern durch meinen Geist geschehen, spricht der HERR Zebaoth. (Sach 4,6b)

Hintergründiges

Als zweiter Gedenktag zum Pfingstereignis teilt der Pfingstmontag Wochenspruch und Psalmtext mit dem Pfingstsonntag. Nachdem der Pfingstsonntag das Kommen der Geistkraft und seiner allgemeinen Wirkung der Erkenntnis und Einigung gedachte, kommen heute die konkreteren Wirkungen auf den einzelnen Glaubenden in den Blick.

Geistkraft für alle!

Zwei Jahre lang Manna, nichts als Manna! Das Staunen und die Dankbarkeit über die wunder-bare Versorgung waren längst verflogen und die Erinnerung an die Ernährungslage in Ägypten verklärte sich ins Unermessliche: Lieber als Sklaven aus vollen Fleischtöpfen schöpfen, als in Freiheit bis ans Lebensende von diesem Manna leben zu müssen!

Mose ist sauer. Dieses undankbare Volk ist mehr, als er ertragen kann, und er heult sich bei Gott aus: „Du hast mir die Verantwortung für dieses Volk übergeben, aber wie soll ich seine Bedürfnisse erfüllen? Ständig jammern sie mir die Ohren voll, ich kann nicht mehr! Lieber will ich tot sein, als noch weiter diese Last zu tragen!"

Angesichts von Moses Verzweiflung stellt Gott seinen eigenen Ärger über das undankbare Volk zurück und kümmert sich erst mal um Mose. Er wischt die Überforderung, die Mose erlebt, nicht mit der Forderung weg, er solle ihm halt mehr vertrauen, sondern er sorgt für Entlastung: Gott beruft 70 fähige Männer, um Mose bei seiner Aufgabe zu unterstützen. Und damit sie ihm wirklich eine Hilfe sind, gibt er ihnen von demselben Geist, den er Mose gegeben hat. Er begabt sie mit der göttlichen Geistkraft selbst. Sogar zwei Auserwählte, die sich nicht einmal die Mühe gemacht haben, zum vereinbarten Treffpunkt am Zelt Gottes zu kommen, werden von ihr erfüllt. Die beiden haben zwar die Anordnung des Mose ignoriert und damit öffentlich klargemacht: Mose hat mir gar nichts zu sagen! Trotzdem stattet Gott sie mit seiner Geistkraft aus und Mose versteht: Es geht nicht um mich und meine Fähigkeit oder Autorität, sondern um die Sache: Das Volk Gottes gut zu leiten.

Damals erhielten nur einzelne Personen die göttliche Geistkraft, um einen besonderen Auftrag auszuführen. Seit Pfingsten lebt sie in allen, die sich Jesus anvertrauen. Jedem Einzelnen gibt sie Gaben, die ihn befähigen, das Volk Gottes gut zu leiten und zu versorgen. Diese Geistesgaben reichen von spektakulär bis unsichtbar. Weil wir so tief von den Maßstäben unserer Umwelt geprägt sind, können wir oft kaum anders, als uns mit anderen zu vergleichen, aber bei Gott kommt es nicht darauf an, wie unser geistgeleiteter Dienst nach außen hin ankommt. Bei ihm zählt allein: Nutze ich die Gaben bei allen persönlichen Begrenzungen dazu, Gott und die Menschen zu lieben? Aus einer solchen aufrichtigen Ausrichtung am Herzensanliegen Jesu, seine Schafe zu weiden, wächst in der großen Vielfalt der Aufgaben, Aufträge und Begabungen eine Einheit, die über alle Einigkeit hinausgeht, die wir mit unseren Mitteln erreichen können. Die göttliche Geistkraft schafft eine göttliche Einheit, die alles Mühen, Bitten und Verstehen übersteigt, wenn wir ihr nur die Freiheit geben, zu wirken.

Gebet   Gott, du Verteiler der Gaben, ich bin mit meinem Teil oft nicht zufrieden. Er kommt mir häufig zu kläglich, zu unansehnlich, so wenig wirksam vor. Lehre mich, ihn wertzuschätzen und mit ihm dir, deiner Gemeinde und meinem Nächsten zu dienen. Schenke deiner Gemeinde Einheit in der Vielfalt, gib mir Frieden über meinen Teil darin und segne mein Tun. Amen.

Kirchenjahr weiterdenken: Ihr Dienst und Gottes Geistkraft

Mit welchen Fähigkeiten und praktischem Tun dienen Sie Gott und den Menschen? Sehen Sie Wirkungen, die über Ihre natürlichen Möglichkeiten hinausgehen? Spüren Sie dem Wirken von Gottes Geistkraft in Ihrem Einsatz für seine Anliegen doch einmal nach, vielleicht mit Hilfe von anderen, und reden Sie mit Gott darüber – mit Dank für die Punkte, an denen er Sie befähigt, und mit der Bitte um Klarheit und Frieden, wo Sie im Unfrieden mit ihren Möglichkeiten und Ihrem Tun sind.

Alle Texte

Wochenspruch	Sach 4,6b
Wochenpsalm	Ps 118,24–29
Altes Testament	4. Mose 11,11–12.14–17.24–25(26–30)
Epistel	1. Kor 12,4–11
Evangelium	Joh 20,19–23
Zusatztexte	Mt 16,13–19; Joh 4,19–26; Eph 4,(1–6)11–15(16)

Trinitatiszeit

Die sog. trinitarische Formel begegnet dem Kirchgänger auf Schritt und Tritt. Sie begrüßt ihn direkt am Anfang des Gottesdienstes mit dem Votum „Im Namen des Vaters und des Sohnes und des Heiligen Geistes" und begegnet ihm im Segenswunsch oder dem Kanzelgruß, der wiederum mit einer Ehrbezeugung an die Trinität beantwortet wird. Unabhängig davon, wie man sie konkret füllt, ist die Lehre von der Dreieinigkeit Gottes so selbstverständlich für den christlichen Glauben geworden, dass man sich wundert, wie spät sie ein eigenes Fest bekam.

Gegen Ende des 1. Jahrtausends begann man in französischen Benediktinerklöstern, Messen für die Heilige Dreifaltigkeit zu lesen, und erst im Jahre 1334 wurde das Fest Trinitatis für die ganze Kirche für verbindlich erklärt. Die Reformatoren übernahmen das Fest, denn im Gegensatz zu vielen anderen Themen bestand hier Einigkeit mit der Lehre der katholischen Kirche. Nachdem zunächst verschiedene Daten für seine Feier in Umlauf waren, wird es heute immer am Sonntag nach Pfingsten begangen.

Die Lehre von der Dreieinigkeit bzw. Dreifaltigkeit Gottes wird nicht unmittelbar in der Bibel gelehrt. Vielmehr stellt sie den Versuch dar, die Erscheinungsweisen Gottes, wie sie in der Bibel beschrieben werden, systematisch zu erfassen. Dabei kann sich die Theologie auf einige Aussagen stützen, die trinitarisch formuliert sind, z.B. die Aufforderung Jesu an seine Jünger, „im Namen des Vaters, des Sohnes und des Heiligen Geistes" zu taufen. Damit steht nicht wie bei den meisten anderen Festen ein konkretes Ereignis aus dem Leben Jesu oder der Heilsgeschichte allgemein im Mittelpunkt, sondern eine abstrakte Idee, aus der sich jedoch vielfältige konkrete Bezüge zum Glaubensleben gewinnen lassen. Vor allem leitet sie an zum Gang durch die Frage, wer dieser Gott eigentlich ist, den wir anrufen und anbeten, und wie wir dies angemessen tun können. Sie beleuchtet sein Wirken in der Welt und ermutigt, sich dankbar in den Segen zu stellen, der von Gott ausgeht.

Mit dem Sonntag Trinitatis beginnt eine lange Reihe von Sonntagen, die bis zu den sog. letzten Sonntagen des Kirchenjahrs durchgezählt werden. Nachdem das Kirchenjahr bisher die zentralen Abschnitte und Ereignisse des Lebens Jesu auf der Erde und dessen unmittelbare Bedeutung für unser Leben betrachtet hat, wendet sich die Aufmerksamkeit nun allgemeinen Aspekten des Lebens im Glauben an Gott zu, wie Menschen sie erfahren, verstanden und in den Texten der Bibel aufgeschrieben haben.

Damit steht das Fest Trinitatis wie ein Scharnier zwischen dem Osterkreis und der

Zeit nach Trinitatis. Es fasst die Aussagen der bisherigen Sonntage des Kirchenjahrs, die vom Wirken Gottes des Vaters, des Sohnes und der Heiligen Geistkraft berichten, im Bild der Dreifaltigkeit des einen Gottes zusammen und leitet damit über zu der Frage, was es heißt, sein Leben in der Gegenwart, im Licht und im Segen dieses Gottes zu verbringen. Darauf versuchen die folgenden Sonntage vielfältige Antworten zu geben.

Das Datum von Trinitatis hängt vom beweglichen Ostertermin ab, an seinem Ende steht jedoch das Weihnachtsfest, das immer am 25. Dezember begangen wird. Daher variiert die Zahl der Sonntage nach Trinitatis zwischen 19 und 24. In diese Zeit fallen einige besondere Feiertage, wie der Johannistag, das Erntedankfest oder das Reformationsfest. Ihre Themen ersetzen dann das **Proprium** des Sonntags, an dem sie gefeiert werden.

Trinitatis

Die Gnade unseres Herrn Jesus Christus und die Liebe Gottes und die Gemeinschaft des Heiligen Geistes sei mit euch allen. (2. Kor 13,13)

Hintergründiges Nach dem ausführlichen Gang durch das Leben Jesu und dem Nachdenken darüber, was sein Leben, Leiden, Sterben und Auferstehen für uns bewirkt hat, richtet sich der Blick im Kirchenjahr nun auf das Leben nach Ostern, auf das Wirken Gottes in den Glaubenden und durch die an ihn Glaubenden in der Welt. Eingeleitet wird diese Zeitspanne durch den Sonntag Trinitatis, dessen Name sich vom lateinischen Trinitas, „Dreiheit", ableitet. Er versucht, sich dem Geheimnis der drei in der Bibel beschriebenen Arten zu nähern, wie Gott sich uns offenbart und an uns und in dieser Welt wirkt: Dem Vater, dem Sohn und der Heiligen Geistkraft.

Geheimnis Gott Paulus ist schon ein schlauer Kopf. Scharfsinnig durchschaut er die Zusammenhänge zwischen den Verheißungen in den Heiligen Schriften und dem Geschehen um Jesus, den Messias. Doch selbst sein Verstand kapituliert angesichts der Unüberschaubarkeit von Gottes Wesen und Wirken. Nachdem er die verwickelte Rettungsgeschichte Gottes mit Israel und der Welt aufgedröselt hat, kommt er an die Grenze dessen, was selbst er begreifen kann. An dieser Stelle kann er nicht anders, als ins Schwärmen über die unfassbare Weisheit Gottes zu geraten. Paulus begreift: Gottes Geistkraft spielt in einer ganz anderen Liga als unser Verstand. Gott handelt und wirkt in Dimensionen, die weit über unsere Möglichkeiten des Erkennens und Verstehens hinausgehen.

Wie sollten wir also das Geheimnis begreifen, wie Gott in seinem Inneren „funktioniert"? Wie sollten wir das Verhältnis definieren können, in dem die verschiedenen göttlichen Akteure, wie die Autoren der Bibel sie beschreiben, zueinander stehen? Seit den frühesten Tagen hat die Kirche versucht, das Geheimnis der Verbindung von Gott Vater, Sohn und Geist zu durchdringen. Sie hat philosophische Begriffe und alltägliche Bilder bemüht und dabei doch immer nur Teilaspekte dieser geheimnisvollen Beziehung zu fassen bekommen. Das, was wir Trinität nennen, entzieht sich jeder endgültigen Definition – wie Gott selbst es tut.

Dabei brauchen wir Gott und sein Handeln an uns gar nicht abschließend verstehen. Die Bilder, die sein Wort uns bietet, geben uns kleine Einblicke in sein Geheimnis und laden uns ein, uns diesem Geheimnis anzuvertrauen. Dabei kann jeder, selbst ein einfacher Geist oder ein Kind, verstehen: Gott ist mein Schöpfer und will volles Leben für mich. Jesus hat die Todesmächte besiegt, sodass alle, die sich ihm anvertrauen, mit ihm gemeinsam zum Schöpfer und zu seiner Lebensfülle gelangen können. Seine

Geistkraft ermöglicht es, schon auf dieser Erde diese Erneuerung zum vollen Leben zumindest bruchstückhaft zu erfahren. Wer sich darauf einlässt, wird immer tiefer in das Geheimnis der Liebe Gottes hineingezogen. Ihr Band hält all die unterschiedlichen Akteure in Gott und in seiner Gemeinde zusammen.

Gott ist für dich – als Vater, Sohn und Heilige Geistkraft! Jesus kam auf diese Erde, damit jeder Mensch das begreifen und es bekennen kann, und mit diesem Bekenntnis wird Gott gelobt und geehrt, wie es ihm zusteht. Dieses Lob des Vaters war das letzte Ziel, das Jesus vor Augen hatte, und es ist das eigentliche Ziel der Heiligen Geistkraft, die in uns lebt und uns für die Liebe Gottes öffnet. So schließt sich ein Kreis, ein ewiger Tanz der Zuwendung und Liebe, in den Jesus alle einbezieht, die sich ihm anvertrauen.

Gebet

Gott Vater, Sohn und Heilige Geistkraft! Mein Verstand kann dein Geheimnis nicht durchdringen, aber mein Herz bekommt hin und wieder eine Ahnung von der Liebe, die darin und dahinter sichtbar wird. Ich danke dir und ich sage: Du bist wunderbar!

Kirchenjahr weiterdenken: Gott „lobpreisen"

Lesen Sie doch einmal den Lobpreis, die Anbetung Gottes, die Paulus in Epheser 1,3–14 formuliert, in verschiedenen Übersetzungen mehrmals betend durch. Verändert sich dadurch Ihre Beziehung zu Gott und die Art, wie Sie sich selbst und vielleicht Gott sehen?

Alle Texte

Wochenspruch	2. Kor 13,13
Wochenpsalm	Ps 113,1–9
Altes Testament	Jes 6,1–8(9–13)
Epistel	Röm 11,(32)33–36
Evangelium	Joh 3,1–8(9–13)
Zusatztexte	4. Mose 6,22–27; 2. Kor 13,11–13; Eph 1,3–14

1. Sonntag nach Trinitatis

Wer euch hört, der hört mich; und wer euch verachtet, der verachtet mich. (Lk 10,16a)

Hintergründiges Der Trinitatissonntag vergegenwärtigte das Wesen Gottes, liebevolles Miteinander als Grundlage des Glaubens und der Nachfolge. Der erste Sonntag nach Trinitatis wendet sich Jesu Nachfolgern zu, die in seinem Namen Gottes Wort weitergeben.

Gottes Boten Dreißig Jahre lang hatte Jesus Gottes Worte verkündet, ja, er war das Wort Gottes in Menschengestalt. Nun ist er nicht mehr hier – wer soll nun den Menschen zeigen, wie Gott ist? Wer kann so vollmächtig, so wirkungsvoll die Liebe Gottes bezeugen, sodass Menschen ihm ihr Leben anvertrauen? Wer außer Jesus, dem Sohn Gottes, darf überhaupt von Gott reden, dem ganz Anderen?

Damit seine Jünger nach seinem Weggang nicht sprachlos zurückbleiben, ruft Jesus direkt zu Beginn seines öffentlichen Auftretens Menschen in seine Nachfolge, um sie auszubilden. Mehrmals schickt er sie zu zweit los, damit sie ohne seine Gegenwart einüben, Gottes Wort unter die Menschen zu bringen. Diese Boten haben einen konkreten Auftrag: „Sagt den Menschen, dass Gottes Reich angebrochen ist, dass Gott damit begonnen hat, die Menschheit aus den Fängen von Gewalt und Tod zu befreien! Ermutigt sie, sich ihre Verfehlungen vergeben zu lassen und ein neues Leben nach Gottes guten Lebensregeln zu beginnen!"

Man möchte es fast nicht glauben, aber die Boten erfuhren nicht nur begeisterte Aufnahme. Manch ein Zuhörer ärgerte sich über die Störenfriede und verjagte sie. Einige begegneten ihnen sogar mit offener Feindschaft. Nicht für jeden war die Botschaft vom kommenden Reich Gottes eine gute Botschaft.

Jesus wusste, was seine Boten erwartete, und er gab ihnen eine Ermutigung mit auf den Weg, bei der mir der Atem stockt, wenn ich mir überlege, was sie bedeutet: Wer euch verachtet, der verachtet mich und Gott selbst! Wenn Menschen, die sich Jesus anvertrauen, von ihrem Vertrauen reden und andere dazu einladen wollen, dann steht die ganze Autorität Gottes hinter ihnen. Wer sich auf ihr Wort einlässt, lässt sich auf Gott ein. Wer sie lächerlich macht, macht Gott selbst lächerlich. Was für eine Zusage! Gott solidarisiert sich ganz und gar mit seinen Menschen, wenn sie sich verletzlich machen, indem sie von ihrer Liebe zu Gott erzählen. Was für eine Wertschätzung! Gott vertraut seine Ehre bei den Menschen unserem Reden und Handeln an.

Kann ich das denn? Bin ich dafür gut genug? Ich bin doch selbst vom Leben verdreht und verbogen und theologisch habe ich wenn überhaupt nur einen winzigen Durchblick. Aber darauf kommt es zum Glück nicht an. Selbst wenn wir perfekt predigten oder Wunder tun würden, selbst wenn ein Glaubensheld von den Toten auferstünde – die Menschen würden ihm nicht mehr glauben als den Berichten und Zeugnissen, die sie bereits vorliegen haben. Ob und wie Gottes Wort bei den Menschen ankommt, liegt nicht an unserem Können oder Nichtkönnen.

Gottes Geistkraft zeigt dem Redenden, wie er reden, und dem Hörenden, wie er hören soll. Gott selbst stellt sich zu jedem, der aus Liebe zu Gott und den Menschen von seiner Liebe zu Gott und von Gottes Liebe zu den Menschen spricht. Durch jedes Wort, das in und aus Liebe zu ihm gesprochen wird, schafft er neues Leben.

Gebet Unfassbarer Gott, ich kann nicht angemessen von dir reden, aber ich kann es auch nicht lassen, denn du bist mein Leben. Danke, dass du zu mir stehst, wenn andere mich nicht verstehen, sich über mich lustig machen oder mir sogar feindlich begegnen, wenn ich von dir erzähle. Amen.

Kirchenjahr praktisch: Lieben Beobachten Sie diese Woche einmal, wie Sie Ihre Liebe zu Gott ausdrücken. Vielleicht sind es große Worte, vielleicht kleine Gesten. Oder umgekehrt. Wenn Sie ganz mutig sind, machen Sie daraus ein Experiment und reden vor anderen bewusst von Ihrer Liebe zu Gott. Wie kommt das bei Hörern an? Was macht die Reaktion der anderen wiederum mit Ihnen? Und wie hilft das Wissen, dass jede Reaktion auf Ihr Reden von Gott eine Reaktion auf Gott selbst ist?

Alle Texte

Wochenspruch	Lk 10,16a
Wochenpsalm	Ps 34,2–11
Altes Testament	Jer 23,16–29
Epistel	1. Joh 4,(13–16a)16b–21
Evangelium	Lk 16,19–31
Zusatztexte	Jona 1,1–2,2(3–10)11; Joh 5,39–47; Apg 4,32–37

Johannistag

Dies ist das Zeugnis Johannes des Täufers: Er muss wachsen, ich aber muss abnehmen. (Joh 3,30)

Hintergründiges Der Gedenktag zur Geburt Johannes des Täufers findet immer am 24. Juni statt, denn laut Lukasevangelium wurde Johannes 6 Monate vor Jesus geboren. Dadurch fällt sein Gedenktag auf die Sommersonnenwende, was Anlass zu vielerlei Bräuchen im Zusammenhang mit Feuer, Sonne und Licht gab.
Ist der 24. Juni ein Wochentag, wird der Gedenktag am Sonntag davor oder danach begangen. In jedem Fall ersetzt er das **Proprium** des betreffenden Sonntags.

Eine undankbare Aufgabe Es war ein undankbarer Job. Der Gottesmann lebte in der Wüste, unter primitiven Bedingungen. Die Reichen, die Nacht für Nacht in ihren weichen Betten schliefen, mochten es verklären: Die Wüste als Ort der Besinnung, der Ruhe und Reinigung. Doch der Kamelhaarmantel kratzte und von den Heuschrecken wurde man selten satt.

Die Botschaft, die er weiterzugeben hatte, war nicht eitel Sonnenschein. Zwar war er gesandt worden, um seinem Volk zu verkünden: „Bald wird unser Gott seine Herrschaft über die Welt sichtbar antreten! Dann wird er uns von aller Gewaltherrschaft befreien!" Der Gottesmann wusste aber auch: Dieses Volk ist nicht bereit für seinen Gott, denn sie brechen seine guten Lebensregeln auf Schritt und Tritt und laden große Schuld auf sich. Sie übertreten die Gebote Gottes, sie erniedrigen und entwürdigen Menschen, sie betrügen und stehlen so unbekümmert, als wären Ausbeutung und Korruption ganz normal. Sie müssen endlich begreifen, dass ihr Leben Gott nicht gefällt und dass sie sich ändern müssen, damit der Zorn Gottes über ihre Ungerechtigkeit sie nicht hinwegfegt. So wie die Dinge jetzt liegen, wird Gottes Kommen nicht Rettung bringen, sondern Verderben und das Gericht.

Trotz der harten Botschaft kamen sie in Scharen: Arme und Reiche, Anständige und Volksverräter, einfache Arbeiter und angesehene Gelehrte. Viele ließen sich von seinen Ermahnungen treffen. Sie bekannten, dass sie unrecht gehandelt hatten, und versprachen, ihr Leben zu ändern. Um den Entschluss zu bekräftigen, ließen sie sich von ihm im Fluss untertauchen.

Dann, auf dem Höhepunkt, kam ER. Zur Überraschung des Gottesmannes ließ auch ER sich untertauchen, obwohl ER sicher der Letzte war, der es nötig gehabt hätte. Seitdem ging es für den Gottesmann bergab. Seine Anhänger liefen scharenweise zu IHM über, aber der erhoffte Befreiungsschlag für das Volk blieb aus. ER wanderte durch das Land, verkündete ebenfalls den Anbruch von Gottes Herrschaft und tat viele Wunder, aber an den Verhältnissen im Land und in der Welt änderte sich gar nichts. Zweifel erfassten den Gottesmann – hatte er sich geirrt? Hatte er seinen Auftrag falsch verstanden? War der, den er für den Angekündigten hielt, am Ende gar nicht der versprochene Retter seines Volkes? Zu allem Überfluss wurde er wegen seiner Kritik am unmoralischen Verhalten des Königs verhaftet und auf Betreiben von dessen Frau hingerichtet – ein tragischer, sinnloser Tod. Dennoch hatte er seine Aufgabe erfüllt. Die Botschaft dessen, der nach ihm kam, fiel auf genug fruchtbaren Boden, um eine Keimzelle der neuen Welt zu schaffen.

Ein undankbarer Job. Ohne ihn hätte der Sohn Gottes jedoch womöglich keine Aufnahme in seiner Welt gefunden. Den Menschen einen Spiegel vorzuhalten, ist eine undankbare Aufgabe. Doch manchmal ist es ihre Rettung.

◼ Gebet Jesus, Gottes Sohn, ich lebe oft nicht nach den guten Lebensregeln deines Vaters. Manchmal könnte ich jemanden brauchen, der mir den Spiegel vorhält, denn von selbst merke ich das gar nicht. Dann schicke mir jemanden, der das so tut, dass ich hinschauen und umkehren kann, zurück zu dir und der Liebe des Vaters. Amen.

◼ Kirchenjahr praktisch: mutig spiegeln Gibt es jemanden, dem Sie den Spiegel vorhalten könnten oder sogar müssten? Bitten Sie Gott doch darum, es in seinem Geist der Liebe tun zu können.

◼ Alle Texte

Wochenspruch	Joh 3,30
Wochenpsalm	Ps 92,2–6.13–16 oder Lk 1,68–79
Altes Testament	Jes 40,1–8(9–11)
Epistel	Apg 19,1–7
Evangelium	Lk 1,(5–25)57–66.80
Zusatztexte	Mt 3,1–12; Mt 11,11–19; Joh 3,22–30

2. Sonntag nach Trinitatis

Kommt her zu mir, alle, die ihr mühselig und beladen seid; ich will euch erquicken. (Mt 11,28)

Hintergründiges Jesu Boten, von denen am letzten Sonntag die Rede war, sind heute noch unterwegs. In seinem Namen laden sie die Menschen ein, bei Gott das Leben zu finden, nach dem sie sich sehnen: Ruhe und Aufatmen, Feiern und Genießen.

Wenn Ruhe doch so einfach wäre! Jesus lädt alle Überforderten und Ausgebrannten der Welt ein, sich die Ansprüche an ihr Leben nicht mehr von den Herren dieser Welt diktieren zu lassen, sondern Jesu eigene Lebenshaltung zu übernehmen: friedfertig und bescheiden. Er verspricht: Die Aufgaben, die ich dir stelle, werden zu dir passen und dich nicht überfordern. Wenn du dich darauf einlässt, wird dein Leben zur Ruhe kommen.

Schön wär's, denke ich. Sag das mal einem Zwangsarbeiter in den Kobaltminen Afrikas oder einer alleinerziehenden Pflegerin auf der Intensivstation. Können die Erschöpften dieser Welt die Anforderungen, vor denen sie aus den unterschiedlichsten Gründen stehen, so einfach fallen lassen und ihr Leben sanftmütig dem Dienst am Nächsten widmen? Wer irgendwie wirtschaftlich abgesichert ist, mag sich ein Downsizing gönnen können, aber wer schon ums Existenzminimum kämpft, müsste sich geradezu fahrlässig darauf verlassen, dass Gott ihn wunder-bar versorgt, wenn er seine zermürbenden Lebensumstände einfach verließe, weil Jesus ihm dann scheinbar ein leichteres Leben verspricht. Das kommt mir einer Versuchung Gottes recht nahe, wie Jesus sie ausdrücklich ablehnte.

Gott lädt uns ein zu seinem Fest. Und Jesus erzählt, wie die fleißigen Bürger so mit ihren Aufgaben beschäftigt sind, dass sie keine Zeit haben, zum Fest zu kommen. Damit der Saal voll wird und das gute Buffet nicht verdirbt, lädt der Gastgeber die Obdachlosen und Arbeitslosen ein, und sie kommen in Scharen. Klar, sie haben ja Zeit!

Wenn es doch so einfach wäre. Wenn sich der Auftrag, mit dem ich schon im Verzug bin, von selbst erledigte, während ich in der Gemeinschaft lieber Menschen Gott lobe und es mir gut gehen lasse. Wenn sich die Wäsche von selbst wüsche oder die Schüler sich selbst unterrichteten! Ich kann die beschäftigten Menschen, die keine Zeit für das Fest haben, so gut verstehen! Versteht Jesus wirklich so wenig vom realen Leben? Von seinem sanften Joch kann ich meine Miete nicht bezahlen.

Ich ahne schon, dass ich mit meinen Überlegungen irgendwo falsch abgebogen bin. Ob es genau darum geht – Existenzangst? Im Grunde wissen wir es ja: Selbst wenn wir es noch so richtig machen, wir können unser Leben nicht sichern. „Bei *dir* ist die

Quelle des Lebens" (Ps 36,9), singt David. Bei Gott, beim Schöpfer des Lebens, und nicht in meinen eigenen Bemühungen. Das zu erkennen, macht im besten Sinne demütig. Es macht gelassen, es nimmt die Last, die eigene Existenz in den Bedrohungen dieser Welt sichern zu müssen, und es setzt frei, sich im Rahmen des Möglichen anderen zuzuwenden, ohne auf Gegenleistung zu spekulieren.

Solch innere Freiheit scheint mir wie ein Vorgeschmack auf die versprochene neue Welt, im Hier und Jetzt aber eine unmögliche Utopie. Trotzdem: Die Einladung Jesu fordert mich heraus, meine Lebensplanung hin und wieder zu überdenken und vor allem, ihm mein Überleben jedes Mal neu anzuvertrauen, wenn die Existenzangst mich jagen will. Hin und wieder kommt mein Leben darin wirklich zur Ruhe, je öfter, desto nachhaltiger, bis wir alle in den endgültigen Frieden der neuen Welt eintauchen dürfen.

Gebet Jesus, ich sehne mich nach einem passenden Joch und einer Last, die meine Kräfte bewältigen können. Du sagst, dass mein Leben leichter wird, wenn ich von deiner Friedfertigkeit und deiner Bereitschaft zum Dienen lerne. Zeige mir doch, wie das in meinem Alltag konkret werden kann. Amen.

Kirchenjahr praktisch: Tauschhandel Welche Ansprüche fordern Sie heraus, welche überfordern Sie? Wie könnte Jesu Joch für Sie konkret aussehen? Können Sie diese Woche zumindest eine kleine Überforderung abgeben im Vertrauen, dass Gott schon sorgt, und sich stattdessen von Gott einladen lassen?

Alle Texte

Wochenspruch	Mt 11,28
Wochenpsalm	Ps 36,6–10
Altes Testament	Jes 55,1–5
Epistel	Eph 2,(11–16)17–22
Evangelium	Lk 14,(15)16–24
Zusatztexte	Jona 3,1–10; Mt 11,25–30; 1. Kor 14,1–12(23–25)

3. Sonntag nach Trinitatis

Der Menschensohn ist gekommen, zu suchen und selig zu machen, was verloren ist. (Lk 19,10)

Hintergründiges Der 2. Sonntag nach Trinitatis betrachtet die Befreiung des Menschen von seinen Lasten und Gottes Einladung in seine neue Welt aus der Perspektive Gottes. Der 3. Sonntag nimmt die Perspektive des Verlorenen ein, das auf verschiedene Weise gefunden und in diese neue Welt hinein gerettet wird.

Verloren – gefunden – gerettet! Ein Volk, das die guten Lebensregeln seines Gottes über Jahrhunderte hinweg missachtet und in der Folge von seinen kriegerischen Nachbarn beinahe vernichtet wird; eine Stadt, die in der ganzen Welt für die Ungerechtigkeit und Grausamkeit hinter ihren Mauern bekannt ist; ein übereifriger Theologe, der glaubt, Gottes Ehre mit Gewalt verteidigen zu müssen, und nun Menschenleben auf dem Gewissen hat; ein junger Mann, der sein wohlhabendes Vaterhaus verlässt und in der Fremde in Armut gerät; ein Geldstück, das unversehens in eine dunkle Ritze rollt ...

Es gibt unzählige Wege, verloren zu gehen. Manche sind selbst verschuldet, manchmal kannte der Verlorene den Weg einfach nicht oder er wurde ver- oder gar entführt. Allen diesen Irrwegen ist jedoch gemein, dass sie zum Ende dessen führen, was wir als lebenswertes Leben betrachten. Dort wartet nichts als Isolation, Erniedrigung, Mangel, Leid, Schmerz und Tod.

Jesus kam, um die zu suchen, die verloren sind, und sie zu retten. Erstaunlicherweise spielt es für ihn keine Rolle, ob die Not, die Todesgefahr selbstverschuldet ist oder über den Verlorenen ohne sein Zutun hereinbrach. Eine Münze rollt nicht aus eigenem Antrieb in die Ritze. Wer allerdings bewusst und wider besseres Wissen ungute Wege einschlug, muss sich sagen lassen, dass er auf dem Holzweg ist, und er muss umkehren. Schon im selben Moment wird Jesus ihn in die Arme schließen: „Willkommen daheim! Deine Schuld ist vergeben. Wir gehen zusammen zurück."

Gott tut es im Herzen weh, wenn seine Menschen zugrunde gehen, sogar, wenn sie durch eigene Schuld zugrunde gehen. Er wartet sehnsüchtig darauf, dem Verirrten endlich die Last falscher Entscheidungen abnehmen zu können und mit ihm gemeinsam den Weg zum Leben zu gehen. Er setzt alles daran, dass jeder, der sich auf der Suche nach einem lebenswerten Leben auf seine Einladung einlässt, seinen Festsaal betreten kann. Wer durch eigene Schuld auf Abwege geriet, dem vergibt er die Schuld, und jedem, der unverschuldet auf todbringende Wege geriet, geht er nach und holt ihn zurück. Dabei ist klar: Keiner von uns ist ganz fanatischer Saulus, keiner ganz passive

Münze. Menschen brauchen beides: Gefunden werden und Umkehren; aber egal, weshalb wir uns verirrten – Gott rettet uns genau da, wo wir gerade sind.

Wenn Gott wie der Vater im Gleichnis ist – wie sehnsüchtig muss er darauf warten, dass seine Kinder sich von ihm retten lassen! Wie erleichtert muss er sein, wenn eines auf seinem unguten Weg anhält und sich umdreht: „Vater? Bist du mir noch gut? Darf ich zurückkommen?" Die Freude Gottes, sein Kind wieder zu haben, blendet alles Vergangene aus. Gott und alle Bewohner seines Reiches freuen sich unbändig über jeden, der sich verirrte und zu ihm zurückkommt. Die einzigen, die draußen bleiben müssen, sind die, die glauben, es nicht nötig zu haben, sich retten zu lassen.

■ Gebet

Du
suchst und findest
läufst hinterher und wartest geduldig daheim
immer bereit zu retten
willkommen zu heißen
was sich verlor.
Suche mich, wo ich mich nicht mehr finde,
laufe mir nach, wo ich vor dir davonrenne,
warte auf mich, wenn ich noch Zeit brauche, um zu begreifen, auf welchem Irrweg
ich bin.
Hirte und Vater
Mutter und Finderin
du bist mein Leben.
Amen.

■ Kirchenjahr weiterdenken: Gefunden!

Wann haben Sie zuletzt etwas verloren, das ihnen wertvoll war? Wie ging es Ihnen, als sie es bemerkten? Was haben Sie unternommen, um es wiederzubekommen? Wie fühlt sich das an, wenn Sie sich vorstellen, dass es Gott mit Ihnen genauso geht?

■ Alle Texte

Wochenspruch	Lk 19,10
Wochenpsalm	Ps 103,1–13
Altes Testament	Mi 7,18–20
Epistel	1. Tim 1,12–17
Evangelium	Lk 15,1–3.11b–32
Zusatztexte	Hes 18,1–4.21–24.30–32; Jona (3,10); 4,1–11; Lk 15,1–10

4. Sonntag nach Trinitatis

Einer trage des andern Last, so werdet ihr das Gesetz Christi erfüllen. (Gal 6,2)

Hintergründiges Die Menschen, die Gott zu sich einlädt und zu sich holt, finden sich in einer neuen Gemeinschaft der Gotteskinder wieder. Wie das Leben in dieser Großfamilie gelingen kann, erkundet der 4. Sonntag nach Trinitatis.

Wie ich dir, so Gott mir Jesus hat eine Lebensgemeinschaft seiner Nachfolger ins Leben gerufen. Er ist der älteste Sohn der großen Familie der Kinder Gottes, und wie in jeder Familie gibt es hier Streit. Kein Wunder also, dass das letzte eindrückliche Bild, das Jesus seinen Jüngern hinterließ, die Fußwaschung war. In Gottes Familie soll es nicht darum gehen, recht zu haben, sondern zu dienen; dem Bruder, der Schwester in den Mühen des Lebens beizustehen, statt ihn oder sie zu verurteilen.

Und wenn mir sogar in dieser Familie wirklich Unrecht geschieht? Gerechtigkeit will Gleiches mit Gleichem vergelten oder sich zumindest das zurückholen, was ihr zusteht. Paulus jedoch rät: „Besiege das Böse durch das Gute!" Und Jesus schlägt vor: „Wenn einer dir deinen Mantel wegnimmt, gib ihm doch gleich dein Kleid mit." Ich frage mich: Soll ich wirklich dem Betrüger, der mich bei eBay um die Kaufsumme prellt, nochmal die doppelte Summe auf sein Paypal-Konto überweisen? Mir scheint, Jesus hat das tatsächlich so gemeint und macht damit klar: Recht mit Macht und notfalls mit Gewalt durchzusetzen, ist in dieser Welt zwar unerlässlich, um den Schwachen vor der Willkür des Stärkeren zu schützen. Es beendet jedoch nicht die Dynamik von Angriff und Verteidigung. Diese mündet allzuoft in einer Gewaltspirale, die ständig neue Opfer fordert. In der Welt der Gotteskinder soll es anders zugehen. Gewalt wird nicht mit Gegengewalt beantwortet, nicht einmal zur Selbstverteidigung. Stattdessen überlässt der Angegriffene es Gott, sein Recht wiederherzustellen, obwohl er selbst das vielleicht gar nicht mehr erlebt.

Und nein – auf seinem Recht zu bestehen ist keine Sünde, und die andere Wange hinzuhalten ist kein Gebot. Jesus hat selbst harte Kontroversen mit seiner Familie ausgefochten, um seine Unabhängigkeit und seine Berufung zu wahren. Die Beispiele Jesu beziehen sich auf Einzelereignisse, nicht auf eine langfristige Lebenssituation. Aber es ist eine Option für denjenigen, der aus einer Position der inneren Stärke und Gelassenheit heraus in einem konkreten Fall auf sein gutes Recht verzichtet. So verweigert er sich dem Kreislauf von Gewalt und Gegengewalt. Dem Übeltäter dann noch mehr zu geben, als der sich gewaltsam nehmen will, kann diesem die Augen für das Unrecht öffnen, das er da gerade begeht. Er bekommt eine Chance zum Umkehren, zum Umdenken – zur Buße. So hat es David gehalten, als Saul in seine Gewalt geriet, und so handelte Jesus, als ein paar aufgebrachte Theologen von ihm verlangten, eine Frau, die im Bett eines verheirateten Mannes erwischt wurde, zu steinigen. Die tödliche Dynamik, das Recht mit Gewalt durchzusetzen, wurde gestoppt und ein Neuanfang wurde möglich.

Zudem verspricht Gott jedem, der seinem Schuldiger entgegenkommt: „Wie du ihm, so ich dir." Jesus sagt seinen Nachfolgern zu: Jede Großzügigkeit, die du freiwillig um des nachhaltigen Friedens willen gewährt hast, wirst du vielfach zurückerstattet bekommen – manches davon schon in diesem Leben, den ausstehenden Teil überreich in der neuen Welt.

■ Gebet

Großzügiger Gott, mir fällt es oft schwer, selbst großzügig zu sein. Zu groß ist meine Angst, zu kurz zu kommen, ja, Lebensnotwendiges zu verpassen. Vergib mir mein Misstrauen in deine treue Versorgung und dass du mir am Ende Recht schaffen wirst. Ich will es einüben, dir zu vertrauen. Öffne mir die Augen für deine Großzügigkeit, damit ich großzügig sein kann. Amen.

■ Kirchenjahr praktisch: Schuld erlassen

Sind Sie aktuell in der Situation, dass Ihnen jemand etwas schuldet? Könnte es angemessen sein, diesem Menschen die Schuld zu erlassen, um einen Neuanfang zu ermöglichen? Sprechen Sie mit Gott über die Situation. Er wird Sie weise leiten.

▨ Alle Texte

Wochenspruch	Gal 6,2
Wochenpsalm	Ps 42,2–6
Altes Testament	1. Mose 50,15–21
Epistel	Röm 12,17–21
Evangelium	Lk 6,36–42
Zusatztexte	1. Sam 24,1–20; Joh 8,3–11; 1. Petr 3,8–17

5. Sonntag nach Trinitatis

Aus Gnade seid ihr gerettet durch Glauben, und das nicht aus euch: Gottes Gabe ist es. (Eph 2,8)

Hintergründiges An diesem Sonntag kommt die individuelle Berufung zur Nachfolge in den Blick. Die Texte berichten von einzelnen Berufungsgeschichten und erzählen von Menschen, die sich – zum ersten Mal oder angesichts aufkommender Zweifel wieder neu – für das Vertrauen in die Treue Gottes entscheiden.

Wie ein Tier! Kommen Sie sich manchmal wie der oder die Dumme vor? Vielleicht erleben Sie es öfter, wie andere Ihre Einsatzbereitschaft ausnutzen. Immer werden Sie gebeten, die Flüchtlingsfamilie in der Unterkunft abzuholen und zum Gottesdienst zu bringen, obwohl Sie vorher noch die bettlägerige Oma versorgen müssen. Vielleicht müssen Sie zusehen, wie viele Menschen staatliche oder andere Unterstützung bekommen, die sie gar nicht brauchen, Sie aber aus irgendwelchen Gründen jedes Mal leer ausgehen. Dieses Gefühl, in der Not nicht gesehen zu werden, kann richtig wehtun. Manchmal ist es dann dran, sich zu wehren und einmal „nein!" zu sagen, in anderen Fällen lässt sich an der ungerechten Behandlung tatsächlich nichts ändern. Viele Menschen, die dem Ruf Gottes gefolgt sind und nun ihr Leben nach Gottes guten Lebensregeln ausrichten, erleben es, dass es anderen besser geht, womöglich gerade, weil diese sich nehmen, was sie wollen, ohne nach Gottes Maßstäben zu fragen.

Wohin dann mit der Wut auf die Ungerechtigkeit? Sie kann sich nach außen entladen und man wettert gegen die rücksichtslosen Selbstoptimierer. Manchmal richtet sie sich nach innen und man zerfleischt sich in Selbstvorwürfen. Solch hilflose Wut kann in Bitterkeit umschlagen und das ganze Leben vergiften. Der Psalmdichter Asaf weiß, wovon er spricht. „Wie ein Tier war ich vor dir", sagt er zu Gott, nachdem er endlich aus dem schmerzhaften Strudel der Empörung herausgefunden hat. Wie ist ihm das gelungen? Psychologische Methoden scheinen nicht geholfen zu haben. Er wusste, er wollte die lebensfeindlichen Strategien der Mächtigen nicht übernehmen, aber er fand keinen Weg, mit seiner Empörung so umzugehen, dass sie ihm nicht das Leben vergällte.

Asaf kann seine Bitterkeit erst loslassen, als er sich neu dafür entscheidet, Gott selbst aufzusuchen, seine Bitterkeit in Gottes Gegenwart zu tragen. Dort lässt Gott ihn überraschenderweise einen Blick hinter die Kulissen tun und Asaf erkennt: Die Ungerechtigkeit, die mir das Leben vergällt, wird nicht ewig anhalten. Schneller als gedacht werden sich die Verhältnisse umkehren. Gott wird zu seinem Wort stehen. Er rettet seine Getreuen aus den todbringenden Verhältnissen dieser Welt und holt sie sogar aus der eigenen Verstrickung in ihre Bitterkeit.

Nicht immer ist Gottes Handeln für unser Verständnis von Fairness und Treue nachvollziehbar. Doch wer Gott sein Unverständnis über die ungerechten Verhältnisse klagt, dem öffnet er die Augen für seine Wahrheit, die eine andere ist als die dieser Welt. Schon dass er uns vor der eigenen Verzweiflung und gar vor dem letzten Tod rettet, ist eigentlich nicht *fair*, denn verdient haben wir es nicht – er rettet immer *aus Gnade* – weil er seinen Leuten treu ist. Und manchmal stehen die treuen Gottesleute wirklich da wie die Dummen, aber am Ende wird sich erweisen, dass Gottes Wahrheit und Gerechtigkeit in alle Ewigkeit bestehen wird.

Gebet Gerechter Gott, ich finde es manchmal einfach unfair, wie es deinen Getreuen ergeht, obwohl sie deinem Ruf gefolgt sind und sich treu an deine guten Lebensregeln halten. Lehre mich, hinter die Kulissen zu sehen und zu unterscheiden, wo es angemessen ist, für Gerechtigkeit einzustehen, und wo ich sie dir anvertrauen darf. Danke, dass du in allem zu mir hältst. Amen.

Kirchenjahr weiterdenken: Gottes Treue nachspüren Können Sie sich erinnern, wann und wie Gott Sie gerufen hat? Wie erleben Sie seine Treue auf Ihrem Weg der Nachfolge? Lässt sich das fassen – in einem Bild, einem Gedicht, einer Aktion?

Alle Texte

Wochenspruch	Eph 2,8
Wochenpsalm	Ps 73,1–3.8–10.23–26
Altes Testament	1. Mose 12,1–4a
Epistel	1. Kor 1,18–25
Evangelium	Lk 5,1–11
Zusatztexte	Mt 9,35–10,1(2–4)5–10; Joh 1,35–51; 2. Kor (11,18.23b–30),12,1–10

6. Sonntag nach Trinitatis

So spricht der HERR der dich geschaffen hat, Jakob, und dich gemacht hat, Israel: Fürchte dich nicht, denn ich habe dich erlöst; ich habe dich bei deinem Namen gerufen; du bist mein! (Jes 43,1)

Hintergründiges Dieser Sonntag bildet mit dem folgenden Sonntag ein Paar. Während er mit dem Bild der Taufe den Beginn des neuen Lebens „in Christus" schon in dieser Welt bedenkt, zeigt der 7. Sonntag nach Trinitatis mit der Betrachtung des Abendmahls, wie Gott seine Menschen unter den Bedingungen dieser Welt am Leben erhält.

Radikale Inklusion Auf dem Vorplatz des Tempels in Jerusalem steht ein Mann in reich verzierten Gewändern und schaut zum Tempelgebäude hinüber. Selbst in dem bunten Völkergewimmel hier fällt er auf. Seine Haut ist einige Schattierungen dunkler als die der meisten Anwesenden und offensichtlich ist er sehr reich und sehr einflussreich. Gestern hat er sich mit einem Schriftgelehrten unterhalten, auf Griechisch, denn Hebräisch spricht er nicht. Trotzdem fasziniert ihn diese Religion wie keine andere. Statt sich in kleinliche Streitereien mit anderen Göttern zu verstricken, wendet sich dieser Gott mit seiner ganzen Fürsorge seinen menschlichen Anbetern zu. Wie gern würde der Mann zu diesem Volk gehören!

Der Schriftgelehrte musste ihn allerdings enttäuschen. Die Gesetze Gottes verbieten es einem Eunuchen, sich dem Gottesvolk anzuschließen. Dabei war ihm damals nichts anderes übrig geblieben, als sich kastrieren zu lassen. Seine Königin ließ nur Eunuchen zu den höchsten Verwaltungsämtern zu und er hatte es immerhin zum Ersten Finanzminister gebracht. Doch nun verwehrt ihm dieser Eingriff den Eintritt in das Volk des einen Gottes, der sich tatsächlich für das Wohl seiner Leute interessiert.

Er wirft einen letzten Blick auf die niedrige Mauer, die Nichtjuden den Zutritt zum Tempel verwehrt, und befiehlt seinen Dienern, die Reisekutsche fertigzumachen. Als sie die Stadttore Jerusalems passieren, öffnet der Mann die Rolle des Propheten Jesaja und beginnt, laut zu lesen.

Bald stellt er fest: Ohne Anleitung ist dieser Text über einen leidenden Gottesknecht nicht zu verstehen. Während er noch grübelt, läuft plötzlich ein Mann neben seinem Wagen her und fragt ihn: „Verstehst du denn, was du da liest?". Erfreut, einen Gesprächspartner gefunden zu haben, lädt er den Fremden zu sich in die Kutsche ein.

Was der Mann ihm dann erklärt, schlägt in sein enttäuschtes Gemüt ein wie eine Bombe. Den Knecht, von dem Jesaja sprach, hat er nur um wenige Jahre verpasst. Wie bei Jesaja beschrieben, war er gestorben, um sein Volk zu erlösen. Er war auferstanden und hatte seine Geistkraft auf seine Anhänger geschickt. Und wer sich seiner Gemeinschaft anschließen wollte, konnte das tun, indem er sich taufen ließ.

War das seine Chance? Würde ihn die Gemeinschaft dieses Jesus Christus aufnehmen? Oder würde auch sie ihn als verstümmelt und unwürdig abweisen? Als sie an einer Wasserstelle vorbeikommen, bricht es aus ihm heraus: „Schau, das ist Wasser! Gibt es irgendeinen Grund, der mich daran hindert, mich jetzt taufen zu lassen?"

„Nein!", antwortet sein Begleiter. Sie halten an und er tauft ihn an einer Wasserstelle auf offener Strecke. Dann ist der Fremde verschwunden, genauso unvermittelt, wie er aufgetaucht war. Doch das Herz des Verwalters füllt eine Freude, auf deren Flügeln er den langen Weg nach Hause schwebt.

Der äthiopische Finanzminister war als Eunuch und Vertreter eines afrikanischen Volkes ganz am Rande des wahrnehmbaren Kulturkreises ein äußerst unwahrscheinlicher Kandidat für diese Geschichte. Gott setzt alles in Bewegung, um ausgerechnet diesen Mann zum ersten getauften Christen nichtjüdischer Herkunft zu machen. Ihm muss echte Inklusion unglaublich wichtig sein!

■ Gebet   Gott der Fremden und Ausgegrenzten, du versprichst: Ich werde niemanden abweisen, der zu mir kommen will. Niemanden! Und ich staune, wie man so großherzig sein kann. Mach auch mein Herz weit für alle, die Gemeinschaft suchen. Amen.

■ Kirchenjahr praktisch: Gemeinschaft für alle   Sehen Sie in Ihrer Gemeinde oder Umgebung Menschen, die ausgeschlossen sind? Warum ist das so und können Sie etwas tun, um ihn oder sie in die Gemeinschaft zu holen?

■ Alle Texte

Wochenspruch	Jes 43,1
Wochenpsalm	Ps 139,1–12 oder Ps 139,13–16.23–24
Epistel	Röm 6,3–8(9–11)
Evangelium	Mt 28,16–20
Zusatztexte	5. Mose 7,6–12; Apg 8,26–39; 1. Petr 2,2–10

7. Sonntag nach Trinitatis

So seid ihr nun nicht mehr Gäste und Fremdlinge, sondern Mitbürger der Heiligen und Gottes Hausgenossen. (Eph 2,19)

Hintergründiges Nachdem am vorhergehenden Sonntag der Beginn des neuen Lebens gefeiert wurde, vergewissern sich die Texte heute, dass Gott seinen Leuten dieses Leben auch unter den notvollen Bedingungen dieser Welt erhält. Dabei wird häufig des Abendmahls gedacht, denn Christus ist das *Brot des Lebens.*

Brot zum Leben Seit sechs Wochen sind sie in der Wüste unterwegs. Langsam werden die Brotbeutel immer leerer, doch weit und breit ist keine Oase in Sicht. Wo sollen sie nun genug Essen auftreiben, um in den nächsten Wochen nicht zu verhungern? Diese Unsicherheit sind sie nicht gewohnt. Die Sklaventreiber in Ägypten hatten ihnen wenigstens regelmäßig Nahrung gegeben, sie mussten ihre Arbeiter ja bei Kräften halten. Nun hat Gott sie zwar aus der Zwangsarbeit befreit, aber statt im versprochenen Land von Milch und Honig finden sie sich in der Wüste wieder und sehen den Hungertod drohen. Jetzt könnten sie begreifen: Hier, in der großen Freiheit, können wir unser Leben noch weniger selbst erhalten als in der Gewalt der Sklaventreiber. Wir sind völlig darauf angewiesen, dass unser Befreier uns nun am Leben erhält. Deshalb: Wenden wir uns doch in unserer Not an ihn und bitten ihn, dass er uns mit dem Lebensnotwendigen versorgt! Wenn er uns schon befreit hat, wird er uns doch sicherlich nicht in der Wüste verrecken lassen.

Auf diese Idee sind die Israeliten damals erstaunlicherweise nicht gekommen. Stattdessen verklärt sich das Sklavenleben in Ägypten für sie zu einer einzigen Party rund um dampfende Fleischtöpfe und sie jammern und beklagen sich bei ihrem Anführer Mose, dass er sie aus dem herrlichen Paradies in diese Wüste entführt hat, wo sie nun verhungern werden. Angesichts der Menge an Vieh, das sie aus Ägypten mitnahmen, ist es unwahrscheinlich, dass der befürchtete Hungertod unmittelbar bevorsteht. Ich persönlich kann diese Angst allerdings gut nachvollziehen. Am liebsten wüsste ich meine Grundbedürfnisse an Nahrung, Unterkunft und Kleidung schon jetzt in alle Zukunft gesichert.

Erstaunlicherweise geht Gott auf das Jammern der Israeliten ein, obwohl es im Grunde ihr Misstrauen gegen ihn ausdrückt. Er schickt einen Schwarm Wachteln und von nun an liegt jeden Morgen rund um das Zeltlager eine dicke Schicht Körner, die sich auf viele Weisen zubereiten lassen. Allerdings kann man sie nicht auf Vorrat sammeln, denn sie verderben über Nacht, und die Israeliten müssen lernen: Wir sind jeden Tag neu darauf angewiesen, dass unser Gott uns versorgt. Aber sie erleben, dass diese Speise tatsächlich jeden Tag für sie bereitliegt. Auf Gott ist Verlass!

Jesus selbst bezeichnet sich einmal als Brot des Lebens. Auch seine Nahrung zum Leben lässt sich nicht im Voraus planen oder auf Vorrat sammeln. Gleichzeitig ist „seine Barmherzigkeit jeden Morgen neu". Seine Treue hält uns in jedem Augenblick. Dass man sie nicht in der Speisekammer des Lebens einlagern kann, kann eine große Herausforderung für Menschen mit hohem Sicherheitsbedürfnis sein. Aber gerade sie können die entlastende Wahrheit einüben: Nicht mein Vor-Sorgen ver-sorgt mich, sondern Gott. Die Israeliten brauchten 40 Jahre, eine ganze Generation, bevor sie die Angst zu verhungern halbwegs loslassen und ihrem Gott vertrauen konnten. Ich selbst stehe täglich vor der Herausforderung, zu vertrauen, dass der Gott des Lebens mein Leben erhalten wird, wie es gut ist. Im Abendmahl spricht Jesus mir jedes Mal neu zu: „Ich habe mein Leben gegeben, damit du leben kannst. Halte dich an mich, dann wirst du leben."

Gebet Unser tägliches Brot gib uns heute! Amen.

Kirchenjahr weiterdenken: Abgeben – Vertrauen wagen Einige Texte für diesen Sonntag erzählen davon, wie Menschen von ihrem Wenigen an andere abgaben, die noch weniger hatten, und wie sie erlebten, dass sich dabei ihr Mangel in Überfluss verkehrte. Ein solches Wunder lässt sich nicht provozieren, aber vielleicht lädt Gott Sie in dieser Woche einmal ein, ihm auf diesem Weg Ihr Vertrauen zu zeigen.

Alle Texte

Wochenspruch	Eph 2,19
Wochenpsalm	Ps 107,1–9
Altes Testament	2. Mose 16,2–3.11–18
Epistel	Apg 2,41–47
Evangelium	Joh 6,1–15
Zusatztexte	1. Kön 17,1–16; Joh 6,30–35; Hebr 13,1–3

8. Sonntag nach Trinitatis

Wandelt als Kinder des Lichts; die Frucht des Lichts ist lauter Güte und Gerechtigkeit und Wahrheit. (Eph 5,8b.9)

Hintergründiges Die Menschen, die Gott aus dem Machtbereich dieser Welt in seinen Machtbereich gerettet hat, leben noch immer in dieser Welt. Wie verändert das ihren Alltag und wie wirkt ihr verändertes Wesen zurück auf die Menschen um sie herum? Diesen Fragen geht der 8. Sonntag nach Trinitatis nach.

Licht werden! Jesus kommt als Licht für die Welt in diese Welt. Weil er Licht ist, kann er blinden Menschen ihre Blindheit nehmen. Er kann ihnen die Augen öffnen für die wahren Zustände der Welt um sie herum, für den wahren Zustand ihres Lebens. Sie sehen, dass Gott allen Menschen Rettung verspricht und ihre Wunden heilt.

Wer Jesus begegnet, wen Jesus in den Blick nimmt und wer es sich gefallen lässt, dass Jesus ihm die Blindheit nimmt, der wird selbst zum Licht. Sein verändertes Wesen fällt auf. War er als Blinder weitgehend orientierungslos und angewiesen auf Hilfe von außen, kann er nun selbstbestimmt sein Leben in die Hand nehmen. Wenn erstaunte Menschen fragen, wie dieser Wandel zustande kam, kann er Gottes Rettungshandeln bezeugen. Das wird den einen oder anderen Blinden sicher dazu bringen, diesen Jesus ebenfalls aufzusuchen und sich von ihm die Blindheit nehmen zu lassen. Wie eine Lampe die Insekten anzieht, die sich am Licht orientieren, so zieht eine erleuchtete Stadt auf einem Berg den Wanderer an, der im Dunkeln die Orientierung verlor. So erfüllt sich die Prophezeiung Jesajas über das von Gott erneuerte Jerusalem: „Alle Heiden werden herzulaufen und viele Völker werden hingehen." (Jes 2,2–3) Wo Gott wohnt, finden Menschen Orientierung. Wo Gott wohnt, wird Gerechtigkeit geschaffen, die zu tiefgreifendem, nachhaltigen Frieden führt. Wo Gott wohnt, wollen auch die wohnen, die in dieser Welt keine friedvolle Heimat haben.

Allerdings leuchten Gottes Leute nicht automatisch, um anderen den Weg in die Gegenwart Gottes zu zeigen. Schon Jesajas Prophezeiung von der Stadt auf dem Berg mündet in einen Aufruf an das Volk Israel: „Kommt nun, ihr vom Haus Jakob, lasst uns wandeln im Licht des HERRN." (Jes 2,5) Jesus sagt: „Versteckt euer Licht nicht unter einem Kübel, sondern steckt es auf einen hohen Ständer!" (Mt 5,15) Und Paulus schreibt: „Ihr seid Licht in dem Herrn. Wandelt als Kinder des Lichts!" (Eph 5,8)

Anscheinend bringt das Licht-Sein also eine besondere Verantwortung mit sich. Es geht nicht nur darum, das Licht nicht zu verstecken, den Glauben nur heimlich im stillen Kämmerlein zu leben und den Mitmenschen vorzuspielen, man sei genauso blind wie sie selbst. Es gilt, das Licht aktiv unter die Menschen zu tragen. Paulus erklärt, wie das konkret aussehen kann: Prüft, ob das, was ihr plant, Gott gefällt. Verschafft euch Durchblick und vermeidet dunkle Ecken. Beteiligt euch nicht an dunklen Geschäften, und wenn ihr davon erfahrt, deckt sie auf. Sorgt dafür, dass es hell wird, überall. Werdet eurem Wesen als Kinder des Lichts gerecht. Als Lichtträger Gottes tun wir der Welt gut. Das wird denen nicht gefallen, die ihre Geschäfte aus Gründen lieber im Dunklen verrichten. Diejenigen aber, die in dunklen Ecken festsitzen oder festgehalten werden, werden es danken und Gott für ihre Befreiung loben.

■ **Gebet** Jesus, Licht der Welt, wo du bist, müssen die Schatten fliehen. Erleuchte die Augen meines Herzens, damit ich Durchblick gewinne. Gib mir Weisheit und Mut, dein Licht an Orte zu tragen, die deine helle Wärme brauchen. Amen.

■ **Kirchenjahr praktisch: Licht machen!** Welche dunkle Ecke könnten Sie diese Woche erhellen? Endlich die ausgebrannte Birne im Keller ersetzen? Klarheit in eine verworrene Situation bringen? Vielleicht sogar ein ungutes Geheimnis ans Licht bringen und nachhaltigen Frieden schaffen?

■ **Alle Texte**

Wochenspruch	Eph 5,8b.9
Wochenpsalm	Ps 48,2–3a.9–15
Altes Testament	Jes 2,1–5
Epistel	Eph 5,8b–14
Evangelium	Mt 5,13–16
Zusatztexte	Mk 12,41–44; Joh 9,1–7; 1. Kor 6,9–14(15–18)19–20

9. Sonntag nach Trinitatis

Wem viel gegeben ist, bei dem wird man viel suchen; und wem viel anvertraut ist, von dem wird man umso mehr fordern. (Lk 12,48b)

Hintergründiges

Wie kann ein Gottesmensch Licht für die Welt sein, wo er doch selbst noch Teil dieser Welt ist? Der 9. Sonntag nach Trinitatis spürt dem Ineinander von Auftrag, Verantwortung und Befähigung durch Gott nach.

Das kann ich nicht!

Kennen Sie das? Der Chef teilt Ihnen eine Aufgabe per E-Mail zu und Sie brauchen ein paar Stunden, bis Sie sich die Sache anschauen können. Dabei stellen Sie fest: So, wie der Auftrag formuliert ist, können Sie den nicht ausführen. Es fehlen Ihnen Ressourcen, Kompetenzen oder die Zeit. Also schreiben Sie eine E-Mail zurück mit der Bitte, die Rahmenbedingungen anzupassen, und prompt kommt die automatische Antwort zurück: „Ich bin auf Dienstreise und für die nächsten zwei Wochen nicht erreichbar." Na toll, denken Sie. Hätte er nicht früher anfragen können?

Wenn Ihnen das schon einmal so ging, hoffe ich sehr, dass Sie einen verständigen Chef hatten. So wie Jeremia, der von Gott beauftragt wurde, in seinem Namen zu predigen, und genau wusste: Auf mich Milchgesicht wird niemand hören! Ich habe keine Lebenserfahrung, keine Kompetenzen, keine Autorität vor den Gelehrten und Mächtigen meiner Zeit. Aber Gott ist sich sicher: Doch, du bist der Richtige. Schritt für Schritt leitet Gott Jeremia an und am Ende wird er einer der gewaltigsten Propheten Israels.

Oder wie Salomo. Sein Vater übergibt ihm das Königreich, das er mit großem persönlichen Einsatz aus den zerstrittenen Stämmen Israels geschaffen hat, und Salomo fühlt sich hoffnungslos überfordert. Zum Glück bietet Gott ihm an: „Sag mir, was du dir wünschst. Was immer es ist, ich werde es dir geben." Und Salomo ergreift die Chance und bittet Gott, ihm einen klaren Verstand und Durchblick zu geben, damit er das Volk, das ihm anvertraut ist, gerecht regieren kann. Gott ist begeistert von Salomos uneigennütziger Wahl und gibt ihm Reichtum und Ansehen noch dazu. Wenn Gott einen Menschen beruft, wenn Gott einem Menschen eine Aufgabe gibt, sorgt er dafür, dass sein Mitarbeiter die notwendigen Ressourcen erhält. Nicht immer sofort und im Voraus, aber spätestens dann, wenn er sie zur Ausführung der Aufgabe wirklich braucht.

So ein Ruf Gottes, eine Berufung oder Beauftragung zu einer lebenslangen oder aktuellen Aufgabe, enthält zugleich die Herausforderung, ihm dabei ganz und gar zu vertrauen, notfalls alle eigenen Ressourcen dafür einzusetzen und alle Ambitionen zum eigenen Vorankommen loszulassen. Jeremia geht nach und nach völlig in seinem Auftrag auf und selbst als ihm alles zu viel wird und er den Job kündigen will, muss er feststellen: Ich komm hier nicht mehr raus. Dieser Job kostet ihn alles, doch obwohl er sich völlig überfordert fühlt, macht er weiter bis zum bitteren Ende. Salomo stellt zunächst alle seine Ressourcen in den Dienst für Gott und seine Ehre, doch auf dem Höhepunkt seiner Macht warnt Gott ihn: Pass auf, dass dir nicht irgendwann andere Dinge wichtiger werden als ich. Sorge dafür, dass du und deine Nachkommen mich und meinen Ruf in der Welt weiterhin ernst nehmen, sonst muss ich die Aufgabe, mein Volk zu regieren, an andere weitergeben. Wir wissen: Schon Salomo begann andere Götter anzubeten, und seine Nachkommen führten das Volk mit ihrer Geringschätzung Gottes und seiner Gebote in den Untergang.

Gottes Aufträge lassen sich nur angemessen ausführen, wenn der Beauftragte sich und das Gelingen seiner Arbeit voll und ganz Gott anvertraut. Dann aber wird Gott ihm alles geben, was er dafür braucht, und sein Einsatz wird nicht umsonst sein.

Gebet

Gott, du berufst und rüstest aus. Oft stehe ich aber vor meinen Aufgaben – den alltäglichen und den besonderen – und weiß nicht, wie ich sie bewältigen soll. Ich habe die Zeit nicht, die Kraft, oder die nötigen Mittel. Bitte gib mir ein aufmerksames Herz, damit ich erkenne, was wirklich dran ist, die notwendigen Ressourcen und das Vertrauen, dass du mich zur rechten Zeit mit allem versorgst, was nötig ist. Amen.

Kirchenjahr weiterdenken: Wünsche frei!

Wenn Gott jetzt verspräche, Ihnen zu geben, was Sie sich wünschen, was wäre das? Warum gerade diese Sache? Möchten Sie ihn diese Woche konkret darum bitten?

Alle Texte

Wochenspruch	Lk 12,48b
Wochenpsalm	Ps 63,2–9
Altes Testament	Jer 1,4–10
Epistel	Phil 3,(4b–6)7–14
Evangelium	Mt 13,44–46
Zusatztexte	1. Kön 3,5–15(16–28); Mt 7,24–27; Mt 25,14–30

10. Sonntag nach Trinitatis

Wohl dem Volk, dessen Gott der HERR ist, dem Volk, das er zum Erbe erwählt hat!
(Ps 33,12)

Hintergründiges Der 10. Sonntag nach Trinitatis liegt in zeitlicher Nähe zum jüdischen Tischa beAv, dem neunten Tag des Monats Av, an dem die Juden der zweimaligen Zerstörung Jerusalems durch Nebukadnezar 587 v. Chr. und durch die Römer 70 n. Chr. gedenken. Deshalb feiert die evangelische Kirche seit dem 16. Jahrhundert diesen Sonntag als Gedenktag an die Zerstörung des Tempels. Damals sah man darin ein Gerichtshandeln Gottes an Israel als Strafe für den Tod Jesu und meinte, die Kirche hätte Israel als Gottes erwähltes Volk abgelöst. Heute erkennt man die bleibende Verbundenheit Gottes mit seinem erwählten Volk, das als lebendiger Wurzelbaum der Kirche seinen besonderen Platz bei Gott behält.

So stehen an diesem Sonntag zwei **Proprien** nebeneinander – eines, das der Zerstörung des Tempels gedenkt und dies zum Anlass nimmt, die Schuld und die Verantwortung des Christentums dem Judentum gegenüber zu reflektieren, und eines, das die gemeinsame Verbundenheit mit demselben Gott in den Mittelpunkt stellt.

Ein Gebot für Israel und die Kirche Nach 40 Jahren in der Wüste steht das Volk Israel kurz vor dem Einzug in das versprochene Land. Ihr langjähriger Anführer Mose wird nicht mit ihnen ziehen. In seiner Abschiedsrede erinnert er sie an die wunderbare Berufung Gottes für sein Volk: Wenn ihr euer Leben nach meinen Geboten gestaltet, werden alle anderen Völker euch bewundern und eure Weisheit und Gerechtigkeit wird wie ein Leuchtturm sein, der sie anlockt. Deshalb achtet gut darauf, dass ihr alle meine Anweisungen treu an die nächsten Generationen weitergebt und sie verantwortungsvoll befolgt.

Jahrhunderte später streiten sich jüdische Theologen, welches der vielen Gebote das Wichtigste ist, denn zuweilen geraten einzelne Regeln in Widerspruch zueinander. Auch Jesus wird diese Frage gestellt, doch er macht umgehend klar: Es geht nicht darum, Prioritäten zu definieren. Gottes Gebote lassen sich nicht formal korrekt halten. Es geht um eine innere Haltung, aus der heraus du die Gebote wie selbstverständlich einhältst. Weil es nur einen Gott gibt, nämlich den Einen, sollst du ihn lieben mit allem, was du hast, und deinen Nächsten wie dich selbst. Damit gibt Jesus kein neues Gebot, sondern er macht deutlich: Wer dieses eine Gebot hält, hält damit alle anderen.

Jedes einzelne Gebot ist, in seinem Kontext richtig verstanden, eine Anleitung, das Leben zur Ehre Gottes zu gestalten. Im Reich Gottes, wie es jetzt anbricht, wird das Gesetz, das Gott Israel gab, noch übertroffen werden, denn wer Gott wahrhaft liebt, wird so leben, dass es Gott Freude bereitet und ihn ehrt, und er wird nicht anders können, als auch seinen Nächsten zu lieben. Ein solches Leben ist für Außenstehende attraktiv und sie werden kommen und erfahren wollen, wie sie daran teilhaben können.

Diese Grundhaltung haben wir, Juden und Christen, gemeinsam. Wie Gott am Ende mit dem Teil Israels verfährt, der Jesus nicht als seinen Messias erkannte, versucht Paulus im Brief an die Gemeinde in Rom innerhalb seiner Erkenntnismöglichkeiten zu erfassen. Wie auch immer Gott am Ende seine Versprechen für Israel wahr machen wird – er wird es recht machen.

Gebet Gott, der Israel aus Ägypten und die gesamte Menschheit aus den Fängen der Todesmächte rettete: Ich danke dir dafür, dass du diese lange Geschichte treu mit deinem Volk gegangen bist, auch da, wo es dir untreu wurde. Das gibt mir Mut, dass du an meiner Seite bleibst, wenn ich einmal in die falsche Richtung laufe. Amen.

Kirchenjahr praktisch: Der Spur der Liebe folgen Versuchen Sie auch so oft, Aufgaben nach wichtig und weniger wichtig zu sortieren? Wie wäre es, erst einmal zu fragen, was Gott ehrt und was dem Mitmenschen dient. Wie wäre es, einmal der Spur der Liebe zu folgen, anstatt Entscheidungen mit tausend Argumenten zu rechtfertigen? Ja, das ist ein Risiko. Gott lädt uns dazu ein.

Alle Texte

Christen und Juden – Freude an Israel

Wochenspruch	Ps 33,12
Wochenpsalm	Ps 122,1–9
Altes Testament	2. Mose 19,1–6
Epistel	Röm 11,25–32
Evangelium	Mk 12,28–34
Zusatztexte	5. Mose 4,5–20; Sach 8,20–23; Mt 5,17–20

Gedenktag der Zerstörung Jerusalems

Wochenspruch	Ps 33,12
Wochenpsalm	Ps 74,1–3.8–11.20–21
Altes Testament	Jes 27,2–9
Epistel	Röm 9,1–5
Evangelium	Lk 19,41–48
Zusatztexte	5. Mose 30,1–6(7–10); Klgl 5,1–22; Röm 11,17–24

11. Sonntag nach Trinitatis

Gott widersteht den Hochmütigen, aber den Demütigen gibt er Gnade. (1. Petr 5,5b)

Hintergründiges   Der 11. Sonntag nach Trinitatis fragt danach, wie gut ein Mensch sein muss, um vor Gott bestehen zu können, und kommt zu einem überraschenden Ergebnis: Es kommt nicht auf die Leistung an, noch nicht einmal auf das eigene Bemühen, sondern allein auf Gottes Gnade – sein *Ich-bin-für-dich*.

Wenn der wüsste!   Endlich hat es geklappt. Schon lange wollte Simon den jungen Rabbi Jeschua einladen, der seit einigen Monaten landesweit für Aufsehen sorgt. Das Volk liebt seine öffentlichen Predigten, denn er erklärt ihnen das Reich Gottes so, dass selbst die einfachen Leute es verstehen. Andererseits provoziert er mit seinen radikalen Auslegungen der Gesetze vor allem die Gelehrten und Mächtigen ganz schön. Wenn man ihn hört, wird einem entweder das Herz warm oder der Kopf heiß. Auf jeden Fall ist er ein interessanter Mensch und seine Bekanntschaft kann später vielleicht noch nützlich sein.

Stolz blickt Simon über den reich gedeckten Tisch und die erlauchten Gäste, die seiner Einladung gefolgt sind. Selbstverständlich hat er dafür gesorgt, dass sämtliche Reinheitsvorschriften penibel eingehalten werden. Angeregt unterhält man sich über die Tagespolitik, gesellschaftliche Entwicklungen und natürlich über theologische Themen. Der junge Rabbi muss einige kritische Fragen über sich ergehen lassen, doch er schlägt sich tapfer. Der Abend verspricht ein voller Erfolg zu werden.

Urplötzlich steht *sie* da. Sie, deren Namen ein anständiger Mensch nicht einmal in den Mund nimmt. Mit offenen Haaren! Wie ist sie bloß hereingekommen? Sie steht am Fußende der Liege des jungen Rabbi und heult Rotz und Wasser, sodass die Tränen auf seine Füße fallen. Schnell bückt sie sich und versucht, die Tränen mit ihren Haaren abzuwischen. Jetzt küsst sie die Füße auch noch! Endlich gewinnt Simon seine Fassung wieder und setzt an, nach dem Türsteher zu rufen, aber der junge Rabbi winkt ab. Nun hat sie ein kleines Alabasterfläschchen in der Hand und gießt das Öl über seine Füße. Der Duft breitet sich im Raum aus und alle erkennen: Was diese Frau hier über den Füßen des Wanderrabbi ausgießt, ist ein Vermögen wert. Wenn der wüsste, denkt Simon. Wenn er tatsächlich der Prophet wäre, als der er sich präsentiert, dann wüsste er, wer ihn da anfasst, und er würde es keinesfalls dulden, sich von ihrer Unreinheit anstecken zu lassen. Doch dieser Rabbi schickt die Frau nicht fort, er lässt sie gewähren. Dann erzählt er eine Geschichte von Vergebung und Liebe und am Ende spricht er ihr sogar Sündenvergebung zu! Gebrauchen kann sie das, aber wer ist dieser Jesus, dass er an Gottes Stelle Sünden vergibt?

Simon glaubt zu wissen, wer da in sein Haus eingedrungen ist, aber in Wirklichkeit versteht er nichts. Jesus hingegen erkennt sofort, worum es hier geht: Diese Frau sucht Erleichterung von der Last ihrer Schuld. Wir wissen nicht, welche Schuld es war, die sie zur „Sünderin" machte – in den Augen anderer und wohl auch in ihren eigenen. Aber sie weiß, wohin sie mit dieser Last kommen kann. Im Gegensatz zu den schlauen Theologen hatte sie Jesus verstanden: Vor Gott zählen keine Fleißpunkte, er lässt sich von keinem noch so perfekten Leben beeindrucken. Gott möchte einzig und allein, dass wir ihm vertrauen. Wer rückhaltlos vertraut, dass Gott für ihn ist, wagt sich selbst mit den schlimmsten Verfehlungen zu ihm, wie David, nachdem er Ehebruch und Mord begangen hatte; wie der Zolleinnehmer in Jesu Gleichnis; wie Paulus, der in seinem Eifer für Gott Jesu Nachfolger dem Tod überantwortete. Sie alle glaubten und erfuhren das Versprechen Jesu: Wer zu mir kommt, den werde ich nicht abweisen.

Gebet Jesus, ich bin so dankbar zu sehen, wie du dieser Frau begegnest. Du wahrst ihre Würde und nimmst ihr die Last. Das macht mir Mut, zu dir zu kommen, egal, welche Last ich mit mir herumschleppe. Amen.

Kirchenjahr praktisch: Not im Blick der Liebe

Jesus sah die Frau in dieser Geschichte mit anderen Augen als Simon. Er sah sie mit den Augen der Liebe und erkannte ihre Not. Gibt es einen Menschen in Ihrem Umfeld, dessen Not auf Ihren Blick der Liebe hofft?

Alle Texte

Wochenspruch	1. Petr 5,5b
Wochenpsalm	Ps 145,1–2.14.17–21
Altes Testament	2. Sam 12,1–10.13–15a
Epistel	Eph 2,4–10
Evangelium	Lk 18,9–14
Zusatztexte	Hiob 23,1–17; Lk 7,36–50; Gal 2,16–21

12. Sonntag nach Trinitatis

Das geknickte Rohr wird er nicht zerbrechen, und den glimmenden Docht wird er nicht auslöschen. (Jes 42,3a)

Hintergründiges Die Texte des 12. Sonntags nach Trinitatis führen vor Augen, was geschieht, wenn Gott Heilung bringt: Menschen werden von Behinderungen und Einschränkungen frei und können wieder aufrecht am Leben teilhaben.

Befreit zum Leben Sind Sie schon einmal Opfer eines Betrugs geworden? Wie fühlte sich das an? Oft ist die Hilflosigkeit schlimmer als der eigentliche Verlust. Scham, Selbstvorwürfe, Empörung und Rachegedanken, vor allem aber ein bitterer Schmerz, als ob man gewaltsam im Inneren verletzt worden wäre, nehmen oft mehr Raum im Denken und Fühlen ein, als ihnen objektiv zustünde. Wer Gewalt in jedweder Form erlebt, dessen Blickfeld verengt sich. Wer in Gedanken immer wieder um das Geschehene und die eigene Reaktion darauf kreist, der wird irgendwann blind vor allem für das Gute, das ihm widerfährt.

Krankheit, Behinderung und andere Schicksalsschläge können blind und taub machen. Wer länger krank ist, wird oft einsam, vom Leben abgeschnitten; wer auf irgendeine Art behindert ist, bleibt bei vielem außen vor. Wer aber von lieben Menschen trotz seiner Einschränkung ins Leben einbezogen wird, kann auch mit den Begrenzungen glücklich sein. Die Realität ist jedoch meist eine andere: Blinde, Lahme, Taube, Stumme und Arme fristen ein Leben am Rand der Gesellschaft, werden überdurchschnittlich oft ausgebeutet und übervorteilt und können ihr Potential selten entfalten.

Schon die Propheten des Alten Testament hatten es erkannt: Gesundheit und Fruchtbarkeit sowie Gerechtigkeit, Aufrichtigkeit und Erbarmen hängen untrennbar zusammen. In den Bildern, die Jesaja von Gottes neuer Zeit malt, stehen Bilder der Heilung und Befreiung neben solchen einer fruchtbaren, friedlichen Schöpfung. Alle Krankheiten, Verletzungen und Verstümmelungen wird er heilen und die Gefangenen zurück ins Licht bringen.

Der Prophet Jesaja sah, dass eines Tages ein Erwählter Gottes kommen würde, der für die ganze Welt Gottes heilvolle Gerechtigkeit bringen würde, doch nicht mit den Mitteln dieser Welt. Er würde keine Reden schwingen, keine Propagandablätter verteilen und niemanden für die gute Sache mit Worten manipulieren. Stattdessen würde er ein Vorbild des Erbarmens sein. Er würde auch die hoffnungslosen Fälle nicht aufgeben und dem Sterbenden nicht den Gnadenstoß versetzen. So würde er zum Licht der Völker werden, und sie würden seinen Rat suchen.

Mit Jesus brach diese neue Zeit an. Während seines irdischen Lebens bezeugte er mit machtvollen Zeichen, dass Gott alle Mächte besiegt hat, die das Leben mit Gewalt beschneiden, behindern und beenden wollen. Jesus heilte Behinderte und Kranke, er richtete gekrümmte Menschen auf und befreite Gefangene von Mächten, die sie gewaltsam zu Tode bringen wollten. Nun konnten sie wieder am vollen Leben und der Gemeinschaft der Freien teilhaben und in das Lob Gottes, des Retters der Elenden einstimmen.

Noch immer ist Gott am Werk, um Menschen aus den Klauen der Todesmächte zu befreien. Betrüger werden entlarvt, Unterdrücker zur Rechenschaft gezogen und Kranke und Behinderte erfahren Heilung und Eingliederung ins gesellschaftliche Leben. Wie zur Zeit Jesu geschieht dies noch immer nur punktuell, als wunder-bare Zuwendungen Gottes und Zeichen seines Willens, alles Leben zu fruchtbringender Blüte freizusetzen. Noch warten wir darauf, dass dies allumfassend geschieht, doch jedes kleine Zeichen der Rettung und Heilung ist eine weitere Bestätigung von Gottes Versprechen: „Er heilt, die zerbrochenen Herzens sind, und verbindet ihre Wunden." (Ps 147,3).

Gebet Heile du mich, HERR, so werde ich heil; hilf du mir, so ist mir geholfen; denn du bist mein Ruhm. (Jer 17,14)

Kirchenjahr praktisch: Licht sein Sehen Sie in dieser Woche eine Möglichkeit, einem Menschen ein kleines Licht in seine Dunkelheit zu bringen? Einem Ausgeschlossenen einen Moment der Teilhabe zu ermöglichen; einem Kranken praktische Hilfe zukommen zu lassen, damit er erlebt: Ich bin nicht vergessen. Sie haben bestimmt eine passende Idee.

Alle Texte

Wochenspruch	Jes 42,3a
Wochenpsalm	Ps 147,1–6.11
Altes Testament	Jes 29,17–24
Epistel	Apg 9,1–20
Evangelium	Mk 7,31–37
Zusatztexte	Lk 13,10–17; Apg 3,1–10; 1. Kor 3,9–17

13. Sonntag nach Trinitatis

Christus spricht: Was ihr getan habt einem von diesen meinen geringsten Brüdern, das habt ihr mir getan. (Mt 25,40b)

Hintergründiges

Die Not dieser Welt, deren Heilung am vorigen Sonntag versprochen wurde, ist groß. Der 13. Sonntag nach Trinitatis fragt, wie Gottes Leute dieser Not begegnen können – und wie nicht.

Der Nächste bitte!

„Der Nächste bitte!", ruft der Sachbearbeiter in den Wartebereich und jeder hofft, diesmal endlich eintreten zu dürfen. Neidische Blicke begleiten den, der nun aufstehen und sein Anliegen vorbringen darf. Sein Warten hat ein Ende.

In diesem Fall ist es klar, wer der Nächste ist – derjenige, der in der Warteschlange ganz vorne steht. Für die Sachbearbeiter und andere Hilfeleistenden macht das die Sache einfach: Sie müssen nicht überlegen, wen sie jeweils behandeln bzw. wem sie helfen – es ist immer automatisch der Nächste dran.

Im Alltag außerhalb organisierter Dienstleistungen ist die Sache nicht so einfach. Jesus sagt in der Tradition des Alten Testaments: „Liebe deinen Nächsten wie dich selbst." Und ich denke: Na klar, würde ich ja gerne, aber wer von den vielen Hilfsbedürftigen dieser Welt hat am ehesten Anspruch auf meine begrenzten Möglichkeiten? Nach welchen Kriterien wähle ich aus? Wer steht in der Warteschlange der Bedürftigen ganz vorne?

Diese Frage beschäftigte offensichtlich einen jüdischen Theologen und er fragte Jesus, wie er sie beantworten würde. Daraufhin erzählt Jesus die Geschichte vom „barmherzigen Samaritaner". Am Ende stellt er seinen Zuhörern eine Frage und dreht damit den Fragespieß um: „Wer ist wohl der Nächste für denjenigen gewesen, der unter die Räuber fiel?"

Das Gebot, Gott zu lieben, bringt automatisch das Gebot, den Nächsten zu lieben, mit sich. Liebe fragt nicht danach, wer berechtigt ist, sie zu empfangen. Sie fragt nicht nach Kategorien und theoretischen Prioritäten. Die institutionalisierte Diakonie, die kirchlich organisierte Nächstenliebe, musste sich schon in den ersten Tagen der Kirche mit dem Problem auseinandersetzen, wer berechtigt war und wer zuerst drankam. Also schuf sie Strukturen, um diese Herausforderungen in den Griff zu bekommen. Die individuelle, erbarmende Liebe aber ist ganz Aktion, ganz Antwort auf wahrgenommene Not. Dabei bleibt sie ganz bei sich. Sie verliert sich nicht in der Flut der Not dieser Welt, sondern gründet sich auf die erste Liebe: die Liebe zu Gott, die mich lehrt, dass ich die Welt nicht retten kann, und das Vertrauen, dass Gott es tun wird.

Meine Verantwortung – vor Gott und dem Nächsten – besteht nur darin, meinem Erbarmen zu folgen, wo mich die Not eines Menschen ergreift. Wo ich ihm in seiner existentiellen Not beistehen kann – dem Durstigen einen Becher Wasser reichen, damit er seinen Weg fortsetzen kann; dem Hungrigen ein Stück Brot geben, damit er noch einen weiteren Tag übersteht; den Gefangenen besuchen und ihm einen weiteren Funken Hoffnung auf Freiheit mitbringen. Erstaunlicherweise sagt Jesus: „Was ihr eurem Nächsten aus Barmherzigkeit gebt – Essen, Trinken, Zeit und Zuwendung – das tut ihr mir."

Bei Jesus gibt es keine Warteschlange. Er war allen, die bei ihm Hilfe suchten, der Nächste, der ihre Not wendete. Wir können nicht alle Not wenden, aber wir können zeichenhaft Nächste sein, wo uns Not begegnet, wo sie unser Herz berührt und uns zum Handeln bewegt. Dabei bewahrt der beständige Blick auf Gott, die Erinnerung an seine Liebe zu uns und unsere Liebe zu ihm, davor, sich in der Not der Welt zu verlieren. Was wir nicht tun können, können wir ihm anbefehlen. Und wer weiß, vielleicht kommt dann ein anderer vorbei, der demjenigen, dem wir nicht helfen konnten, ein Nächster ist.

Gebet Barmherziger Gott, ich kann die Welt nicht retten. Bitte öffne mir die Augen für den, dem ich heute ein Nächster, eine Nächste sein kann. Gib mir Weisheit und Mut, anzupacken, wo ich konkret in der Verantwortung stehe, und Frieden in der Gewissheit, dass du sorgst, wo ich nicht sorgen kann. Amen.

Kirchenjahr praktisch: Nächster sein Gibt es einen Menschen, für den ich diese Woche ganz bewusst der Nächste, die Nächste sein kann?

Alle Texte

Wochenspruch	Mt 25,40b
Wochenpsalm	Ps 112,1–10
Altes Testament	3. Mose 19,1–3.13–18.33–34
Epistel	1. Joh 4,7–12
Evangelium	Lk 10,25–37
Zusatztexte	1. Mose 4,1–16a; Mk 3,31–35; Apg 6,1–7

14. Sonntag nach Trinitatis

Lobe den HERRN, meine Seele, und vergiss nicht, was er dir Gutes getan hat. (Ps 103,2)

Hintergründiges Bis hierher haben uns die Sonntage nach Trinitatis vor Augen geführt, wie Gott rettet, heilt und in eine lebensförderliche Gemeinschaft stellt. Heute ist es an der Zeit, ihm dafür zu danken.

Danken macht Hoffnung Hand aufs Herz: Wird Ihnen beim Danken auch so schnell langweilig? Immer dieselben Inhalte, immer dieselben (vermeintlichen) Selbstverständlichkeiten. Die besonderen Gebetserhörungen und Bewahrungen sind doch nur Ausnahmen, verstreute Höhepunkte im immer gleichen Dank für Speis und Trank. Wo wirklich Mangel am Lebensnotwendigen herrscht, mag der Dank für die Lebensgrundlagen jeden Tag frisch sein, in unseren weitgehend versorgten Breiten kommt er mir oft künstlich vor und ich frage mich: Braucht es erst existentiellen Mangel, um ernsthaft danken zu können?

Zehn Aussätzige haben eine wunderbare Heilung erlebt. Jesus ist ihnen über den Weg gelaufen und sie haben ihre Chance genutzt und ihn gebeten, sie zu heilen. Und Jesus erhört ihre Bitte und weist sie an, sich auf den Weg nach Jerusalem zu machen. Dort sollen die Priester am Tempel feststellen, dass der Aussatz verschwunden ist. Ich kann mir vorstellen, dass einige der Kranken skeptisch sind – Jesus hat doch gar kein Gebet gesprochen, und berührt hat er sie auch nicht, wie er es sonst oft tat. Aber sie machen sich auf den Weg und tatsächlich werden sie gesund. Jubelnd rennen sie los nach Jerusalem, um sich möglichst schnell den Freispruch der Priester zu holen. Alle rennen los – außer einem. Der dreht um. Wieso das? Damit handelt er doch gegen die Anweisung des Heilers und womöglich nimmt der dann die wunderbare Heilung wieder zurück. Doch der Geheilte kann nicht anders. Seine Dankbarkeit treibt ihn zurück, vor die Füße Jesu, der ihn ganz selbstverständlich empfängt und sich wundert, dass die übrigen neun nicht ebenfalls zurückgekommen sind. Diesem einen jedoch spricht er zu: „Dein Vertrauen hat dich gerettet."

Anscheinend macht eine wunder-bare Rettung aus existentieller Not nicht automatisch dankbar. Vielleicht überwog bei einigen der Geheilten die Angst, es falsch zu machen, wenn sie der Dankbarkeit folgten, anstatt die Anweisungen des Heilers zu befolgen. Aber Jesus bestätigt dem Einen, der es wagte, seinem Herzen zu folgen: „Du hast mir so sehr vertraut, dass du zu mir zurückkamst, anstatt deine Heilung möglichst schnell abzusichern. Deshalb bist du gerettet!"

Nicht nur geheilt, sondern gerettet! Jesus sagt nicht, wovon er gerettet ist, und ich frage mich, was genau er damit meint. Ich vermute: Der dankbare Geheilte hat sich entschlossen, alles auf die eine Karte Jesus zu setzen, und damit ist er aus den Macht- und Machbarkeitszusammenhängen dieser Welt befreit, in denen wir letztlich nie gut genug sind, um unser Leben zu sichern. Wie sich eine solche Befreiung auswirken kann, sehen wir an Zachäus. Als Jesus ihn aus seiner gesellschaftlichen Isolation holt und wieder in die Gemeinschaft seiner Mitmenschen einbezieht, gibt Zachäus einen Großteil seines Vermögens her, das er bisher zur Absicherung seines Lebensstandards auf unrechte Weise angehäuft hatte.

Solch überwältigende Momente der Dankbarkeit lassen sich nicht erzeugen. Sie überfallen den Beschenkten wie tiefe Freude, tiefe Trauer oder tiefes Erbarmen. Sie können aber die Hoffnung eröffnen, dass Gott für mich ist und Gutes für mich will. In diesem Sinne ermutigt Paulus die Gemeinde in Thessaloniki: Übt eine Grundhaltung ein, die von Freude, Anbetung und Dankbarkeit geprägt ist. Die Psalmen Israels machen es vor: Unermüdlich erinnern sie an die wunderbaren Rettungstaten Gottes und halten so die Hoffnung wach, dass Gott auch künftig für sein Volk eintreten wird. Dankbarkeit ist nicht langweilig – sie macht hoffnungsvoll!

■ Gebet   Mein Gott der Rettungswunder, ich danke dir für/dass …

■ Kirchenjahr praktisch: danken wie bitten   Beim Danken fällt uns oft viel weniger ein als beim Bitten. Wie würde es die Perspektive auf das Leben ändern, wenn wir jeder Bitte einen Dank für bereits Geschenktes anfügen würden? Dies gilt jedoch nicht für die Klage! Sie darf ihr Herz ohne Rechnung vor Gott ausschütten.

▨ Alle Texte

Wochenspruch	Ps 103,2
Wochenpsalm	Ps 146,1–10
Altes Testament	1. Mose 28,10–19a(19b–22)
Epistel	Röm 8,14–17
Evangelium	Lk 17,11–19
Zusatztexte	Jes 12,1–6; Lk 19,1–10; 1. Thess 5,14–24

15. Sonntag nach Trinitatis

Alle eure Sorge werft auf ihn; denn er sorgt für euch. (1. Petr 5,7)

Hintergründiges Sorgen können so in Beschlag nehmen, dass kaum noch Kraft und Zeit für Gott und das Leben bleibt, zu dem er uns einlädt. Der 15. Sonntag nach Trinitatis ermutigt uns, ihm diese Sorgen zu überlassen, sodass wir befreit unser Leben so gestalten können, wie es seinem Reich entspricht.

In manchen Jahren wird, abhängig vom Datum, an diesem Sonntag der *Tag des Erzengels Michael* und aller Engel gefeiert.

Ohne Netz und doppelten Boden Abram hat Sorgen. Gott hat ihn aus allen Sicherheiten herausgerufen und ihm versprochen, dass seine Nachkommen ein großes Volk werden. Abram hat ihm vertraut und ist tatsächlich losgezogen, aber auch mehrere Jahre und einige Abenteuer mit Gott später ist kein Nachkomme in Sicht. Als Gott ihm eines Tages zusagt, dass er für sein Vertrauen reich belohnt werden wird, schüttet Abram ihm sein Herz aus: „Es ist doch egal, was du mir gibst. Ich habe keine Nachkommen und alles, was ich habe, wird mein Diener erben." Daraufhin nimmt Gott ihn nachts mit vor das Zelt, zeigt ihm die funkelnden Sterne und verspricht: „So viele Nachkommen wirst du haben!" Und Abram glaubt ihm. Obwohl Gott ihm keine Beweise oder Sicherheiten gibt, lässt Abram seine Sorgen los und vertraut darauf, dass Gott sein Versprechen wahrmachen wird. Auf diesen Vertrauensbeweis Abrams hin gibt Gott ihm eine rechtlich bindende Versicherung: Er schließt einen Vertrag mit ihm und verspricht, seine Nachkommen zu einem großen Volk zu machen.

Wir haben andere Sorgen als Abram, aber egal, wie sie konkret aussehen: Echte Sorgen sind immer existentiell, denn sie rühren an die Grundfrage des Glaubenden – Kann ich Gott vertrauen, dass er es wirklich gut mit mir meint?

Jesus ermutigt uns: Überlasst die Sorgen für eure existentiellen Bedürfnisse doch eurem Vater im Himmel!! Sorgt euch nicht darum, was ihr essen oder was ihr anziehen sollt. Er versorgt Blumen und Vögel, da wird er euch bestimmt auch versorgen! Ihr könnt euch noch so sehr sorgen – damit könnt ihr euer Leben keine Sekunde verlängern!

Jesus gibt uns keinen Beweis dafür, dass Gott dieses Versprechen halten wird. Es wird Situationen geben, in denen wir bis zur letzten Minute vertrauend warten müssen. Manchmal scheint Gott gar nicht zu liefern. Manchmal bleibt nur die nackte Hoffnung, dass Gott es gut machen wird – was auch immer das heißen mag und ob wir es noch erleben oder nicht.

Einen Lohn, eine positive Auswirkung solchen Vertrauens gibt es aber schon in diesen Leben: Wer die Sorgen um das eigene Auskommen an Gott abgeben kann, wird frei. Er muss nicht mehr einen Großteil seiner Energie in die Sicherung des Morgen stecken. Er muss sich nicht mehr mit anderen vergleichen und kann seine Mitglaubenden als Verbündete ansehen, anstatt sich in Kämpfen mit ihnen um Rechthaben und Bessermachen das Leben schwer zu machen. Er wird frei für die Gerechtigkeit Gottes, die besser ist als jede Gerechtigkeit des Richtig-Machens. Er kann seine eigenen Lasten an Gott abgeben und stattdessen dem Mitglaubenden helfen, die Last zu tragen. Und Jesus verspricht: Wer es sich zur Priorität macht, sein Leben nach Gottes Maßstäben der Liebe zu gestalten, dem wird Gott seine existentiellen Bedürfnisse erfüllen. Nein, dafür gibt es keine Garantien im Voraus, aber unzählige Menschen, die sich darauf einließen, bezeugen, dass er sein Wort hält.

Gebet Vater im Himmel, ich möchte dir vertrauen, wie Abram dir vertraute – rückhaltlos, ohne Netz und doppelten Boden. Meistens schaffe ich das nicht. Danke, dass du mich mit deinem Schutz und deinem Versorgen begleitest, und wo ich nicht sehe, dass du deine Versprechen erfüllst, öffne mir die Augen oder gib mir Frieden im Nicht-Verstehen. Ich will immer weiter einüben, dir rückhaltlos zu vertrauen. Amen.

Kirchenjahr praktisch: Sorgenpakete Würden Sie Ihre Sorgen gerne einfach mal in ein Paket packen und Gott vor die Füße knallen? Petrus schlägt genau das vor. Schreiben Sie doch einmal Ihre Sorgen auf oder finden Sie einen entsprechenden Gegenstand, stecken Sie den in einen Karton und werfen ihn Gott hin: „Da, kümmere dich drum!" Wie geht es Ihnen damit?

Alle Texte

Wochenspruch	1. Petr 5,7
Wochenpsalm	Ps 127,1–2
Altes Testament	1. Mose 2,4b–9(10–14)15(18–25)
Epistel	1. Petr 5,5b–11
Evangelium	Mt 6,25–34
Zusatztexte	1. Mose 15,1–6; Lk 17,5–6; Gal 5,25–6,10

Michaelistag

Der Engel des HERRN lagert sich um die her, die ihn fürchten, und hilft ihnen heraus. (Ps 34,8)

Hintergründiges

Der *Tag des Erzengels Michael und aller Engel* wird immer am 29. September begangen. An diesem Tag weihte Papst Gelasius I. im Jahr 493 die erste Michaelskapelle in Rom ein und legte ihn als Gedenktag für den Erzengel Michael fest. 813 wurde er in Germanien eingeführt. Hier ersetzte er das Fest des Odin, an dem man angesichts der kürzer werdenden Tage um Kraft für den kommenden Winter bat.

Fällt er auf einen Wochentag, kann er am vorausgehenden Sonntag gefeiert werden.

Boten Gottes im Einsatz für das Leben

Eine Frau wird in die Wüste geschickt – wortwörtlich, samt ihrem Kind. Bald sind die Wasservorräte aufgebraucht. Die Mutter kann nicht mit ansehen, wie ihr Kind stirbt. Sie legt es in den dürftigen Schatten eines Strauchs und geht ein paar Schritte weiter, gerade so weit, dass sie sein mühsames Atmen nicht hören kann. Hier schreit sie ihre Verzweiflung hinaus. Eine Stimme bricht in ihr Klagen hinein: „Warum weinst du, Hagar? Hab keine Angst, Gott hat gehört, wie dein Sohn um Hilfe rief. Steh auf und geh mit ihm gemeinsam weiter. Ich habe viel mit ihm vor."

Hagar steht auf und plötzlich sieht sie die Wasserquelle ganz in der Nähe. Das Leben ist nicht zu Ende. Der Gottesbote, der ihr die Fürsorge Gottes zusprach, gab ihr neuen Mut und einen neuen Blick auf die Umstände.

Ein Wahrsager ist auf dem Weg, einen Auftrag auszuführen. Er tut es nur widerwillig, denn im Grunde weiß er, dass er gegen Gottes Willen sprechen soll. Als ob sein Reittier es ahnte, erweist es sich diesmal als besonders bockig. Immer wieder weicht es vom Weg ab. Bileam wird immer wütender über die störrische Eselin, bis er endlich begreift: Das Tier ist schlauer als ich! Es nimmt den Widerstand wahr, der sich diesem Auftrag entgegenstellt. Ein Widerstand, der in davor bewahren soll, gegen Gottes Willen zu handeln und großes Unheil anzurichten. Er hält inne und hört Gottes Stimme zu, die ihm einschärft, nur das zu sagen, was er ihm aufträgt.

Jesu Nachfolger sitzen im Gefängnis. Die Machthaber haben ihnen verboten, von Jesus zu erzählen. Plötzlich öffnen sich die Türen und die Gefangenen wissen: Wir müssen sofort wieder in den Tempel gehen und die gute Botschaft von Gottes Rettung für die Welt weiter verkünden.

Die Boten Gottes, die wir Engel nennen, sind häufig rätselhaft, geheimnisvoll, aber Gott gibt uns ein wenig Einblick in die vielfältigen Aufgaben dieser Wesen seiner Schöpfung. Sie ermutigen Verzweifelte, stellen sich denen entgegen, die auf Abwege zu geraten drohen, ermahnen und weisen auf Gott hin, befreien und ermächtigen und vertreten die Glaubenden vor Gott, wo diese sich gegen die Anklagen der feindlichen Mächte nicht selbst wehren können.

Gottes Engel treten für Gott und das Leben ein, doch es gibt Geschöpfe Gottes, die ihn und seine Getreuen aktiv bekämpfen. In den Berichten über die Kämpfe des Engels Michael und seiner Mitstreiter gegen die Feinde Gottes gewährt Gott uns einen kleinen Einblick hinter die Kulissen dieser Welt. Darin wird eines klar: Das Ringen der Gottesleute auf der Erde mit den Feinden des Lebens hat eine Entsprechung in der himmlischen Welt.

Was auch immer Engel sind und wie ihr Handeln konkret aussieht – die Berichte der Bibel lassen keinen Zweifel daran: Alle Mächte, ob sie für oder gegen Gott sind, sind seine Geschöpfe. Die Mächte, die für ihn, für uns und für das Leben sind, sind stärker als die Mächte, die gegen Gott, gegen uns und gegen das Leben sind. Immer. Selbst wenn es eine Weile dauert, bis das sichtbar wird. So sicher wie Michael den Drachen erlegt hat, so sicher sind alle Feinde Gottes und seiner Getreuen besiegt und eines Tages wird das Lob Gottes ungetrübt die ganze Welt durchdringen.

Gebet   Gott, Herr der Heerscharen, kann es sein, dass deine Boten öfter in meinem Leben auftauchen, als ich es wahrnehme? Öffne mir die Augen, wenn sie mich ermutigen, warnen oder befreien wollen. Und zeige mir, wo ich andere ermutigen, warnen oder befreien kann. Amen.

Kirchenjahr praktisch: Gottesboten entdecken   Achten Sie diese Woche doch einmal darauf, ob Ihnen irgendwo Boten Gottes begegnen.

Alle Texte

Wochenspruch	Ps 34,8
Wochenpsalm	Ps 103,19–22
Altes Testament	1. Mose 21,8–21
Epistel	Offb 12,7–12
Evangelium	Lk 10,17–20
Zusatztexte	4. Mose 22,31–35; Mt 18,1–6.10; Apg 5,12.17–21(22–27a)27b–29

■ Erntedankfest

Aller Augen warten auf dich, und du gibst ihnen ihre Speise zur rechten Zeit.
(Ps 145,15)

■ Hintergründiges

Das Erntedankfest findet immer am ersten Sonntag im Oktober statt. Dies hat seine Logik zum einen darin, dass zum Herbst hin die Jahresernte weitgehend abgeschlossen ist. Auch das jüdische Laubhüttenfest als eines der Erntefeste des Judentums fällt in den September/Oktober. Zum anderen spiegelt sich darin noch die Tradition, den Michaelistag oder den darauf folgenden Sonntag als ein Dankfest für die Früchte des Jahres zu begehen.

■ Segen teilen

Gott hat seine Schöpfung gut gemacht. In ihren Ordnungen findet jedes Geschöpf seinen Platz. Was in ihr wächst, bietet mehr als genug Nahrung für Mensch und Tier. Gott selbst sorgt dafür, dass jedes Lebewesen zur ihm angemessenen Zeit bekommt, was es zu einem unbeschwerten Leben braucht. Er selbst wacht über jedes einzelne Geschöpf und bestimmt über sein Werden und Vergehen, seine Geburt und seinen Tod.

Auch seinen Leuten verspricht Gott großzügige Versorgung. Sein Volk Israel führt er aus der Zwangsarbeit in Ägypten in ein Land, das überreichlich mit Lebensgrundlagen gesegnet ist: die sprichwörtlichen Milch und Honig, reiche Wasserquellen, fruchtbares Ackerland und wertvolle Bodenschätze. Es soll seinem Volk an nichts mangeln.

Ein Leben im Wohl-Stand birgt jedoch die große Gefahr, Gott und seine guten Lebensregeln zu vergessen. Kurz vor dem Einzug in das versprochene Land von Milch und Honig warnt Mose sein Volk: Vergesst Gott und seine Gebote nicht! Wer nämlich dem Geber der Gaben nicht mehr dankt, ist nie zufrieden, egal, wie viel er besitzt. Er wird seinen Lebensstandard fortwährend ausbauen und sichern wollen, denn uns Menschen sitzt ständig die Angst im Nacken, zu kurz oder gar aus Mangel am Notwendigsten umzukommen. Dann kommt es schnell dazu, dass die Mächtigen ihren Lebensstandard auf Kosten der Schwächeren mehren. Ungerechtigkeit, Bitterkeit und Misstrauen vergiften das Leben und bald sind selbst die Wohlhabenden nicht mehr glücklich und klagen Gott an, er habe sie vergessen.

Der Prophet Jesaja empfiehlt ein Gegenmittel gegen die Unzufriedenheit: Barmherzigkeit und Gerechtigkeit. Wer nicht vom Segen abgibt, den er von Gott empfangen hat, dem wird er bitter. Wer glaubt, sich ewiges Leben sichern zu können, wird früher oder später merken, dass alle Milliarden der Welt den Tod nicht ewig fernhalten können. Wann er eintritt, bestimmt allein Gott. Deshalb erzählt Jesus die Beispielgeschichte von einem reichen Bauern, der in dem Moment starb, in dem er seine großen

Scheunen gefüllt hatte. Im Anschluss an diese Geschichte wirbt Jesus für ein Leben in Gelassenheit im Vertrauen, dass Gott seine Leute versorgt. Dass er es tut, hat Jesus mit zahlreichen Wundertaten bewiesen. Wein und Brot hat er vermehrt, bis der Überfluss Krüge und Körbe füllte. Gott ist nicht geizig. Wenn er gibt, gibt er im Überfluss.

Jesus lädt uns zu einem Blickwechsel ein: Schau nicht auf dich und den akuten oder drohenden Mangel, sondern schau auf Gott, den großzügigen Geber aller Gaben, die Leben ermöglichen. Dann kann ich Überfluss dankbar genießen und gleichzeitig wahrnehmen, was mir oder anderen fehlt und entsprechend handeln, abgeben, um Not zu wenden, und anklagen, wo Ungerechtigkeit anderen Menschen die Lebensgrundlage raubt. Wer das eigene Leben in Gott gesichert weiß, ist befreit, dem Erbarmen Gottes zu folgen und die Not des Nächsten zu lindern.

■ Gebet Großzügiger Gott, ich danke dir heute für alle Gaben, die du mir im letzten Jahr geschenkt hast. Ich danke dir für alle Früchte, mit denen du meine Arbeit gesegnet hast. Trotz deines reichlichen Gebens fällt es mir häufig schwer, darauf zu vertrauen, dass mein Leben in dir gesichert ist. Vergib mir übermäßiges Sorgen und Sammeln und befreie mich von der Last, mein Leben selbst absichern zu wollen. Leite mich durch deine Geistkraft an, dankbar und großzügig zu sein. Amen.

■ Kirchenjahr weiterdenken: Früchtekorb Welche Früchte hat dieses Jahr für Sie gebracht? Danken Sie doch einmal ganz bewusst dafür.

■ Alle Texte

Wochenspruch	Ps 145,15
Wochenpsalm	Ps 104,1a.10–15.27–30.33
Altes Testament	5. Mose 8,7–18
Epistel	2. Kor 9,6–15
Evangelium	Mk 8,1–9
Zusatztexte	Jes 58,7–12; Lk 12(13–14)15–21; 1. Tim 4,4–5

16. Sonntag nach Trinitatis

Christus Jesus hat dem Tode die Macht genommen und das Leben und ein unvergängliches Wesen ans Licht gebracht durch das Evangelium. (2. Tim 1,10b)

Hintergründiges Jesus hat dem Tod die Wirkmacht genommen. Was das bedeutet, dem denkt der 16. Sonntag nach Trinitatis nach.

Das **Proprium** dieses Sonntags kann in manchen Jahren entfallen, wenn an ihm entweder der *Tag des Erzengels Michael* und aller Engel gefeiert wird oder er als erster Sonntag im Oktober als Erntedanktag begangen wird.

Leben im Land des Todes James Bond und John McClane machen es vor: Ein Mensch kann schon in diesem Leben viele Tode sterben. Allerdings sind die meisten von ihnen weit weniger spektakulär und Blockbuster-fähig. Die Texte der Bibel erzählen ebenfalls von Todes- und Nahtoderfahrungen, von der Verzweiflung des unausweichlichen Endes und der unerwarteten wunder-baren Rettung durch den Gott des Lebens.

In den seltensten Fällen geht es dabei jedoch um den physischen Tod. Die Bibel berichtet von nur sieben echten Totenerweckungen. Häufig geht es bei Texten, die von Todesnähe und Gottes Rettung sprechen, um eine Erfahrung, die ich hier den sozialen Tod nennen will. Der Todeskandidat ist durch Krankheit, Unglücksfälle, eigene Schuld oder die Nachstellungen seiner Feinde aus dem lebensnotwendigen Netz der menschlichen Gemeinschaft herausgefallen und findet sich in einer sozialen Wüste wieder, in der die Todesmächte ungehindert nach ihm greifen. Gott fühlt sich häufig unendlich fern an und der Schrei um Hilfe scheint ungehört im Nichts zu verhallen. Es ist wohl u.a. diese Isolation, die wir am Tod so fürchten: allein gelassen, im Jetzt nicht gesehen und schließlich ganz vergessen zu werden, sodass alles, was ich bisher geschafft und ertragen habe, umsonst war.

Jesus sagt: „Wer an mich glaubt, wird leben, denn ich bin das Leben selbst." Man könnte es so verstehen: Gott ist Gemeinschaft in sich selbst und Jesus nimmt alle, die sich ihm anvertrauen, mit hinein in diese Gemeinschaft. Er durchbricht die tödliche Isolation und Gottes Geistkraft gibt neuen Lebensmut und eröffnet neue Perspektiven. Zugleich ist das Leben, das Jesus gibt, unbegrenzt. Die Todesmächte können zwar das irdische, geschöpfliche Leben beenden, doch über das Leben, das Jesus gibt, haben sie keine Macht. Wie es konkret aussehen wird, können wir nicht wissen, denn wie könnten wir mit unseren geschöpflichen Grenzen unbegrenztes Sein erfassen? Viele tröstliche Bilder der Bibel geben uns jedoch eine Ahnung davon, dass es vollkommen gut und lebenswert sein wird.

Gibt es heute noch Auferstehungswunder? Jesus sagt: „Wenn du glaubst, wirst du die Herrlichkeit Gottes sehen." Es braucht wohl eine Brille des Glaubens, um die vielen kleinen und großen Auferstehungen wahrzunehmen, die Gott heute noch wirkt: Menschen, die als unheilbar krank diagnostiziert wurden, erhalten eine neue Frist; Menschen, die den Lebensmut verloren hatten, gewinnen neue Hoffnung; mancher, der alles verloren glaubte, erkennt, dass er nicht vergeblich gelebt hat.

Zugleich steht die endgültige Auferstehung noch aus. Das volle, unbegrenzte Leben ist hier nur andeutungsweise erfahrbar. Viel zu oft siegen die Mächte des Todes. Wer ständig erfährt, wie sie das Leben begrenzen, beschweren und zerbrechen, dem kann die Hoffnung, dass das Leben sinnvoll und lebenswert ist, schon einmal entgleiten. Ihnen ruft der Autor des Hebräerbriefs eindringlich zu: „Werft eure Zuversicht nicht weg!" Ja, es braucht Geduld und nein, es ist nicht leicht, aber es lohnt sich! Wer an Gott und seinen Versprechen festhält, der wird leben!

■ **Gebet** Gott des Lebens und der Ewigkeit, ich bin dir so dankbar, dass weder die kleinen noch die großen Tode das letzte Wort über mein Leben haben. Erinnere mich daran, wenn Trauer und Zweifel überhandnehmen, und leite mich an, die Hoffnung dort zu stärken, wo sie zu erlöschen droht. Amen.

■ **Kirchenjahr praktisch: Lebenszeichen** Welchen kleinen oder großen Tod haben Sie in letzter Zeit selbst oder in Ihrem Umfeld erlebt? Welches Lebenszeichen können Sie dem entgegensetzen – vielleicht das Geschenk eines Samens, einer blühenden Pflanze oder eines Hoffnungsworts?

▨ Alle Texte

Wochenspruch	2. Tim 1,10b
Wochenpsalm	Ps 68,4–7.20–21.35–36
Altes Testament	Klgl 3,22–26.31–32
Epistel	2. Tim 1,7–10
Evangelium	Joh 11,1(2)3.17–27(28–38a)38b–45
Zusatztexte	Ps 16,(1–4)5–11; Lk 7,11–17; Hebr 10,35–36(37–38)39

17. Sonntag nach Trinitatis

Unser Glaube ist der Sieg, der die Welt überwunden hat. (1. Joh 5,4c)

Hintergründiges

Am 17. Sonntag nach Trinitatis steht der Glaube der Gottesmenschen im Mittelpunkt – was ist Glaube und was kann er bewirken?

Das **Proprium** dieses Sonntags entfällt, wenn an diesem Tag der Michaelistag oder das Erntedankfest begangen wird.

Next Level Glaube

Nur für ein paar Stunden, vielleicht einen halben Tag ist Jesus mit seinen drei engsten Vertrauten auf einer privaten Mission unterwegs, doch als er zurückkommt, findet er seine völlig überforderten Nachfolger mitten in einer chaotischen Menschenmenge wieder. Einige Theologen haben sie in Streitgespräche verwickelt und ein verzweifelter Vater sucht Heilung bei ihnen für seinen schwerkranken Sohn. Dabei müssen die Jünger zu ihrer Verwirrung feststellen: Sie können den Sohn nicht heilen. Obwohl Jesus ihnen Macht über die lebensfeindlichen Mächte gab – hier befehlen sie ihnen vergeblich.

Als Jesus endlich wieder auftaucht, bestürmen die erhitzten Diskussionsteilnehmer ihn sofort mit ihren Anliegen, doch sobald Jesus erkennt, wer hier wirklich seine Hilfe braucht, ist er nur noch für ihn da – den Vater, der um Hilfe für seinen Sohn bat und dem die Jünger nicht helfen konnten. Jesus erkennt sofort: Hier geht es um den entscheidenden Punkt im Verhältnis zu Gott – um den Glauben.

Was Glaube ist und was er bewirkt, wird in der Bibel in vielen Geschichten und Bildern illustriert. Dabei werden verschiedenste Aspekte beleuchtet, aber sie haben eines gemeinsam: Es geht immer darum, Gott – notfalls aller gegenteiligen Erfahrung zum Trotz – zu trauen, dass er für mich ist, und dass er mit unbegrenzter Macht dafür sorgen wird, dass das Gute und das Leben die letzte Wirklichkeit sind.

Dem Vater des Kindes ist dieses Vertrauen angesichts der machtlosen Jünger abhandengekommen und er verhehlt seine Skepsis nicht: „Wenn du es tatsächlich kannst, dann hilf uns bitte!" Jesus greift den Zweifel des Mannes auf und macht ihm klar: Niemand kann aus sich selbst lebensrettende Wunder bewirken. Aber wer glaubt, für den gibt es keine Hindernisse mehr, das Gute zu tun.

Und ich denke: Wirklich? Auf Jesus trifft das ja zu, aber auf mich? Mir geht es eher wie den Jüngern, die der lebensfeindlichen Macht hilflos gegenüberstanden. Glaube ich womöglich nicht genug? Nicht richtig? Mein Glaube soll über die Mächte dieser Welt siegen? Wie denn? Davon sehe ich herzlich wenig.

Dem Vater des Kindes scheint es ähnlich zu gehen. Sein Glaube ist gebrochen, schwankend, und gleichzeitig voller Sehnsucht, ganz und ungeteilt zu sein. Er hat jedoch keine Zeit für lange Rechtfertigungen oder Diskussionen. In seiner akuten Not bekennt er spontan, was er bekennen kann, und bittet eindringlich um Hilfe da, wo er noch nicht vertrauen kann. Ich hätte gerne gehört, was Jesus ihm daraufhin antwortet, doch die Lage lässt keine längere Unterhaltung zu und anscheinend ist das Wichtigste gesagt. Jesus erhört die Bitte des Vaters und die Geschichte mit dem kranken Kind nimmt ein gutes Ende. Der Senfkornglaube des Mannes war genug, das Wunder geschah: Das Leben siegte über die Todesmächte.

Glauben kann ich nicht machen. Paulus sagt, er kann nur da entstehen, wo jemand die gute Botschaft von Jesus Christus hört. Diese Botschaft kann ich mir nicht selbst sagen, jemand muss sie von außen an mich herantragen. Dann aber reicht ein: „Ich glaube, hilf meinem Unglauben! Hilf mir da, wo ich dir noch nicht vertrauen kann!" Dann wird Gott Schritt für Schritt, in dem Tempo, das für mich passt, das Wunder vollbringen und den Todesmächten die Macht über mich nehmen. Er wird mein Vertrauen auf eine neue Ebene heben und mir Kraft und Weisheit geben, entgegen aller Logik dieser Welt zu lieben und damit vielleicht in anderen das Vertrauen in Gott zu wecken und zu stärken. Es braucht Zeit, Vertrauen zu fassen, und Gott hat alle Zeit der Welt.

Gebet   Gott des Lebens, ich vertraue dir! Und wo ich dir noch nicht traue, bleibe du trotzdem bei mir, führe mich tiefer ins Vertrauen und leite mich an, das Rechte zu tun. Amen.

Kirchenjahr   weiterdenken: Glaubensgrenzen   wahrnehmen
Wo stoßen Sie im Leben an die Grenzen ihres Glaubens? Reicht Ihr Unglaube noch, ihn Gott hinzuhalten?

Alle Texte

Wochenspruch	1. Joh 5,4c
Wochenpsalm	Ps 138,1–8
Altes Testament	Jes 49,1–6
Epistel	Röm 10,9–17(18)
Evangelium	Mt 15,21–28
Zusatztexte	Jos 2,1–21; Mk 9,17–27; Gal 3,26–29

18. Sonntag nach Trinitatis

Dies Gebot haben wir von ihm, dass, wer Gott liebt, dass der auch seinen Bruder liebe. (1. Joh 4,21)

Hintergründiges

Der 18. Sonntag nach Trinitatis fragt: Wie wird der Glaube, der am vorigen Sonntag betrachtet wurde, im Leben konkret? Wie wirkt er sich auf die Lebensgestaltung und die Beziehungen aus? Dabei fallen immer wieder zwei Stichworte: Gebote und Liebe.

Falls dieser Sonntag auf den ersten Sonntag im Oktober fällt, wird stattdessen das Erntedankfest gefeiert.

Du sollst lieben!

An verschiedenen Stellen der Bibel kommt es uns direkt oder indirekt entgegen. Sogar Jesus sagt: „Du sollst Gott lieben." Aber wie soll das gehen? Ein Gefühl lässt sich nicht befehlen, ich kann es nicht einmal mit gutem Willen erzeugen. Wenn ich das Gebot ernst nehmen will, muss ich davon ausgehen, dass Lieben etwas anderes ist als ein reines Gefühl. Und wenn ich versuche, die Aussagen zur Liebe in der Bibel zusammenzufassen, würde ich es so tun: Liebe ist die Entscheidung, jemandem so zu begegnen, dass es meinem Gegenüber guttut und dessen Würde wahrt und mehrt.

Wie das gehen kann, hat Gott seinem Volk kurz nach dessen Befreiung aus der Sklaverei in Ägypten erklärt: „Ich bin es, der dich aus der Gewalt fremder Machthaber befreit hat. Halte dich von jetzt an nur an mich, dann wird es dir gut gehen. Und hier sind gleich ein paar Anweisungen, wie du das konkret umsetzen kannst." Es folgen die weltbekannten 10 Gebote, die zunächst erklären, wie das aussieht, wenn ein Volk sich in der Umwelt dieser Zeit allein an den einen Gott hält: Es wird keine anderen Götter anbeten, den Namen Gottes niemals auf entehrende Weise aussprechen und den Tag, der Gott heilig ist, ebenfalls heilighalten. Doch nicht nur Gott gegenüber sollen seine Leute sich angemessen verhalten. Sie sollen auch ihrem Mitmenschen Respekt erweisen. Wer Gottes Ehre ernst nimmt, muss die Würde seines Mitmenschen wahren und darf ihm keine Gewalt antun, denn wo ein Geschöpf Gottes verletzt wird, wird Gott selbst verletzt.

Die Regeln Gottes sollen Wegweiser sein, wie die Menschen ihn angemessen lieben können. Regeln bergen jedoch immer die Gefahr, dass Menschen sie zu Gesetzen machen, die zur Voraussetzung werden, sich Gott nähern zu dürfen. Dieser Gefahr ist Jesus begegnet, indem er die vielen verschiedenen Regeln wieder in das eine Gebot zusammenführte: Gott und seinen Nächsten zu lieben. Die Einzelheiten, wie sich dieses Gebot konkret verwirklichen lässt, wandeln sich mit den kulturellen Rahmenbedingungen und müssen sich immer am Maßstab der Liebe messen: so zu handeln, dass es Gott ehrt und dem Mitmenschen zum Leben dient, ihm Vergebung gewährt und ihm Gutes tut mit dem, was Gott geschenkt hat. Gott und den Mitmenschen praktisch und konkret lieben sind unauflöslich miteinander verschränkt. Liebe ohne Taten der Liebe ist keine Liebe. Jakobus formuliert es so: „Der Glaube ohne Werke ist tot." Wer seinem Nächsten nicht aktiv mit Liebe begegnet, liebt Gott nicht wirklich.

Wie kann ich aber in den Herausforderungen des Alltags mein Leben so gestalten, dass darin die Liebe zu Gott und die Liebe zum Mitmenschen Wirklichkeit wird? Paulus gibt ein paar Tipps: Lebt Geistes-gegenwärtig! Anstatt euch mit den Genussmitteln der Welt zu betäuben, lasst euch von der Geistkraft Gottes erfüllen. Dann werdet ihr weise – ihr werdet Gottes Willen in den entscheidenden Momenten erkennen und entsprechend handeln können. Achtet darauf, dass euer Umgang miteinander von Dankbarkeit und dem Lob Gottes geprägt ist, denn das letzte Ziel ist es immer, Gott zu ehren.

■ Gebet Gott, du befreist aus der Abhängigkeit von fremden Herren. Danke, dass du uns nicht ohne Anleitung in dieses Leben in der Freiheit entlässt. Leite mich durch deine Geistkraft, dass ich immer neu erkenne, wie ich dich konkret lieben und ehren und meinen Mitmenschen lieben und ihm Gutes tun kann. Amen.

■ Kirchenjahr praktisch: Ermutigen Paulus schlägt vor, einander mit Psalmen, Lobgesängen und Liedern zu ermutigen, die von der Geistkraft Gottes inspiriert sind. Was wären Ihre Lieder, Ihre Worte, Gesten oder Taten, mit denen Sie Ihre Mitmenschen lieben? Welches könnten Sie diese Woche konkret umsetzen?

■ Alle Texte

Wochenspruch	1. Joh 4,21
Wochenpsalm	Ps 1,1–6
Altes Testament	2. Mose 20,1–17
Epistel	Eph 5,15–20
Evangelium	Mk 10,17–27
Zusatztexte	5. Mose 30,11–14; 1. Petr 4,7–11; Jak 2,14–26

19. Sonntag nach Trinitatis

Heile du mich, HERR, so werde ich heil; hilf du mir, so ist mir geholfen. (Jer 17,14)

Hintergründiges

Der 19. Sonntag nach Trinitatis greift noch einmal das Thema der Heilung auf und nimmt dabei besonders das Zusammenspiel zwischen Seele und Leib, Schuld und Krankheit in den Blick. Wenn Gott heilt, dann hat er immer ganzheitliche Heilung im Blick.

Das **Proprium** dieses Sonntags weicht dem Erntedankfest, falls er auf den ersten Sonntag im Oktober fällt. Falls er auf den 31.10. fällt, wird an ihm der Reformationstag gefeiert.

Geheilt und befreit

Ein König ist todkrank. In der Blüte seiner Jahre streckt ihn ein tödliches Geschwür nieder. Sein Leben lang hat er seine Königsherrschaft an Gottes Geboten ausgerichtet, doch nun verkündet ihm der Prophet Jesaja, dass er sterben muss. Hiskia jedoch fleht seinen Gott an, ihn nicht vorzeitig aus dem Leben zu nehmen. Mit vielen Klagen schüttet er Gott sein verzweifeltes Herz aus, aber der Umschwung kommt mit der Erkenntnis: „Du hast alle meine Schuld hinter dich geworfen!" Gott erhört Hiskia und gewährt ihm weitere 15 Jahre Leben.

Am Anfang von Hiskias Genesung steht die Erkenntnis: Gott befreit mich von meiner Schuld. Selbst einer der gottesfürchtigsten Könige Judas weiß, dass er in seinem Leben schuldig geworden ist. Die Erkenntnis, dass Gott seine Schuld vollkommen entsorgt, bewirkt die erste Erleichterung in der Krankheit zum Tode.

Ein Mensch liegt seit 38 Jahren krank auf seiner Matte am Rand einer öffentlichen Brunnenanlage. Neben ihm liegen viele weitere Kranke, denn das Wasser soll jeden heilen, der als erster hineinsteigt, sobald es sich bewegt. Der Mann liegt dort allein, niemand hilft ihm, das Wasser rechtzeitig zu erreichen. Immer kommt ihm jemand zuvor. Eines Tages jedoch sagt ein Fremder zu ihm: „Steh auf, nimm deine Liege und laufe herum." Und der Kranke steht auf und läuft herum! Als er seinen Wohltäter sucht, ist der im Gedränge verschwunden.

Später trifft er seinen Heiler wieder und der sagt zu ihm: „Sündige nicht mehr, sonst widerfährt dir womöglich noch Schlimmeres!" Nun erkennt er, wer ihn da geheilt hat! Anstatt aber Jesus zu danken, das neue geschenkte Leben zu feiern und sich Jesus anzuschließen, geht er zu Jesu Gegnern und verrät ihnen, wer ihn da gegen die geltenden Regeln an einem Sabbat geheilt hat. Ich frage mich, wie er so undankbar sein kann. Hat ihn womöglich die lange Zeit der Enttäuschung über die Gleichgültigkeit seiner Mitmenschen bitter und hart gemacht? Anscheinend führt nicht jede körperliche Heilung zu innerer Heilung, zu Glaube und Frieden.

Die Bibel erzählt viele Geschichten, in denen Schuld und Krankheit oder Behinderung verschiedentlich miteinander verschränkt sind. Ein ursächlicher Zusammenhang zwischen Schuld und Krankheit ist selten eindeutig zu greifen. Meist führte ein dynamisches Zusammenspiel von Krankheit und eigener und fremder Schuld dazu, dass das Leben angegriffen wurde. Die Zuwendung Gottes dagegen bewirkt Heilung von dem, was belastet und krank macht. Vielleicht ist das in erster Linie die eigene Schuld, es kann aber auch eine Krankheit oder die Gewalttat eines Anderen sein. Zu einer nachhaltigen Heilung gehört jedoch immer die Befreiung von der Last meiner lebensfeindlichen Taten und eine Ausrichtung des Lebens nach Gottes guten Lebensregeln.

Eine solche Heilung durch Gottes Kraft besteht nicht (nur) in der erstmaligen oder erneuten Herstellung von Gesundheit, sondern sie schafft etwas ganz Neues. Paulus spricht von einem neuen Menschen. Er führt eine ganze Reihe konkreter Verhaltensweisen an, in denen sich die Befreiung von Sünde äußert: Wahrhaftigkeit, Selbstbeherrschung, Verantwortlichkeit, hilfreiches Reden und Handeln oder Vergebungsbereitschaft. In einer solchen Gemeinschaft können Menschen Heilung finden, die durch das Leben tief verletzt wurden. Von Gott geheilte Menschen schaffen Räume, in denen andere ganzheitliche Heilung beim Arzt der Ärzte finden können.

■ Gebet Heile du mich, HERR, so werde ich heil; hilf du mir, so ist mir geholfen. Amen.

■ Kirchenjahr praktisch: Ins Wasser helfen Brauchen Sie jemanden, der Ihnen „ins Wasser hilft"? Wen könnten Sie darum bitten? Gibt es jemandem, dem Sie „ins Wasser helfen" könnten?

■ Alle Texte

Wochenspruch	Jer 17,14
Wochenpsalm	Ps 32,1–7
Altes Testament	2. Mose 34,4–10
Epistel	Jak 5,13–16
Evangelium	Mk 2,1–12
Zusatztexte	Jes 38,9–20; Joh 5,1–16; Eph 4,22–32

20. Sonntag nach Trinitatis

Es ist dir gesagt, Mensch, was gut ist und was der HERR von dir fordert: nichts als Gottes Wort halten und Liebe üben und demütig sein vor deinem Gott. (Mi 6,8)

Hintergründiges

Der 20. Sonntag nach Trinitatis beschäftigt sich mit Gottes Geboten – mit seinen guten Lebensregeln: Worin bestehen sie und wie kann es gelingen, sie konkret umzusetzen?

Liegt Ostern nach dem 24. April, entfallen dieser und die drei folgenden Trinitatissonntage. Falls er auf den ersten Sonntag im Oktober fällt, wird stattdessen das Erntedankfest begangen.

Gottes gute Lebensregeln

Regeln nerven! Zumindest, wenn sie meinen Wünschen im Weg stehen. Manche sind aber ganz nützlich. Ich finde es jedenfalls beruhigend, dass andere Autofahrer bei Rot stehenbleiben, während ich bei Grün über die Kreuzung fahre.

Das Leben braucht Regeln. Nicht alle gefallen mir, nicht jede nützt jedem und manche festigen sogar ungerechte Strukturen, aber in ihrer Gesamtheit schützen sie das Leben mehr, als sie ihm schaden. Da sind zuerst die für alles und jeden gültigen Regeln, die Gott selbst geschaffen hat, um Leben zu ermöglichen: die Naturgesetze, an die sich sogar Gott selbst gebunden hat, als er den Regenbogen als Zeichen in die Wolken setzte.

Innerhalb dieses Rahmens hat Gott besondere Regeln für die Menschen geschaffen, damit ihr Leben in seiner Schöpfung gelingen kann. Der Dichter des Psalms 119 ist von diesen guten Lebensregeln so begeistert, dass er in 176 Versen von ihnen schwärmt, sie aus allen Blickwinkeln beleuchtet und Gott bittet, ihm bei der Einhaltung dieser Regeln zu helfen, denn er und viele andere weise Gottesleute haben im Laufe ihres Lebens begriffen: Wer sich an Gottes gute Lebensregeln hält, der hat es gut!

Viele Gottesmenschen haben aber gemerkt, dass ihnen die Einhaltung von Gottes Geboten kein angenehmes Leben garantiert. Zu viele Andere halten sich nicht an diese Regeln und fügen damit sich selbst und ihren Mitgeschöpfen großen Schaden zu. Selbst Gottesmenschen können in Zeiten großer Not, aber auch in Zeiten von großem Reichtum und Macht in die Versuchung kommen, die Lebensweisen derer zu übernehmen, denen es anscheinend ohne Gott viel bessergeht, und ihr Leben ebenfalls auf Kosten ihrer Mitwelt zu sichern oder zu bereichern. Deshalb müssen sie stets achtsam schauen, ob sie noch „mit ihrem Gott unterwegs sind", denn im Grunde wissen sie: Am Ende wird die Treue zu Gott und seinen guten Lebensregeln belohnt werden. Damit aber die Versuchung nicht zu schwer wird, bittet der Psalmdichter seinen

Gott: Gib mir Weisheit, deine guten Lebensregeln richtig umzusetzen, und tu mir Gutes – gib mir Lebensbedingungen, in denen ich sie umsetzen kann.

Nach Jesu Zeit auf der Erde kam die schöpferische Geistkraft Gottes in die Herzen aller Menschen, die sich Gott anvertrauen. Seitdem sind die Lebensregeln, die Gott seinem Volk für ein gelingendes Leben in Stein gemeißelt hatte, in die Herzen der Glaubenden geschrieben und Gottes Geistkraft ermöglicht es ihnen, diese Regeln umzusetzen. Wer versucht, sie aus eigener Kraft zu verwirklichen, wird scheitern, denn in seinen Händen werden sie sich in ihr Gegenteil verkehren: Statt dem Leben zu dienen, werden sie dem Tod in die Hände spielen. Wer sich aber von Gottes Geistkraft leiten lässt, dem wird sie jeweils zeigen, wie die Gebote konkret verwirklicht werden können, und Gott selbst muss das Gute darin bewirken.

Nur die Liebe zum und für das Leben erfüllt Gottes gute Lebensregeln, selbst wenn sie einmal gegen aktuelle formale Ausprägungen dieser Gebote handelt. Zugleich bewahrt sie vor der Verführung, in besonderen Zeiten die Lebensregeln der Lebensfeinde zu übernehmen. Die Liebe, die Gott in die Herzen gießt, wird auch der stärkste Gegenwind nicht auslöschen.

Gebet
Gott, Schöpfer der Welt, du hast allem eine wunderbare Ordnung gegeben. Lehre mich durch deine Geistkraft, deine guten Lebensregeln zu verstehen. Zeig mir in jeder Situation, wie sie durch die Liebe Wirklichkeit werden und dem Leben dienen können. Amen.

Kirchenjahr praktisch: Lieblingsregel
Welche gute Lebensregel Gottes können Sie diese Woche ganz konkret umsetzen? Suchen Sie sich doch einfach Ihre Lieblingsregel aus.

Alle Texte

Wochenspruch	Mi 6,8
Wochenpsalm	Ps 119,1–8.17–18
Altes Testament	1. Mose 8,18–22; 9,12–17
Epistel	2. Kor 3,3–6(7–9)
Evangelium	Mk 10,2–9(10–12)13–16
Zusatztexte	Pred 12,1–7; Hld 8,6b–7; Mk 2,23–28

21. Sonntag nach Trinitatis

Lass dich nicht vom Bösen überwinden, sondern überwinde das Böse mit Gutem. (Röm 12,21)

Hintergründiges Wie kann ich als Gottesmensch gut mit denen umgehen, die sich nicht an seine guten Lebensregeln halten? Wie kann ich dem Bösen begegnen, sodass es mich nicht in seinen Bann zieht, sondern mein Verhalten ihm Einhalt gebietet? Diesen Fragen stellt sich der 21. Sonntag nach Trinitatis.
Falls Ostern nach dem 17. April liegt, entfällt dieser Sonntag.

Den Feind lieben Jahrhundertelang war es gut gegangen. Über Generationen hinweg hatte das Volk Israel die Anweisungen seines Gottes weitgehend ignoriert und stattdessen die Götter und Lebensweisen seiner Nachbarvölker übernommen. Immer wieder hatte Gott gewarnt, dass er dabei auf Dauer nicht tatenlos zusehen würde, doch man wähnte sich sicher: Kein Gott, der seinen Ruf wert ist, gibt sein Land und seine Stadt preis. Er würde sich ja lächerlich machen.

Doch Gott zieht seine Drohungen durch. Er lässt das Volk die ganze Konsequenz seines Fehlverhaltens spüren und zieht seinen Schutz zurück. Die Babylonier erobern Jerusalem und führen die gesamte Oberschicht des Landes fort. Das Volk Gottes findet sich plötzlich inmitten einer Gesellschaft wieder, denen die Gebote ihres Gottes völlig egal sind. Wenn sie sich nun anpassen, verspielen sie die letzte Chance, dass Gott sich ihnen wieder zuwendet und sie zurück in ihr Land bringt. Sollten sie also lieber eine Parallelgesellschaft gründen und den Babyloniern möglichst aus dem Weg gehen?

In dieser Situation rät ihnen der Prophet Jeremia: Zieht euch nicht zurück! Es darf euch nicht egal sein, wie es euren Mitbürgern geht, auch wenn sie nicht unseren Gott anbeten. Bringt euch ein! Setzt euch für das Wohlergehen eurer Gesellschaft ein, denn wenn es ihr gut geht, geht es auch euch gut!

Wie soll aber ein Zusammenleben funktionieren, wenn meine Nachbarn ganz andere Werte vertreten? Wenn ihnen Gottes gute Lebensregeln völlig egal sind und sie die Gottesleute verachten und ihre Freundlichkeit sogar ausnutzen?

Für diese Situation bieten die heiligen Schriften hilfreiche Hinweise an: Wenn es dem, der dir das Leben schwer macht, schlecht geht, tu ihm Gutes. Überlasse es Gott, für den gerechten Ausgleich seiner bösen Taten zu sorgen. Wer auf sein Recht auf Vergeltung verzichtet und sie Gott überlässt, durchbricht den Kreislauf der Gewalt. Wer darüber hinaus dem, der Schaden anrichten will, Gutes tut, dreht dessen Logik um. Die freiwillige Barmherzigkeit des vermeintlich Schwächeren eröffnet dem Täter Raum zur Umkehr.

Jesus treibt diese Regel auf die Spitze. Sein Ziel für seine Nachfolger ist nichts weniger als göttliche Vollkommenheit – die Vollkommenheit der Liebe, die selbst ihren Feinden das Beste wünscht. Seine Nachfolger sollen Gottes Perspektive einnehmen: Dieser Mensch, der mich bedroht und erniedrigt, ist ein Geschöpf unter der Sonne. Auch ihm wünscht Gott ein gelingendes Leben. Nichts weniger sollte ich als Kind Gottes ihm wünschen.

Die Kraft zu solcher Demut finden wir nicht in uns selbst. Deshalb rät Paulus: Nutzt die Stärke Gottes. Kämpft mit seinen Waffen, mit Wahrheit und Gerechtigkeit, mit dem Zeugnis für seine Liebe und dem Vertrauen, dass er für dich ist.

Jesus drückt es so aus: Bleibt in meiner Liebe. Wer sich der Liebe Jesu sicher ist, braucht seine Ehre nicht zu verteidigen. Er kann Friedensstifter sein, auch wenn es ihn kostet – selbst das Leben.

Gebet

Herr, mach mich zu einem Werkzeug deines Friedens,
dass ich Liebe übe, wo man hasst;
dass ich verzeihe, wo man beleidigt;
dass ich verbinde, wo Streit ist;
dass ich die Wahrheit sage, wo der Irrtum herrscht;
dass ich den Glauben bringe, wo der Zweifel drückt;
dass ich die Hoffnung wecke, wo Verzweiflung quält;
dass ich Licht entzünde, wo die Finsternis regiert;
dass ich Freude bringe, wo der Kummer wohnt.
(Franz von Assisi)

Kirchenjahr praktisch: Böses mit Gutem überwinden

Können Sie diese Woche einen dieser konkreten Wege gehen, das Böse mit Gutem zu überwinden? Wenn ja, bitten Sie Gott um Weisheit, seine Begleitung und seine Geistkraft des Friedens für Ihr Vorhaben.

Alle Texte

Wochenspruch	Röm 12,21
Wochenpsalm	Ps 19,8–14
Altes Testament	Jer 29,1.4–7(8–9)10–14
Epistel	Eph 6,10–17
Evangelium	Mt 5,38–48
Zusatztexte	1. Mose 13,1–12(13–18); Mt 10,34–39; Joh 15,9–12(13–17)

22. Sonntag nach Trinitatis

Bei dir ist die Vergebung, dass man dich fürchte. (Ps 130,4)

Hintergründiges Wer seinem Feind Gutes tun will, wird ihm irgendwann vergeben. Der 22. Sonntag nach Trinitatis nimmt das schwere Thema Schuld und Vergebung in seinen vielen Facetten in den Blick und kommt zu dem Schluss: Wer Gott ehrlich gesteht, dass er Mist gebaut hat, dem wird Gott die Last der Schuld nehmen. Ganz bestimmt!

Wenn Ostern nach dem 10. April liegt, entfällt dieser Sonntag. Fällt der Sonntag auf den 31. Oktober, wird stattdessen das Reformationsfest begangen.

There but for the Grace of God (Wenn Gottes Gnade nicht gewesen wäre!) In Psalm 143 bittet ein Mensch seinen Gott, nicht mit ihm ins Gericht zu gehen – und spricht dann von der Gewalt, die andere ihm antaten. Menschen, die Unrecht erlebten, werden häufig von Schuldgefühlen gequält: Wenn jemand ausgerechnet mir Unrecht antut, habe ich es anscheinend verdient. Vielleicht ahnen sie aber auch: Was der andere mit antat, hätte ich unter anderen Umständen ebenfalls tun können. Das Umfeld prägt einen Menschen oft tiefer, als er wahrhaben will. Wie schnell lässt ein Mensch sich von den Feinden des Lebens dazu verführen, selbst lebensfeindlich zu handeln!

Der Psalmdichter bittet um Rettung von äußeren Lebensfeinden. Noch existentieller ist für ihn aber die Rettung von der eigenen Schuld. War er den äußeren Feinden schon hilflos ausgeliefert, stand er erst recht hilflos vor den Folgen der eigenen Verfehlungen. Darum fleht er Gott an, rettend einzugreifen, und bittet darum, dass Gott selbst ihm zeigt, wie er sein Leben recht gestalten kann, denn er weiß: Ohne den Beistand von Gottes Geistkraft kann ich weder den äußeren Feinden noch dem inneren Drang zu lebensfeindlichem Verhalten widerstehen.

Paulus ist sich sehr bewusst, dass er aus eigener Kraft nicht imstande ist, das Richtige zu tun und so dem Todesverhängnis zu entgehen. Er droht angesichts seiner Hilflosigkeit zu verzweifeln, bis ihn die erlösende Erkenntnis trifft: Jesus Christus hat mich aus dieser Ausweglosigkeit gerettet. Er hat die Macht entmachtet, die Menschen aufgrund ihrer Sünden zu Tode bringt. Wer sich ihm anvertraut, den wird er von den inneren Zwängen befreien, das eigene Leben auf Kosten des Lebens anderer erhalten zu müssen. Dann wird Gottes Geistkraft ihm ermöglichen, als Kind Gottes im Vertrauen auf den himmlischen Vater das Rechte zu tun.

Wir alle wissen, dass uns dies nur in Ansätzen gelingt. Auch Christenmenschen begehen viele kleine und manche großen Verfehlungen. Die Prägungen ihres bisherigen Lebens sind zum Teil noch immer wirksam. Sie dürfen jedoch wissen, dass ihre Schuld nicht mehr ihr Schicksal bestimmt und dass Gott in seiner großen Gnade jede einzelne restlos auflösen wird, wie Nebel sich in der Morgensonne verflüchtigt. Dem englischen Reformator John Bradford wird nachgesagt, dass er beim Anblick eines zum Tode Verurteilten ausrief: „There, but for the Grace of God, goes John Bradford." (Wenn Gottes Gnade nicht gewesen wäre, ginge dort John Bradford). Dass wir Gott vertrauen und ein weitgehend rechtschaffenes Leben führen können, verdanken wir allein der Gnade Gottes.

Gebet

Mein Gott, höre doch mein Gebet.
Hör mir zu, wenn ich zu dir flehe.
Ich weiß: Auf dich kann ich mich verlassen.
Erhöre mich, denn ich weiß ja: Du wirst es recht machen.
Begegne mir nicht als Richter – ich bin ja ganz abhängig von dir!
Kein lebendes Wesen kann doch so leben, wie es recht ist vor dir.
Erinnere mich jeden Morgen daran, dass du treu zu mir stehst,
und zeig mir jeden Tag, wie ich leben soll. Amen.

Kirchenjahr praktisch: Vergebung erleben

Um die vollkommene Vergebung Gottes sinnlich zu erleben, kann man eine konkrete Schuld auf einen Stein schreiben und ihn in ein tiefes Wasser werfen. Dasselbe könnte ich mit der Schuld tun, die mir jemand angetan hat. Vielleicht ergibt sich diese Woche eine Gelegenheit, eigene oder fremde Schuld in den Fluten zu versenken und Gott für die Freiheit zu danken, die er dadurch schenkt.

Alle Texte

Wochenspruch	Ps 130,4
Wochenpsalm	Ps 143,1–9
Altes Testament	Jes 44,21–23
Epistel	Röm 7,14–25a
Evangelium	Mt 18,21–35
Zusatztexte	Mi 6,1–8; Mt 18,15–20; 1. Joh 2,12–14

Reformationsfest

Einen andern Grund kann niemand legen außer dem, der gelegt ist, welcher ist Jesus Christus. (1. Kor 3,11)

Hintergründiges

Martin Luther stieß eine Erneuerung der Kirche an, die damals als mächtigste Ausformung des Christentums die weltweite Christenheit prägte. Allen Kirchen, die aus dieser Erneuerung heraus entstanden, bietet der Gedenktag der Reformation einen Zeitpunkt der Besinnung auf die Grundlagen ihrer Theologie und kirchlichen Praxis und stellt zugleich beständig die Frage, wie Kirche heute erneuert werden kann und muss.

Der Reformationstag findet immer am 31.10. statt. An diesem Tag schlug Martin Luther der Überlieferung nach 96 Thesen an die Kirchentür der Wittenberger Schlosskirche, die sich gegen die Praxis der Ablassbriefe, wie sie in der katholischen Kirche verbreitet war, richteten. Damit löste er eine theologische Debatte aus, die in eine umfassende Kritik an zentralen Punkten der katholischen Lehre mündete und zur Gründung der protestantischen und der reformierten Kirchen führte.

Wenn das Fest nicht am 31.10. gefeiert werden kann, wird es am folgenden Sonntag begangen. Dessen **Proprium** entfällt dann zugunsten des Reformationsgedenkens.

Gut genug?

Es war eine konkrete Frage, die Luther existentiell bedrängte und deren Antwort ihn schließlich dazu brachte, große Teile der Theologie seiner Kirche neu zu denken: Wie bekomme ich einen gnädigen Gott? Was kann ich tun, damit Gott mich „rechtfertigt": mir die Verfehlungen, die ich unweigerlich im Leben begehe, erlässt und mich in seine Gegenwart aufnimmt, wo ich nicht aufgrund dieser Sünden sterben muss, sondern leben kann. Luther erkannte glasklar, dass er aus eigener Kraft nie gut genug sein würde, um eine solche Rechtfertigung zu verdienen, und beinahe verzweifelte er über dieser Ausweglosigkeit. Die befreiende Antwort fand er bei Paulus, den ähnliche Fragen bedrängten: Wer sich Gott gerade in dieser Verzweiflung anvertraut, dem wird er die Schuld vergeben und ihn aus der Verstrickung in die Sündendynamik befreien.

Heute drehen sich die existentiellen Fragen weniger um Schuld und Rechtfertigung. Viel drängender sind z.B. die Fragen, wie unter den jeweils gegebenen Umständen ein gelingendes Leben möglich ist und, falls man Gott in der Rechnung hat – wie er denn seine großartigen Versprechen eines erfüllten Lebens für seine Leute wahr macht, wenn man im eigenen Leben wenig davon sieht.

Vielleicht finden sich viele heute eher bei Abraham als bei Paulus wieder. Abraham verließ seinen vertrauten und gesicherten Lebensrahmen, weil Gott ihm versprochen hatte, ihn in einen noch viel besseren, gesegneteren Lebensrahmen zu führen: ihm großen Landbesitz und eine reiche Nachkommenschaft zu geben, durch die Gottes Segen der ganzen Welt zuteilwürde. In seinem langen Leben sah Abraham so gut wie nichts davon. Trotzdem hielt er durch mehrere Krisen hindurch an dem Vertrauen fest, dass Gott seine guten Absichten mit ihm wahr machen würde. Es war dieses Vertrauen, das Gott gut genug war, und Paulus versteht es so: Dieses Vertrauen rechnete Gott Abraham als „Gerechtigkeit", als ausreichende Voraussetzung für die Rechtfertigung an.

Welche existentielle Frage Sie auch immer umtreibt – vertrauen Sie genau diese Frage ganz und gar Gott an! Machen Sie ihm keine Vorschriften, wie er sie beantworten soll! Wagen Sie es, das Vertrauen auf sein „Ich bin für dich" einzuüben, selbst wenn davon gerade nichts zu sehen ist. Aus diesem bedingungslosen Vertrauen in Gottes treue Liebe wächst eine Liebe für die Mitmenschen und Mitgeschöpfe. Ein solcher Glaube, der durch die Liebe in die Welt hineinwirkt, trägt die Botschaft von der erbarmenden Liebe Gottes über seine von der Sünde gebeutelten Geschöpfe weiter, sät Hoffnung und gibt Gott die Ehre, die er verdient.

◼ Gebet

Herr Christus,
ich bleibe an dir und hange an dir
und glaube an dich,
denn du bist es allein,
auf den es ankommt.

Darnach will ich hingehen
und mich in guten Werken üben.
und die zehn Gebote für mich nehmen

Aber mein Hauptstück soll sein,
dass ich mich an dich halten will
und dass durch dich
und dass durch dich
und dass durch dich
(Martin Luther, WA 33, S. 109, 18–26)

◼ Kirchenjahr weiterdenken: Anvertrauen
Welche Frage bedrängt Sie gerade am meisten? Mögen Sie diese Frage in dieser Woche Gott anvertrauen? Das ist schon genug.

◼ Alle Texte

Wochenspruch	1. Kor 3,11
Wochenpsalm	Ps 46,2–12
Altes Testament	5. Mose 6,4–9
Epistel	Röm 3,21–28
Evangelium	Mt 5,1–10(11–12)
Zusatztexte	Ps 46,1–12; Mt 10,26b–33; Gal 5,1–6

23. Sonntag nach Trinitatis

Dem König aller Könige und Herrn aller Herren, der allein Unsterblichkeit hat, dem sei Ehre und ewige Macht! (1. Tim 6,15b.16a.c)

Hintergründiges

Der 23. Sonntag nach Trinitatis fragt danach, wie Gottes Leute in einer Welt leben sollen, der sie als Kinder Gottes und Bürger des Himmels eigentlich gar nicht mehr angehören.

Dieser Sonntag entfällt häufig, denn er kommt nur vor, wenn Ostern vor dem 3. April liegt.

Loyalitätskonflikte

Gottes Leute sind Bürger in Gottes Reich und können nur einem die letzte Autorität über ihr Leben zugestehen: ihrem Gott. Zugleich sind sie Bürger weltlicher Staaten, in denen Menschen Macht ausüben und ihnen Vorschriften machen. Dabei können die Anordnungen der weltlichen Macht in Konflikt mit ihrer letzten Loyalität gegenüber ihrem Gott und seinen Werten und Lebensregeln geraten. Als das Volk Israel unter ägyptischer Herrschaft lebte, befahl der Pharao den israelitischen Hebammen, alle männlichen Kinder zu töten, denn er befürchtete, dass das von Gott gesegnete große Volk sich gegen ihn wenden würde. Für die hebräischen Hebammen war die Sache klar. Einer solchen Anordnung durften sie auf keinen Fall Folge leisten, denn dies widerspräche allem, wofür ihr Gott stand: Fruchtbarkeit und Leben. Hier war eindeutig ziviler Ungehorsam angezeigt und so ließen sie die Jungen am Leben und erzählten dem König, die Frauen würden so schnell gebären, dass sie jedes Mal zu spät kamen.

Nicht so eindeutig war die Angelegenheit für die Bürger des Staates Judäa unter der römischen Oberherrschaft. Sollte man dem Kaiser Steuern zahlen? Durfte man als Angehöriger des Gottesvolkes einem Herrscher Loyalität erweisen, der Gott nicht anerkennt, sondern andere Götter anbetet? Radikale Gegner der römischen Herrschaft nahmen die jährliche Kopfsteuer zum Anlass, zu gewaltsamem Widerstand aufzurufen. Für Jesu Feinde war sie ein willkommener Streitpunkt, um ihn in eine ausweglose Lage zu bringen: Sprach er sich für die Zahlung der Steuer aus, machte er sich bei seinen national gesinnten Volksgenossen unmöglich. Sprach er sich dagegen aus, konnten sie ihn umgehend bei den zuständigen Behörden anklagen.

Jesus lässt sich jedoch nicht auf das Entweder-oder der Fangfrage ein. Stattdessen macht er seinen Zuhörern klar: Die weltliche Herrschaft hat gewisse Rechte, die man ihr gewähren soll. Gott aber hat das Recht auf unsere letzte Loyalität, die sich darin ausdrückt, dass seine Gebote umgesetzt werden, und hier liegt die eigentliche Herausforderung.

Paulus greift Jesu Antwort auf und ermahnt die römischen Christen, den Anordnungen der weltlichen Herrschaft Folge zu leisten. Obwohl Gottes Leute ihre eigentliche Heimat im Himmel haben, sollen sie keine Parallelgesellschaft gründen, in der die aktuellen Gesetze missachtet werden, denn die herrschende Macht garantiert zumindest eine rudimentäre Ordnung und dämmt Exzesse des Bösen ein. Zugleich machen sowohl Jesus als auch Paulus deutlich: Wo die Regierenden selbst zu Akteuren des Bösen werden und anderen befehlen, Gottes Werte zu missachten oder Gott selbst zu entehren, dürfen sie diesen Befehlen nicht folgen. Ob stille Verweigerung, Flucht oder passiver oder gar aktiver Widerstand angemessen sind, hängt von der konkreten Situation ab und wird unterschiedlich beurteilt. Dann braucht es vor allem Gebet und das Bewusstsein, dass Gott seinen Kindern bei Fehlentscheidungen seine treue Liebe nicht entzieht und jedes mutige Eintreten für ihn und den bedrohten Nächsten belohnen wird.

Gebet Gott der Ordnung, ich danke dir, dass du Menschen befähigst und einsetzt, um das Zusammenleben lebensförderlich zu gestalten. Bitte leite alle, die in Verantwortung stehen, dass sie sich ihrer Verantwortung bewusst sind und sie zum Wohl ihrer Mitbürger erfüllen. Falls ich einmal vor der Frage stehe, ob eine Anordnung deinem guten Willen widerspricht, gib mir Weisheit durch deine Geistkraft und Mut, das Rechte zu tun. Amen.

Kirchenjahr praktisch: Beten und Handeln Beten Sie diese Woche doch einmal bewusst für Politiker und andere Entscheidungsträger. Und falls Sie sich in einem Loyalitätskonflikt sehen, tauschen Sie sich mit anderen aus, beten Sie um Weisheit und setzen Ihre Entscheidung mutig um.

Alle Texte

Wochenspruch	1. Tim 6,15b.16a.c
Wochenpsalm	Ps 33,13–22
Altes Testament	2. Mose 1,8–20
Epistel	Phil 3,17–21
Evangelium	Mt 22,15–22
Zusatztexte	Am 7,10–17; Mt 5,33–37; Röm 13,1–7

24. Sonntag nach Trinitatis

Mit Freuden sagt Dank dem Vater, der euch tüchtig gemacht hat zu dem Erbteil der Heiligen im Licht. (Kol 1,11b.12)

Hintergründiges Der letzte Sonntag nach Trinitatis versucht im Übergang zum Ende des Kirchenjahrs das Verhältnis von Diesseits und Jenseits, Schöpfung und Gottesreich, Zeit und Ewigkeit ein wenig zu erhellen.

Dieser Sonntag ist nur vorhanden, wenn Ostern sehr früh, vor dem 27. März liegt. Da er nur selten vorkommt, enthalten die **Perikopen** nur die drei Lesetexte für den Gottesdienst und keine zusätzlichen Predigttexte.

Jenseits der Grenzen Alles hat ein Ende, nur die Wurst hat zwei, oder: Alles hat seine Zeit. So wie dieses Kirchenjahr in drei Wochen enden wird, so wird jedes irdische Projekt und jedes irdische Leben einmal enden, auch das eigene.

Wir werden nicht gern an diese Tatsache erinnert, und doch kann das Bewusstsein der eigenen Endlichkeit heilsam sein. In Psalm 39 bittet David seinen Gott: Lass mich doch begreifen, dass meine Tage begrenzt sind und mein Leben ein Ende hat. Angesichts einer akuten Notlage hat er um Selbstbeherrschung gerungen und sich bemüht, die Situation klaglos unter Kontrolle zu bekommen, um seinen und den Feinden Gottes keinen Angriffspunkt zu bieten. Irgendwann kann er die innere Spannung jedoch nicht mehr ertragen und er stellt sich die Frage: Was ist jetzt überhaupt noch wichtig? Was zählt noch, wenn alles, was ich bin und erreicht habe, mit meinem Tod am Ende doch wie ein Windhauch verweht?

David ringt darum zu begreifen, was es heißt, ein Geschöpf Gottes zu sein, vergänglich, verletzlich und abhängig davon, dass der Gott des Lebens selbst das Leben erhält und lebenswert macht. Alle Bemühungen des Menschen können ihm das Letzte nicht geben: Unbegrenztes lebenswertes Leben. An diesem Punkt begreift David, dass seine einzige Hoffnung bei Gott liegt. Er allein kann die Schwere, die sich auf sein Leben gelegt hat, heben. Gott allein kann das lebenswerte Leben geben, das niemand aus eigener Kraft verdienen oder sich erarbeiten kann. In dieser Erkenntnis liegt eine Befreiung: Meine Begrenztheit und meine Verletzlichkeit sind in Gott aufgehoben und er ist die letzte Adresse in aller Schuld und aller Not, die mein Leben bedrohen.

Als das Volk Israel im Exil in Babylon verzweifelt, weil seine Rückkehr ins Land der Vorfahren unmöglich scheint, lässt Gott seinem gebeutelten Volk durch Jesaja sagen: „Warum verzweifelst du? Warum hast du Angst vor Menschen, die vergänglich sind wie trockenes Gras? Du gehörst doch zu mir! Ich habe Erde und Himmel gemacht und beherrsche alle Mächte und Gewalten meiner Schöpfung. Wie kannst du dich vor deinen Feinden fürchten? Ich bin doch für dich!"

Als Jesus in Kapernaum predigt, tritt ihm ein Mensch entgegen, den eine zerstörerische Macht in seiner Gewalt hält. Der lebensfeindliche Geist in dem Menschen erkennt klar, wer hier vor ihm steht, und er fordert Jesus heraus: „Was willst du hier? Willst du uns vernichten?" Jesus lässt sich jedoch auf keine Diskussion ein. Seine Macht fegt die Todesmacht einfach davon und die Beobachter sind völlig perplex und fragen sich: „Wer ist dieser Mensch?" Wo Gottes Macht in die Begrenztheit und Machtlosigkeit der geschöpflichen Welt einbricht, geraten die Menschen ins Fragen nach dem, was im Letzten trägt. Wer aber sein Leben dem Gott anvertraut, der diese vergängliche Welt geschaffen hat, wird über den geschöpflichen Tod hinaus Anteil bekommen an seiner Unvergänglichkeit. Wenn uns diese Tatsache häufiger bewusst wäre – wie frei wären wir ohne die Angst um das eigene Leben!

Gebet Gott des unbegrenzten Lebens, bitte mach mir öfter bewusst, dass die Grenzen, an die ich hier stoße, nicht das Letzte sind, und dass dahinter dein unbegrenztes Leben auf mich wartet. Ich wünsche mir, dass dieses Bewusstsein mich von der Angst vor dem befreit, was Menschen und andere Mächte dieser Welt mir antun können. Gib mir Weisheit und Worte, diese tröstliche Erwartung mit anderen zu teilen, die Hoffnung brauchen. Amen.

Kirchenjahr weiterdenken: Hoffnung jenseits der Grenzen finden Welche lebensfeindlichen Mächte begrenzen gerade Ihr Leben? Ändert die Hoffnung auf unbegrenztes Leben Ihren Umgang mit den Grenzen? Mit wem können Sie sich gegenseitig Hoffnung machen?

Alle Texte

Wochenspruch	Kol 1,11b.12
Wochenpsalm	Ps 39,5–8.13–14
Altes Testament	Jes 51,9–16
Epistel	1. Kor 9,16–23
Evangelium	Mk 1,21–28

Ende des Kirchenjahrs

Um das Kirchenjahr angemessen ausklingen zu lassen, beginnt man drei Wochen vor dem ersten Advent damit, die Sonntage herunterzuzählen. Der Übergang vom Herbst zum Winter, die Zeit des abnehmenden Lichts und die sich zurückziehende Natur laden dazu ein, innezuhalten, zurückzuschauen und Bilanz zu ziehen.

Eine Reihe von Sonn- und Festtagen bietet dazu den Rahmen und ermutigt, Gottes Handeln in den Zu-Fällen des vergangenen Jahres noch einmal nachzuspüren. Viele Texte schaffen gerade in den dunklen Tagen des Spätherbstes einen Raum, in dem die schweren Lebensthemen wie Verantwortung und Schuld oder Verlust und Trauer zur Sprache kommen. Sie leiten den Glaubenden an, seinen eigenen schweren Erfahrungen im Bewusstsein um den liebenden Blick des barmherzigen Gottes auf ihn und alle Menschen nachzugehen, soweit das gerade hilfreich und heilsam ist.

Passenderweise fallen in diese Zeit auch Gedenkfeste, die nicht ausdrücklich kirchlich sind, bei denen eine kirchliche Beteiligung aber häufig angemessen und erwünscht ist. So ruft der staatliche Gedenktag des *Volkstrauertags* am vorletzten Sonntag des Kirchenjahrs dazu auf, aller Menschen zu gedenken, die durch Krieg und Gewaltherrschaft ums Leben kamen, und die Mitverantwortung des eigenen Landes besonders an den beiden Weltkriegen dabei nicht zu verschweigen. Die Trauer über die Opfer, die Übernahme von Verantwortung und vor allem der damit einhergehende Aufruf zum verantwortlichen Einsatz für Frieden, Versöhnung und Toleranz kann in Gottesdiensten dieses Sonntags einen Platz finden. Auch begeht die evangelische Kirche den *Tag des Gedenkens an die Novemberpogrome* am 9. November mit einem eigenen Gedenktag.

Der *Buß- und Bettag* lädt ein, das eigene Leben zu reflektieren und es ins Licht der Gnade Christi zu stellen. Der letzte Sonntag im Kirchenjahr gedenkt als *Totensonntag* des und der Vergangenen. Er bietet einen Raum, in dem die Trauer über Verlorenes und Verlorene noch einmal bewusst wahrgenommen, geteilt und ausgehalten werden darf. Zugleich blickt er als *Ewigkeitssonntag* schon über die Todesgrenze hinaus auf das Kommende und über das Ende des Kirchenjahrs hinaus auf die erhoffte Ankunft des Erlösers. Dass diese Hoffnung allen Ernst der Verantwortlichkeit vor Gott im letzten Gericht und alle Trauer über Verlorenes überwiegt, wird daran deutlich, dass die Sonntage bis auf den Totensonntag unter der **liturgischen Farbe** Grün stehen.

Der kalendarische Beginn dieses letzten Abschnitts des Kirchenjahrs hängt davon ab, auf welchen Wochentag der 25. Dezember fällt, denn von ihm her bestimmen sich die Adventssonntage und die ihnen vorhergehenden letzten Sonntage im Kirchenjahr. So schließt sich mit dem Ewigkeitssonntag ein Kreis und leitet zugleich über zum neuen Anfang am folgenden 1. Advent. Solange wir in dieser Welt leben, dreht sich das Rad der Zeit weiter und führt uns eine neue Runde durch alle Ereignisse und Hoffnungsworte des Glaubens, die wir im neuen Jahr wiedererkennen und vielleicht hier und da auf neuen Ebenen begreifen.

Drittletzter Sonntag des Kirchenjahrs

Selig sind, die Frieden stiften; denn sie werden Gottes Kinder heißen. (Mt 5,9)

Hintergründiges Drei Wochen vor dem ersten Advent bereiten wir uns auf das Ende des Kirchenjahrs vor. Dabei blickt die Gemeinde Gottes bereits über das Ende hinaus und sieht das von Gott versprochene Friedensreich kommen. Seine Auswirkungen reichen voraus bis in unsere Zeit.

Mit diesem Sonntag beginnt die ökumenische zehntägige *Friedensdekade*, die am Buß- und Bettag endet. Sie stellt die wunderbaren Versprechen vor Augen, die Gott für diese Friedenszeit gibt, thematisiert aber auch die Herausforderungen, vor die Gott seine Leute mit seiner Aufforderung stellt, bereits in dieser Welt Frieden zu stiften.

Countdown Mit dem heutigen Sonntag beginnt der Countdown zum Ende des Kirchenjahrs. Ein Countdown kann ja vielerlei bedeuten: Das Ticken der Bombe stellt eine Bedrohung für die gesamte Menschheit dar, wenn es dem Helden nicht gelingt, den Countdowns in letzter Sekunde zu stoppen. Wenn eine Deadline immer näher rückt, kann das Wissen um die Begrenztheit der Zeit lähmen, aber auch zu Höchstleistungen anspornen. Der Start einer Rakete wird durch einen Countdown angekündigt, der Beginn einer neuen Mission, eines neuen Abenteuers. Am Ende des Countdowns zu Weihnachten stehen Geschenke. In jedem Fall begrenzt er von vorneherein die Zeit bis zum Ende des Alten und dem Beginn des Neuen. Niemals schaut er zurück, stets hat er das Kommende im Blick.

Für das Kirchenjahr ticken die Sonntage von heute an herunter bis zum Nullpunkt und von dort mit den Adventssonntagen wieder herauf. Eine Zeit gespannter Erwartung beginnt: Altes vergeht, doch es verschwindet nicht im Nichts. Aus dem Ende wächst übergangslos ein neuer Anfang. Dabei warten wir nicht auf einen neuen Aufbruch, sondern auf eine Ankunft. Nicht wir stoßen vor in neue Welten – die neue Welt kommt zu uns, unaufhaltsam, ganz ohne unser Zutun, ja, sie ist schon längst da und kommt zugleich immer wieder neu. Hier steigt keine Rakete hinauf in den Himmel und unendliche Weiten; hier kommt der Sohn Gottes hinab in die Schöpfung und bewirkt ihre Befreiung von dem gewaltsamen Ende eines unbarmherzigen Countdowns zum Tode.

Noch ist die Befreiung nur in vereinzelten Zeichen sichtbar und Vieles geschieht im Verborgenen. Die Zeit geht jedoch zu auf den letzten Countdown, an dessen Ende eine neue Welt steht. Dann wird alles Gute und Treue, das bisher verborgen war, sichtbar werden. Alle, die Frieden stifteten und sich nach der Gerechtigkeit verzehrten, werden erleben, wie ihre kühnsten Hoffnungen Wirklichkeit werden – wenn Schwerter zu Pflugscharen geschmiedet werden und jeder unter seinem Weinstock und seinem Feigenbaum in Frieden leben wird.

Bis dahin heißt es für die Gottesleute, in dieser Welt die Spannung zu halten zwischen dem *Schon jetzt* und dem *Noch nicht*. Auch wenn Gott den besiegten Todesmächten noch die Macht lässt, Leben zu beschädigen, ist ihr Ende besiegelt. Ein zweiter Countdown hat begonnen. Zwar kennen wir sein Ende nicht, das kennt nur Gott selbst, aber dann werden alle Kriegs- und Todesmächte endgültig beseitigt sein. Deshalb können die Gottesleute schon jetzt Frieden leben und Frieden stiften und so allen, die sehnsüchtig auf eine Welt des umfassenden Friedens warten, die hoffnungsvolle Gewissheit immer wieder anfachen, dass eines Tages auch dieser zweite Countdown auslaufen und Gottes versprochene neue Welt umfassend Wirklichkeit wird.

Gebet Gott des Friedens, ich danke dir für die Bilder, die deine Propheten von der neuen Friedenswelt zeichnen. In sie will ich meine Sehnsucht einzeichnen und damit die Hoffnung auf dein umfassendes Friedensreich wachhalten. Leite mich an, schon in dieser Welt Friedensstifter zu werden, damit die Hoffnungslosen dich als den Friedefürst erkennen und neue Hoffnung schöpfen. Amen.

Kirchenjahr praktisch: Frieden stiften Haben Sie in der nächsten Woche die Möglichkeit, sich in die laufende Friedensdekade einzuklinken? Gibt es Aktionen in Ihrer Nähe, denen Sie sich anschließen können? Oder gibt es gerade eine konkrete Situation in Ihrem Umfeld, in der Sie Friedensstifter sein können?

Alle Texte

Wochenspruch	Mt 5,9
Wochenpsalm	Ps 85,9–14
Altes Testament	Mi 4,1–5(7b)
Epistel	Röm 8,18–25
Evangelium	Lk 17,20–24(25–30)
Zusatztexte	Ps 85,1–14; Lk 6,27–38; 1. Thess 5,1–6(7–11)

Martinstag

Was ihr getan habt einem von diesen meinen geringsten Brüdern, das habt ihr mir getan. (Mt 25,40b)

Hintergründiges

Der Überlieferung nach war Martin von Tours ein römischer Soldat, der im kalten Winter vom Mitleid gepackt seinen Mantel mit einem Bettler teilte. In der folgenden Nacht offenbarte Christus ihm im Traum, dass er selbst es war, dem Martin diese Barmherzigkeit erwies. Daraufhin ließ er sich taufen, verließ den Militärdienst und lebte zunächst als Einsiedler. Als Seelsorger und Wundertäter erlangte er große Berühmtheit und die Bürger von Tours erwählten ihn zu ihrem Bischof. Bald wurde er zum Vorbild für Barmherzigkeit und Demut schlechthin.

Der Martinstag hat eine reiche ökumenische Tradition und ist mit seinen Umzügen nahezu überall fester Bestandteil des Jahresprogramms für Familien mit kleinen Kindern. Dem hat die evangelische Kirche Rechnung getragen, und seit dem Kirchenjahr 2018/2019 ist er ein evangelischer Gedenktag mit einem eigenen **Proprium**. Er wird immer am 11. November gefeiert, dem Tag von Martins Beerdigung. Falls er auf einen Sonntag fällt, hat das **Proprium** des Sonntags Vorrang.

Das Erbarmen feiern

Ich soll arm werden, damit andere dadurch reich werden? Paulus stellt die Gemeinde in Korinth vor genau diese Herausforderung, als er sie dazu motivieren will, reichlich für die verarmte Gemeinde in Jerusalem zu spenden. Sein Argument: Jesus Christus hat es vorgemacht. Er ist unermesslich reich, doch er wurde arm um unseretwillen, damit wir durch seine Armut reich würden. Ehrlich gesagt, das geht mir gewaltig gegen den Strich. Warum sollten andere auf meine Kosten reich werden?

Andererseits – warum eigentlich nicht? Was verliere ich, wenn ich arm werde, damit noch Ärmere leben können? Was verliere ich auf lange Sicht – außer Komfort und Sicherheit, die über das unmittelbar Lebensnotwendige hinausgehen, aber letztlich keinen nachhaltigen inneren Frieden bringen? Vielleicht ist der größte Schrecken der Armut gar nicht die materielle Not, sondern der Verlust an Teilhabe am gesellschaftlichen Leben, das Bewusstsein, nicht mehr dazuzugehören, nicht gut genug zu sein und deshalb einsam zu werden.

Viele Menschen haben große Berührungsängste mit dem Elend – als wäre es ansteckend. Als ob der, der sich erbarmend in den Schmutz hinab beugt, selbst schmutzig wird und damit nicht mehr gesellschaftsfähig ist. Meiden wir ihn, weil er uns zwingt, das Elend anzusehen? Es ist doch viel einfacher, diejenigen zu feiern, die durch ihren großen Glauben Großes erreicht haben und ihre Erfolge in Zahlen mit Glanz und Glitter präsentieren können, denn davon träumen wir häufig selbst.

Wofür wird Gott eigentlich gefeiert? Die Götter der Nachbarvölker wurden wegen ihrer überlegenen Macht angebetet und wegen ihrer Unberechenbarkeit gefürchtet. Dagegen loben die Dichter der Psalmen Gott für seine Zuwendung zu den Armen und Abgehängten ihrer Zeit – den Hungrigen und Behinderten, den Ausländern, Witwen und Waisen. Gottes tiefstes Anliegen ist es, denen ein menschenwürdiges Leben zu ermöglichen, die unter die Räder der Mächtigen geraten sind. Dazu beruft er seine Leute: die Menschen in ihrem Einflussbereich gerecht zu behandeln, ihnen ein Leben in Selbstbestimmung zu ermöglichen und denen, die schon aus der Gesellschaft hinausgefallen sind, wieder hineinzuhelfen, notfalls auf Kosten des eigenen Vermögens.

Dabei sind sich die Autoren der Bibel sicher: Langfristig wird es sich auszahlen, nach Gottes Werten zu leben, anstatt den Werten derer nachzueifern, die aus eigenen Kräften und häufig auf Kosten anderer reich wurden. Wer Gottes Geboten, seinen guten Lebensregeln der Liebe folgt, wird am Ende die Früchte seiner Hingabe ernten: Gott wird ihn in sein Reich aufnehmen, das schon längst für alle bereitsteht, die ihm in den Bedürftigen dieser Welt Barmherzigkeit erweisen.

Gebet Gott des Erbarmens, lehre mich, die Menschen mit deinen Augen zu sehen, und gib mir Weisheit und Mut, Not dort zu lindern, wo es in meiner Macht und Verantwortung liegt. Amen.

Kirchenjahr praktisch: Den Mantel teilen
Welchen „Mantel" könnten Sie diese Woche mit wem teilen?

Alle Texte

Wochenspruch	Mt 25,40b
Wochenpsalm	Ps 146,1–10
Altes Testament	Jes 58,6–11
Epistel	2. Kor 8,7–9
Evangelium	Mt 25,31–40

Vorletzter Sonntag des Kirchenjahrs

Wir müssen alle offenbar werden vor dem Richterstuhl Christi. (2. Kor 5,10a)

Hintergründiges

Zum Abschluss des alten und zum Beginn eines neuen Abschnitts gehört es, Bilanz zu ziehen, Gutes und Gelungenes zu würdigen und Schlechtes, Misslungenes oder Schädliches von nun an auszuschließen. Der vorletzte Sonntag des Kirchenjahrs bedenkt das letzte Gericht, das Gott über die Welt halten wird. Nichts soll in die neue Welt mitgenommen werden, das dem Leben widerspricht.

Dieser Sonntag fällt mit dem Volkstrauertag zusammen, der immer am zweiten Sonntag vor dem ersten Advent begangen wird. Deshalb kann auch das Gedenken an die Schuld der vergangenen Kriege und an die in ihnen Gefallenen einen Platz im Gottesdienst finden und mit dem Thema der Friedensdekade verknüpft werden. In ihrem Rahmen kann das **Proprium** dieses Sonntags mit dem **Proprium** des vorigen Sonntags getauscht werden.

Vom Richtig-Machen und Gottes Gericht

Gott, hättest du dich nicht ein bisschen eindeutiger ausdrücken können? Soll ich nun den Feiertag heilighalten oder nicht. Und wenn, dann welchen? Und was, wenn mein Arbeitgeber mich nicht lässt? Und wie ist das mit den ganzen Vorschriften beim Essen? Mal drohst du mit den schlimmsten Strafen, wenn man sie übertritt, mal sagt ein gelehrter Mensch, es ist egal, alles ist gut, was du geschaffen hast. Kein Wunder, wenn sie sich darüber in die Haare kriegen.

Offensichtlich stritt man in der Gemeinde in Korinth heftig über die Frage, welches Verhalten nun vor Gott richtig und welches falsch sei. Manche drückten ihre Liebe zu Gott und ihre Ehrfurcht vor ihm durch konkrete Handlungen oder Unterlassungen aus. So wollten sie z.B. Gott nicht entehren, indem sie Fleisch aßen, das anderen Göttern geopfert worden war. Andere ehrten Gott, indem sie die Freiheit genossen, die Gott seinen Kindern über die gesamte Schöpfung gibt: Alles ist gut, was er geschaffen hat. Leider konnten sie nicht einfach entspannt miteinander leben, sondern jeder hielt seine Art, den Glauben zu gestalten, für die einzig richtige, und da sprach man sich schon mal gegenseitig den Glauben ab.

Paulus sagt den Streithähnen klipp und klar: Euer Streit um das, was *richtig* ist, geht völlig am Kern der Sache vorbei. Vor Gott ist jeder nur für das eigene Tun und Lassen verantwortlich, nicht für das Tun und Lassen seiner Glaubensgeschwister. Zugleich darf ich niemanden dazu drängen, Dinge zu tun, die vor Gott keinen Bestand haben, weil sie nicht aus dem Vertrauen in den Vater getan wurden, sondern aus Angst, etwas *falsch* zu machen. Das letzte Urteil über das Handeln eines Menschen steht allein Gott zu und ich kann es getrost ihm überlassen.

Zudem wird Gott am Ende wohl völlig andere Kriterien anlegen, als wir es gewöhnlich tun. Ja, Gott wird richten, und er wird es so tun, dass an seiner Macht und Autorität kein Zweifel bleibt. Doch sein *Gericht* wird kein Strafgericht sein, das ohne Ansehen der Person juristisch korrekt unrechten Taten entsprechende Strafen zuweist. Wenn man aus den biblischen Texten überhaupt Kriterien destillieren will, dann sucht er eine Haltung, die gekennzeichnet ist von Ehrfurcht und Dankbarkeit gegenüber ihm und Gerechtigkeit und Barmherzigkeit dem Nächsten gegenüber. Vor seinem Richterstuhl wird endlich öffentlich sichtbar, was der eine an Bösem zu verbergen suchte und was der andere an Gutem nicht öffentlich zeigen konnte, und was aus seinen Taten jeweils wurde, wird nun sein Lohn: den Leidenden Trost, den Gewaltlosen Besitz, den Barmherzigen Barmherzigkeit, den Friedensstiftern die Gotteskindschaft.

Gebet   Gott, Richter und Retter, mir ist unbehaglich bei dem Gedanken, dass mein gesamtes Leben sichtbar werden wird. So vieles, was mich belastet und beschämt, halte ich sogar vor mir selbst verborgen. Ich will aber darauf vertrauen, dass du Schuld vergibst, mein Leben im Licht deiner Liebe heilsam ansiehst und in dein unbegrenztes Leben hinein erneuerst.

Kirchenjahr weiterdenken: Dankbarkeit   Der Dichter von Psalm 50 empfiehlt als Gegenmittel gegen das Richtig-machen-Müssen die Dankbarkeit Gott gegenüber. Ergibt das Sinn für Sie? Wenn ja, probieren Sie es diese Woche doch einmal aus.

Alle Texte

Wochenspruch	2. Kor 5,10a
Wochenpsalm	Ps 50,1–6.14–15.23
Altes Testament	Hiob 14,1–6(7–12)13(14)15–17
Epistel	Röm 14,(1–6)7–13
Evangelium	Mt 25,31–46
Zusatztexte	Lk 16,1–8(9); Lk 18,1–8; 2. Kor 5,1–10

Buß- und Bettag

Gerechtigkeit erhöht ein Volk; aber die Sünde ist der Leute Verderben. (Spr 14,34)

Hintergründiges

Nicht nur am Ende eines alten und am Beginn eines neuen Abschnitts ist es sinnvoll, innezuhalten und die bisherige Praxis auf den Prüfstand zu stellen. Dann können Haltungen und Handlungen identifiziert werden, die dem Ziel nicht zuträglich sind. Man kann sie aufgeben und neue, hilfreichere Weisen planen und mit der Zeit einüben. Für Christen kommt der Aspekt der Vergebung dazu, mit der Gott seine Leute von der Schuld für ihr Fehlverhalten freispricht, wo sie die Schuld bekennen.

In der Kirchengeschichte gab es zahlreiche regelmäßige und besondere Tage, die der Besinnung, der Umkehr und dem Bittgebet an Gott gewidmet waren. Als fester Tag ist heute in der evangelischen Kirche der Buß- und Bettag geblieben, der immer am Mittwoch vor dem letzten Sonntag im Kirchenjahr begangen wird. Gesetzlicher Feiertag ist er allerdings nur noch in Sachsen.

Letzte Hoffnung Vergebung

Trifft jemanden ein Unglück, fragt er sich häufig: „Womit habe ich das verdient?" Haben Sie sich diese Frage schon einmal gestellt? Selbst wenn objektiv klar ist, dass das Unglück unverschuldet war – der Mensch kann mit einer kausalen Erklärung für das, was ihm zustieß, meist besser umgehen als mit dem Gedanken, dem willkürlichen Zufall ausgeliefert zu sein. Das Umfeld sucht oft nach zumindest einer Teilschuld bei dem Betroffenen, denn wenn er etwas *falsch* machte, besteht zumindest die Chance, dass man selbst es *richtig* macht und so das Unglück vermeidet.

Jesus lässt aber keinen Zweifel daran: Ob jemand schuldig ist oder nicht, lässt sich nicht an seinem Schicksal ablesen. Es ist ja ganz anders: Jeder ist schuldig und den Todesmächten hilflos ausgeliefert, und die einzige Chance ist die Rettung durch Gott, der den Schuldigen trotz seiner Schuld von den Todesmächten befreit.

Meist sind wir ziemlich gut darin, eigene Schuld zu verdrängen, denn wer sich ständig bewusst wäre, welche lebensschädigenden Folgen sein Tun hier und da hatte, würde an seiner Schuld verzweifeln wie der Dichter des 130. Psalms. Er hatte mit Schrecken erkannt: Seine Schuld stürzt ihn in Todestiefen, denn er verdient nichts als den Tod. Ihm bleibt nur die eine Chance, zu Gott um Vergebung zu schreien in der Hoffnung, dass Gott tatsächlich tut, was er verspricht: Sein Volk zu erlösen aus allen seinen Sünden.

Woher aber nimmt der Psalmbeter den Mut, gerade bei dem Rettung zu suchen, gegen dessen Gesetze er sich vergangen hat? Offensichtlich kennt er die vielen Geschichten von Vergebung und Neuanfang in den heiligen Schriften, die von Gottes riesiger Geduld mit seinen Menschen sprechen. Sie machen ihm Hoffnung, dass Gott ihm mit Gnade und Erbarmen begegnet. Nicht starre Strenge, nicht konsequente Strafverfolgung oder eine Null-Toleranz-Politik ermutigen den Schuldigen, sich seiner Schuld zu stellen. Es ist die Güte Gottes, die Milde seines Erbarmens, die den, der auf unguten Wegen unterwegs ist, zur Umkehr führt. Immer wieder ringt Gott es sich ab, seinem Volk eine neue Chance zu geben. So vertraut der Schuldige darauf, dass Gott stets das Beste für seine Leute will, und er wagt es, Gott die Last seiner Schuld anzuvertrauen und sich von ihr befreien zu lassen.

Selbstverständlich bedeutet das nicht, dass der Schuldige nach weltlichen Maßstäben straffrei ausgehen soll. In dieser Welt sind wir den Konsequenzen unseres Handelns, den juristischen und den faktischen Folgen der Tat, nicht enthoben. Auch wenn Gott uns erlässt, was wir ihm und einander schuldig blieben, bleiben wir verantwortlich für unser Tun und Lassen. Wer sich jedoch samt seiner Schuld dem anvertraut, der die Folgen aller Schuld bis zu ihrer letzten Konsequenz, dem Tod, auf sich nahm, der wird mit ihm leben.

Gebet

Kyrie eleison – Herr, erbarme dich!
Christe eleison – Christus erbarme dich!
Kyrie eleison – Herr, erbarm dich über uns!

Kirchenjahr praktisch: Erbarmen suchen und finden

Füllen Sie den Gebetsruf diese Woche einmal mit konkreten Bitten – in welchem Unglück, in welcher Schuld suchen Sie Gottes Erbarmen? Oder beten Sie den ersten Teil beim Einatmen, den zweiten beim Ausatmen. Sie können das Gebet abschließen mit Psalm 103,12: „So fern der Morgen ist vom Abend, lässt er unsere Übertretungen von uns sein."

Alle Texte

Wochenspruch	Spr 14,34
Wochenpsalm	Ps 130,1–8
Altes Testament	Jes 1,10–18
Epistel	Röm 2,1–11
Evangelium	Lk 13,(1–5)6–9
Zusatztexte	Hes 22,23–31; Mt 7,12–20; Offb 3,1–6

Letzter Sonntag im Kirchenjahr – Totensonntag

Lehre uns bedenken, dass wir sterben müssen, auf dass wir klug werden. (Ps 90,12)

Hintergründiges

Der letzte Sonntag im Kirchenjahr ist insofern besonders, als die **Perikopen**ordnung zwei **Proprien** anbietet, die beide die Hoffnung auf ein Leben nach dem Tod thematisieren. Die äußerliche Würde dieses Tages wird politisch geschützt, indem er zu einem *stillen Tag* erklärt wird, an dem besondere Einschränkungen für öffentliche Veranstaltungen gelten.

Der *Gedenktag der Entschlafenen* wurde durch die Jahrhunderte an unterschiedlichen Terminen begangen. Heute sieht die **Perikopen**ordnung dafür den letzten Sonntag im Kirchenjahr vor. Im Gottesdienst gedenkt die Gemeinde der Menschen, die im vergangenen Jahr verstarben, und macht sich bewusst, dass die Verbundenheit ihrer Mitglieder über den Tod hinausreicht. Dabei hat sowohl die Trauer um den Verlust geliebter Menschen ihren Platz als auch die Hoffnung, dass Gott dem Tod nicht das letzte Wort lässt.

Umzug in ein besseres Leben

Endgültige Abschiede sind selten leicht. Entweder reißt der Verlust eines geliebten Menschen tiefe Löcher in die Seele, oder Ungeklärtes und Unbefriedetes quälen umso mehr, da nun in diesem Leben keine Versöhnung mit dem Verstorbenen mehr stattfinden kann. Vielleicht raubt Ihnen der Schmerz den Atem, vielleicht fühlen Sie aber auch gar nichts. Vielleicht sind Sie sogar erleichtert, dass ein Mensch aus Ihrem Leben verschwunden ist, der Ihnen das Leben schwermachte, und Sie schämen sich dafür. Immer aber scheint irgendwie etwas offen zu bleiben: Die Trauer sehnt sich nach Trost, die leere Stelle danach, wieder gefüllt zu werden, die unbereinigten Konflikte nach Lösung. Ist der Tod wirklich das endgültige Ende? Und falls es danach weitergeht, wie sieht das aus?

Jesus vergleicht den Tod mit einem Umzug: Wer seine Worte hört und ihm und seinem Vater Vertrauen schenkt, ist bereits in diesem Leben aus dem Bereich des Todes in den Bereich des unbegrenzten Lebens umgezogen. Daran ändert auch der leibliche Tod nichts. Wenn die Zeit der neuen Schöpfung gekommen ist, wird Jesus jeden Einzelnen auferwecken. Dieses neue Leben wird eine neue, unvorstellbar gute Qualität haben: Was hier verachtet war, wird dort in Ehren gehalten werden. Was in Schwachheit stirbt, wird kraftvoll auferweckt.

Mancher fragt sich, was aus den Menschen wird, die Jesu Worte in ihrem Leben nicht hörten oder seinem Vater kein Vertrauen schenkten oder schenken konnten. Hier bekommen wir nur wenige Einblicke, aber aus ihnen können wir schließen, dass Jesus mit diesen Menschen fair und barmherzig umgehen wird, denn er kennt alle Hintergründe ihres Lebens, auch solche, die uns verborgen blieben. Er wird dafür sorgen, dass wir und sie in allen ungelösten Konflikten Gerechtigkeit und Versöhnung finden werden. Deshalb können wir ihm alle unsere Verstorbenen getrost anvertrauen, wie auch immer ihr Leben und Sterben aussah. Bei wem könnten sie besser aufgehoben sein als bei ihm, der vollkommen barmherzig und die Auferstehung und das Leben selbst ist! Das gilt auch für das eigene Leben, mit allem Versagen und allen Erfolgen. Er wird es in etwas Wunderbares verwandeln, das wir uns in den kühnsten Träumen nicht vorstellen können.

■ **Gebet** Gott des Lebens und des Trostes, der Tod hat Löcher in mein Leben gerissen. Das tut weh. Danke, dass du mich hörst – mit allen Gefühlen, ob Trauer oder Wut, oder vielleicht sogar gar keinen Gefühlen, weil die sich noch nicht trauen, zu reden. Dir vertraue ich mich mit allem an, was der Tod ausgelöst hat, und dir vertraue ich die Menschen an, die dieses Leben verlassen haben. Du wirst alles gut machen – in deiner neuen Welt des unbegrenzten Lebens. Amen.

■ **Kirchenjahr praktisch: Abschiede gestalten** Von wem mussten Sie sich in diesem Jahr für dieses Leben verabschieden? Sie können z.B. eine Kerze für sie oder ihn anzünden und für einen Moment nachspüren: Wie sind wir auseinandergegangen? Versöhnt oder mit ungeklärten Fragen? Vertrauen Sie sich, den Menschen und das Schöne und Schwere Gott an – immer wieder neu, wenn die Gefühle erneut aufbrechen. So können sich neue Räume öffnen, in denen die Löcher Trost und Belastetes Frieden finden kann.

■ **Alle Texte**

Wochenspruch	Ps 90,12
Wochenpsalm	Ps 90,1–14
Altes Testament	5. Mose 34,1–8
Epistel	1. Kor 15,35–38.42–44a
Evangelium	Joh 5,24–29
Zusatztexte	Ps 90,1–14(15–17); Dan 12,1b–3; Joh 6,37–40

Letzter Sonntag im Kirchenjahr – Ewigkeitssonntag

Lasst eure Lenden umgürtet sein und eure Lichter brennen. (Lk 12,35)

Hintergründiges

Am letzten Sonntag des Kirchenjahrs blicken Gottes Leute nach vorne über die Todesgrenze hinaus in die neue Welt, die Gott ihnen verspricht. Daraus schöpfen sie Mut und Kraft, bereits dieses Leben lebenswert zu gestalten.

Die **Perikopen**ordnung bietet an diesem Tag ein zweites **Proprium** an: den *Gedenktag der Entschlafenen*. Beide Themen lassen sich miteinander verbinden oder in zwei Gottesdiensten (beim *Gedenktag der Entschlafenen* auch unter der Woche) begehen.

Alles wird gut!

Was ist Ihre größte Sehnsucht? Die Autoren der Bibel malen zahlreiche Bilder davon, wonach sich die Menschen ihrer Zeit sehnten, Bilder von umfassendem Frieden, wirtschaftlichem Auskommen und wohltuenden Beziehungen. Finden Sie sich in diesen Bildern wieder? Vielleicht sehen Sie sich in einer landschaftlichen Idylle unter ihrem eigenen Feigenbaum glücklich werden, wo ein Kind mit Schlangen spielt und Löwe und Lamm nebeneinander grasen? Sehnen Sie sich nach einer Gesellschaft, in der Sie von Ihrer Hände Arbeit leben können, weil Ihnen kein Stärkerer raubt, was Sie erwirtschaftet haben? Oder würden sie lieber in einer prachtvollen Stadt wohnen und aus ihrem Strom trinken, dessen Wasser beständige Fruchtbarkeit schenkt? Natürlich sind die Bilder nicht wörtlich zu nehmen. Sie versuchen, in der Bildsprache ihrer Zeit Aspekte der neuen Welt Gottes zu erfassen, in der es keine Gewalt- und Todesmächte mehr gibt und das Leben sich ungehindert entfalten kann. Was uns dort konkret erwartet, lässt sich gar nicht sagen, denn es wird ein Leben jenseits dieser Schöpfung sein, in Dimensionen, die wir uns noch nicht vorstellen können. Auf jeden Fall aber verspricht Gott uns, dass dort alles gut sein wird. Wirklich alles! Wir werden ihn direkt wahrnehmen und immer ansprechen können. Für jedes vergangene Leid wird er einen Trost bereithaben und allen Mächten, die Feindschaft und Tod säen, den Zugang zu dieser Welt verschließen. Was auch immer wir dort tun, es wird gelingen, dem Leben dienen und Gott ehren.

Noch aber warten wir sehnsüchtig auf diese neue Welt und man könnte sich fragen: Wenn unsere Welt vollständig vergeht – warum sollten wir uns hier noch engagieren? Jesus warnt jedoch seine Jünger davor, die verheißene Zukunft als selbstverständlich zu nehmen. Gottes Versprechen einer neuen Welt enthebt uns nicht der Verantwortung, schon in dieser Welt nach seinen Maßstäben zu leben und darin keine Sekunde nachlässig zu werden. Petrus ermahnt seine Leser: Diese Welt wird zwar so vollständig verschwinden, als ob sie nie gewesen wäre. Weil Gottes Leute aber über ihr Ende hinaus auf die neue Welt hinfiebern, werden sie schon jetzt so leben, als wäre diese Welt bereits angebrochen: Sie werden ihr Leben Gott weihen und zu seiner Ehre den Menschen und dem Leben dienen.

Gott verspricht uns grenzenloses Leben jenseits des Todes. Wer sich darauf verlässt, gewinnt Zuversicht und Kraft, bereits dieses Leben lebenswert zu gestalten und dort, wo ihm dies nicht möglich ist, geduldig zu ertragen, was zu ertragen ist, denn er weiß: Jenseits des Todes wird alles gut. Wirklich alles.

Gebet

Wie im Traum wird es wohl sein, mein Gott, wie im Traum, wenn die neue Welt Wirklichkeit wird. Wenn wir nicht mehr wissen, wohin mit unserer Freude, weil unsere Mühen endlich bleibende Früchte tragen.
Wenn wir miteinander so umgehen, dass einer den anderen glücklich macht.
Wenn wir dich endlich sehen ohne die Brille der bösen Erfahrungen dieser Welt.
Wir wollen durchhalten, bis es so weit ist.
Wir wollen achtsam bleiben, dass wir bis dahin deine Liebe nicht verraten.
Wir wollen schon jetzt so leben, als wäre die neue Welt Wirklichkeit, denn sie hat schon begonnen.
Dazu brauchen wir deine Geistkraft, damit sie uns ermutigt und ermahnt, tröstet und auf dem Weg leitet, der zum Leben führt,
bis der Traum Wirklichkeit wird. Amen.

Kirchenjahr weiterdenken: Bilder von Gottes neuer Welt

Durchforsten Sie doch einmal alle Bilder, die Gottes Wort von seiner neuen Welt malt. Welches spricht Sie besonders an? Warum? Möchten Sie es gestalten – malen, als Kunstwerk oder in Musik umsetzen oder mit anderen teilen?

Alle Texte

Wochenspruch	Lk 12,35
Wochenpsalm	Ps 126,1–6
Altes Testament	Jes 65,17–19(20–22)23–25
Epistel	Offb 21,1–7
Evangelium	Mt 25,1–13
Zusatztexte	Ps 126,1–6; Mk 13,28–37; 2. Petr 3,(3–7)8–13

# Glossar

EG Im Evangelischen Gesangbuch finden sich hunderte Lieder sowie liturgische Texte und Gesänge für den Gebrauch im Gottesdienst der evangelischen Kirchen in Deutschland. Es besteht aus einer von allen Landeskirchen genutzten Stammausgabe, die jeweils durch regionale Anhänge ergänzt wird.

Introitus Das lateinische Wort für „Einzug" bezeichnet den **liturgischen** Gesang, der in der katholischen Kirche den Weg der Priester durch das Kirchenschiff zum Altar begleitet. Der eigentliche Text – meist ein Psalm – wird von einer Art Refrain, der Antiphon, eingerahmt. Dieser einzelne Bibelvers stimmt zu Beginn des Gottesdienstes in das besondere Thema des Sonntags ein, das **Proprium**. Von den ersten Worten der Antiphon leiten sich in der **Liturgie** der evangelischen Kirche mehrere Sonntagsnamen im Osterfestkreis ab.

Liturgie Der Begriff bezeichnet den gestalteten Ablauf eines Gottesdienstes. Dazu gehören alle Elemente, die dem Gottesdienst Form und Struktur geben. Das sind zum einen Wortinhalte wie Texte und Gesänge sowie die Predigt und die Abläufe rund ums Abendmahl. Zum anderen zählen auch die äußerlichen Gestaltungselemente wie die Gesten und Handlungen der **Liturgen**, die **Paramente** oder die Gefäße beim Abendmahl dazu. Die Platzierung und Reihenfolge der Elemente ist von den jeweiligen Kirchen weitgehend vorgegeben und in einer sog. Agende festgehalten. Einige **liturgische** Texte sind sehr alt und enthalten Worte der ursprünglichen Sprachen der biblischen oder frühchristlichen Formulierungen in Hebräisch (z.B. Halleluja), Griechisch (z.B. Kyrie eleison) oder Lateinisch (z.B. Gloria in excelsis deo).

Liturgische Farben Mindestens seit dem 12. Jahrhundert hat man manchen Festzeiten bestimmte **Farben** zugeordnet, mit denen der besondere Charakter der Festzeit unterstrichen werden sollte. In der evangelischen Kirche sind die **Farben** vor allem in den **Paramenten** der jeweiligen Gottesdienste sichtbar. Die **Farben** werden auf S. 10 erklärt.

Oktav Abgeleitet vom lateinischen Wort für die Zahl „Acht" bezeichnet eine **Oktav** einen Zeitraum von acht Tagen, der als besondere Festzeit gilt. So wurden z.B. die Tage vom 25. Dezember bis zum 1. Januar als Weihnachts**oktav** oder die Woche nach Ostern als Oster**oktav** gefeiert und jeweils mit einem besonderen Fest abgeschlossen.

Ordinarium   Im Laufe der Kirchengeschichte haben die meisten Kirchen einen festen Ablauf des Gottesdienstes entwickelt, der vorformulierte Gebete, Texte, Gesänge und Handlungen an bestimmten Stellen enthält. Die Elemente, die jeden Sonntag vorkommen, bilden das **Ordinarium** (lat. „regelmäßig"). In das **Ordinarium** eingebettet ist das **Proprium**.

Paramente   Abgeleitet vom lateinischen parare, „bereiten", werden alle Textilien als **Paramente** bezeichnet, die im Kirchenraum oder beim Gottesdienst verwendet werden. In der katholischen Kirche umfassen sie neben den Stoffen, die u.a. den Altar oder die Gefäße für die Heilige Messe bedecken, auch die Gewänder der Priester. Sie sind immer in den **liturgischen Farben** des jeweiligen Sonntags gehalten. In der evangelischen Kirche gibt es meist nur die entsprechende Altarbedeckung und einen Behang an der Kanzel.

Perikope   Der Begriff leitet sich vom griechischen Wort für „herausschneiden" ab und bezeichnet einen Textabschnitt der Bibel, der im Gottesdienst gelesen wird und/oder als Grundlage für die Predigt dient.

Proprium   Der Begriff stammt aus dem Lateinischen und bedeutet „das Eigene". Er bezeichnet die Texte und Gestaltungselemente, die für den jeweiligen Sonntag besonders sind und sein Thema abbilden. Dazu gehören die Lesungen der **Perikopen**, manche Lieder oder Gesänge und die **liturgischen Farben**.

Triduum   Vom lateinischen Wort für „Drei" abgeleitet, bezeichnet das **Triduum** eine Folge von drei Tagen, die als besondere Feiertage gelten. Meist wird eine solche dreitägige Feierzeit *Triduum sacrum* genannt, „Heilige drei Tage". Vor allem die Feiertage rund um die hohen kirchlichen Feste Weihnachten, Ostern und Pfingsten wurden häufig in Triduen gefeiert. Heute ist in der evangelischen Kirche vor allem das **Triduum** paschale, das Oster**triduum** von Karfreitag bis Ostersonntag bekannt und wird vielerorts liturgisch begangen.

Zum Weiterlesen

Karl-Heinrich Bieritz Das Kirchenjahr. Feste, Gedenk- und Feiertage in Geschichte und Gegenwart, 9. Auflage München 2014.

Gerhard Sauter Schrittfolgen der Hoffnung. Theologie des Kirchenjahres, Gütersloh 2015.

https://www.kirchenjahr-evangelisch.de